카라바조, 이중성의 살인미학

이중성의 살인미학

카라바조

김상근 지음

21세기북스

心齋 한태동 선생님의 가르침에 감사드립니다.
큰 가르침을 주셨는데 깨달음이 모자라서 늘 송구스럽습니다.

Michelangelo Merisi da Caravaggio

Michelangelo Merisi da Caravaggio

Michelangelo Merisi da Caravaggio

제6장　마지막 예술혼을 불태우는 카라바조의 작품들

부록

개정판 서문

　　지금으로부터 약 10년 전의 일이니, 그때는 나도 제법 호락호락하지 않은 생각을 지녔고, 팔다리 기력도 팔팔했던 기억이 난다. 겨울의 끝자락이 머물던 연구실의 적막을 깨고, 요란하게 전화벨이 울렸다. 새 학기를 위한 개강 준비로 마음이 분주할 때, 느닷없이 걸려오는 전화는 반갑지 않다. 그때는 나도 학문의 일가一家를 이루어 보겠다며 호기를 부리던 시절이었다. 전화를 받고 누굴 만나는 것보다 혼자 학교 연구실에 틀어박혀 논문 읽는 것을 더 좋아했다. 귀찮게 받아든 전화기 너머로 카랑카랑한 한 여학생의 목소리가 들려왔다.

　　"교수님, 안녕하세요? 저는 이번에 연세대학교 신입생으로 들어오게 된, 민족 사관학교 출신 심용아입니다. 저는 정치외교학과에 입학했습니다."

　　뭐라고? 이건 또 무슨 황당한 '시추에이션'이지? 그 잘났다는 '민사고' 출신의 신입생이 내게 무슨 용건으로? 아직 개학도 하지 않았는데? 더군다나 정치외교학과 학생이 내겐 무슨 일로? 아니, 내 전화번호는 어떻게 알았지? 대학가에서는 개강을 앞둔 교수와 밥 먹는 개는 건드려서는 안 된다는 불문율이 있다. 그런데 왜 이런 전화를? 상황 파악이 되지 않아 머뭇거리고 있는 내게, 문제의 '심용 아'란 학생은 다시 또박또박한 목소리로 내게 이렇게 말했다.

"저는 이번 봄 학기에 교수님께서 강의하시는 르네상스 수업에 큰 기대를 걸고 있습니다."

나는 대학에 갓 입학한 신입생들을 성숙한 '인간'으로 여겨본 적이 없다. '대학입시'라는 말도 되지 않는 교육과정을 통해 죽다가 살아난 아이들에게 명료한 사고나 합리적인 진술을 들어본 적이 없기 때문이다. 그런데 이 학생은 말하는 태도부터 무엇인가 달랐다.

"그래, 무슨 일이지? 개강은 다음 주 화요일인데?"

내 대답은 아주 시큰둥했을 것이다. 그 학생의 말인즉 다음 주에 개강하는 것을 잘 알고 있는데, 첫 주의 수업 3시간을 결석해야 하기 때문에 미리 양해를 구하기 위한 전화를 했다는 것이었다. 약간 짜증이 났다. 내가 왜 이런 전화까지 받아야 하지? 그 수업의 수강인원이 300명이 넘는데, 학생 한 명의 이런 개인적인 사정까지 다 들어주어야 하나? 그런데 심용아 학생의 다음 말은, 갑작스럽게 나의 호기심을 자극했다.

"죄송합니다. 교수님. 절대로 수업에 빠져서는 안 된다는 것을 잘 알고 있습니다. 그것도 첫 주에 말입니다. 그런데 제가 이번에 '미스 유니버시티'에 출전했는데, 본선이 하필 개강 첫 주에 열리게 되었습니다. 그래서 첫 주 수업을 결석하게 되었습니다. 정말 죄송합니다."

나는 짐짓 낮은 목소리로, 미스 유니버시티에 출전했다는 심용아에게 이렇게 '자상하게' 말했다.

"그래, 뭐 그럴 수도 있지. 첫 주는 어차피 수강 변경 기간이니까, 두 번째 주부터는 꼭 수업에 들어와야 해!"

이렇게 해서, 심용아는 10년 전 봄 학기에 내 르네상스 수업을 듣게 되었고 내 제자가 되었다. 용아는 민사고를 2년 만에 졸업하고 연세대에 조기 입학한 수재였다. 용아의 지적 능력은 또래 학생들과는 비교 대상이 될 수 없었다. 다른 민사고 졸업생들이 전해준 바에 의하면, 용아는 '민사고의 전설'로 불렸고, 재학생들은 늘 선생님으로부터 "용아는 하는데, 너희들은 왜 못하냐?"는 꾸지람을 수도 없이 들었다고 한다.

중간고사 시험 기간이 다가왔다. 중간고사 필답시험 대신, 내 책『카라바조, 이중성의 살인미학』을 읽고 독후감을 써오라는 과제를 냈다. 몇 페이지를 써야 하냐고 학생들이 물으면, "알아서"가 내 답이었고, 폰트 크기를 어떻게 하냐는 그런 질문을 하는 학생들에게는 냉소적인 침묵을 지켰다. 그때만 해도 난 조교수였고 늘 자신만만했으며 세상에 겁날 것이 없었다. 물론 지금은 이렇게 낮은 난이도의 질문을 해주는 학생도 그저 고마울 따름이다. 그래도 관심을 가지고 있으니 이런 질문을 한 것이니까. 한국에서 교수 생활을 한 10년쯤 하면, 이렇게 사람이 누추해지는 법이다.

300명에 달하는 학생들의 중간고사 과제물을 모두 다 읽는다는 것은 고역이었다. 내용이 많거나 독후감의 수준이 어려워서가 아니다. 고만고만한 내용들이 대부분이기 때문에, 반복되는 문장을 읽어내는 것이 너무 힘들었다. "카라바조는 이탈리아의 화가로서 특이한 화풍으로 바로크 시대를 개척한 인물로, 어쩌고저쩌고…." 이런 식으로 쓴 독후감이 대부분이었다.

그런데 심용아가 제출한 독후감이 눈에 들어왔다. 나는 그 독후감의 제목을 보고, 정신이 혼미해짐을 느꼈다. 하늘이 노래진다는 것이 빈혈 때문만이 아님을 그때 알았다. 심용아가『카라바조, 이중성의 살인미학』을 읽고 쓴 독후감의 제목은 이랬다.

"저자 김상근은, 카라바조를 어떻게 이용했는가?"

할 말이 없었다. 용아는 내가 이 책을 쓴 의도를 정확하게 간파하고 있었다.

이 책을 통해서 내가 말하고 싶었던 것, 내가 의도했던 바를 정확하게 지적하고 있었다.

용아가 그때 어떻게 썼는지 그리고 내가 2016년에 『카라바조, 이중성의 살인미학』의 개정판을 내는 이유에 대해서, 굳이 밝히고 싶지 않다. 그래도 비싼 '그림책'을 사신 고마운 독자들에게 한 가지만 밝혀둔다면, 이 책은 카라바조에 대한 책도, 미술 책도 아니라는 것이다. 나는 이 카라바조를 통해 한국 사회를 보고 싶었을 뿐이다. 내 관심은 오직 하나였다. 짙은 어둠이 드리워진 한국 사회에, 찬란한 한 줄기 구원의 빛은 어떻게 임재臨在할 수 있을까?

내 제자 심용아는 그 후에 연세대학교를 졸업하고 판사가 되었다. 나는 심용아가 훌륭한 법조인이 되기를 늘 기대하고 응원한다. 앞으로 법조인 심용아는 이 책에서 소개될 카라바조와 같은 불한당을 많이 만나게 될 것이다. 온갖 종류의 범죄를 일으킨 사람들, 복잡한 고소사건에 얽힌 사람들, 자신의 이익을 위해 법을 어긴 사람들을 수없이 만나게 될 것이다. 온갖 종류의 피해자도 만나게 될 것이다. 나는 용아가 그들의 '이중성'을 면밀히 살피는 훌륭한 법조인이 되길 바란다. 짙은 어둠 속에도 한 줄기 빛이 있고, 더럽고 속된 세상 중에도 거룩함이 은닉隱匿하며, 추하다 외면받는 작은 것에도 아름다운 실루엣이 드리워져 있음을 발견하는 용아가 되기를!

2016년 3월
따스한 봄빛을 기다리며

저자 김상근

서문

    2000년 10월 하순, 깊어가던 새 천년 첫 가을, 나는 로마의 이름 모를 골목을 거닐고 있었다. 아무도 알아보는 사람 없는 낯선 도시에서 혼자 길을 걷는다는 것은 낭만적인 일이다. 걷다 지치면 길모퉁이에 앉아 지나가는 관광객들을 쳐다보는 재미도 쏠쏠하고, 난전에서 파는 이스라엘산 홍시를 사서 서너 개씩 한꺼번에 먹어치우는 재미는 더욱 기막혔다. 로마에서도 금강산은 식후경이었기 때문이다.

    당시 나는 대학원생 신분이었고, 박사학위 논문에 필요한 자료를 구하기 위해 로마를 방문 중이었다. 논문 주제는 16세기 말 중국 명나라에서 활동했던 이탈리아 출신 예수회 선교사 마테오 리치 Matteo Ricci(1552~1610)의 생애와 사상에 관한 것이었다. 리치는 경국傾國의 암울한 기운이 감돌던 16세기 말, 중국 명나라 본토에 기독교와 유럽 문명을 처음 소개한 인물이다. 나는 리치가 남긴 저술과 서한을 직접 확인하기 위해 로마의 예수회 고문서 보관실 Jesuit Archive in Rome에서 먼지를 뒤집어쓰고 있던 400여 년 전의 옛날 문서를 뒤적이고 있었다.

    흔히 로마를 포함한 이탈리아 여행은 유럽 여행 일정에서 제일 마지막으로

가야 할 곳이라고 말한다. 유럽 문화는 결국 이탈리아 문화가 확대재생산된 것이라고까지 말하는 이탈리아 문화 예찬가도 있다. 실제로 장화처럼 생긴 이탈리아의 문화와 예술의 역사를 기행하는 것은 유럽 여행의 백미라고 할 수 있다. 로마를 보고 난 다음 유럽의 다른 도시를 보면 실망하게 된다는 유럽 여행 전문가들의 조언은 이미 상식처럼 되어 있을 정도다.

로마의 문화적 수준에 비하면, 영국 런던은 조금 번잡한 시골의 읍내 수준이라고 해도 전혀 과장된 표현이 아니다. 문화적 관점에서 본다면, 영국의 국립박물관이 이탈리아의 박물관과 견줄 만한데, 그것도 사실 식민주의 시대의 약탈 전시장이란 느낌을 지울 수 없다. 예술적 낭만성을 놓고 본다면 프랑스 파리가 로마에 버금간다고 볼 수 있으나 제아무리 프랑스 파리가 예술과 낭만의 도시라지만, 이탈리아의 고색창연한 도시에서 풍기는 예술성과 낭만성에는 비할 수 없다. 한번 미켈란젤로 부오나로티Michelangelo di Lodovico Buonarroti Simoni(1475~1564), 라파엘로Raffaello(1483~1520), 레오나르도 다 빈치Leonardo da Vinci(1452~1519), 베첼리오 티치아노Vecellio Tiziano(1488?~1576)가 없는 미술관을 생각해보라. 로마는 도시 그 자체로 한 편의 낭만적 예술품이다. 모든 길이 로마로 통한다면, 아마 그 길은 예술과 낭만을 향한 길일 것이다.

그해 로마는 무척 더웠다. 백 년마다 한 번씩 찾아오는 로마의 대희년Great Jubilee of 2000을 맞이해, 세계 각지에서 몰려든 순례자들로 온 도시가 들떠 있었다. 고백할 죄가 있는 이 지상의 모든 가톨릭 신도들은 로마를 향해 순례의 길에 오르고 있었고, 나 또한 그들과 함께 대희년의 가을을 맞이하고 있었다. 실제로 로마 교황청은 2000년을 대희년으로 선포하면서 로마 순례에 오른 모든 방문자들에게 면죄부Indulgence를 약속했고, 이를 못마땅하게 여기던 유럽의 루터파 교회를 비롯한 개신교회 측은 교황청의 결정을 비난하는 성명서를 발표했다. 16세기부터 시작된 가톨릭교회와 개신교회 간의 분열과 투쟁의 역사를 기억하는 사람들에게 2000년 대회년의 면죄부 논쟁은 흥미진진한 사건이었다. 그러나 로마의 수많은 대성당과 광장을 메우고 있는 순례자들과 관광객들에게는 아무런 관심거리가 되지 못했다. 이들을 위해 성 베드로 광장에서 매일 한 차례씩, 지금은 선종善終하신 교황 요한 바오로 2세께서 속죄와 사면의 예배를 인도했다. 교황성하가 집전하던 예배 시간에 나도 조용히 눈을 감고, 지금까지 지은 죄를 생각하며 머리를 조아렸다.

미켈란젤로 메리시 다 카라바조Michelangelo Merisi da Caravaggio(1571~1610)를 처음 만나게 된 것은 속죄와 사면의 예배에 참석한 다음날이었다. 평소보다 조금 일찍 자료 조사를 마치고, 로마 서부의 대표적 성당과 광장이 있는 산타 마리아 델 포폴로Santa Maria del Popolo 지역을 방문하기로 했다. 이곳을 방문하고 싶었던 이유는 종교개혁자 마르틴 루터Martin Luther(1483~1546) 때문이었다. 루터가 본격적으로 종교개혁 운동을 시작하기 전에 아우구스티누스 수도회Augustinian 신부 자격으로 로마를 방문한 것은 널리 알려져 있다. 산타 마리아 델 포폴로 성당은 루터가 1510년 로마를 방문했을 때 머물렀던 곳이다. 개신교도로서 교황성하의 축도에 머리를 조아렸다는 어색함을 안고, 개신교의 시조始祖라고 할 만한 마르틴 루터의 흔적을 로마에서 찾아 나서기로 했다.

그렇게 산타 마리아 델 포폴로 성당에서 카라바조를 처음 만났다. 그것은 충격이었다. 39년의 짧은 인생을 살면서 르네상스와 매너리즘Mannerism 시대에 종지부를 찍었던 천재 화가. 후원자나 고객의 주문에 의해 작품의 내용과 구도가 결정되던 시대에 그들의 예술 감각을 조롱하는 그림을 그렸던 사람. 미켈란젤로와 경쟁하며 거장의 작품을 마음껏 뒤틀었던 인물. 밤거리의 패싸움과 살인의 추억으로 얼룩졌던 화가. 살인자의 신분으로 이탈리아 반도 끝까지 도망쳤지만, 추기경과 귀족들의 비호를 받으며 마지막까지 충격적인 그림을 그렸던 반항아. 칠흑같은 어둠 속에서 한 줄기 빛으로 다가오는 은총의 의미를 신앙적으로 표현했던 화가. 자신의 내면세계를 화폭에 드러냄으로써 예술의 의미를 단번에 뒤집고 새로운 생각의 틀을 보여주었던 인물….

카라바조는 그 성당 안에서 아시아로부터 온 순례자를 기다리고 있었다. 카라바조가 남긴 두 편의 걸작 〈성 바울의 회심〉과 〈십자가에 못 박힌 성 베드로〉 앞에서 나는 말문을 열지 못하고 서 있었다. 짙은 어둠 속에서 한 줄기 구원의 빛을 향해 몸부림치는 두 명의 성자를 보았다. 나는 그의 걸작 앞에서 "카라바조 이전에도 미술이 있었고, 카라바조 이후에도 미술이 있었다. 그러나 카라바조 때문에 이 둘은 절대 같은 것이 될 수 없었다"고 평가했던 어느 미술평론가의 말이 생각났다.

미술사적 중요성에도 불구하고 한국의 미술사 연구자나 평론가들에게 카라바조는 바로크 회화의 창시자쯤으로만 간략하게 알려져 있다. 그에 대한 연구가 지극히 미흡한 실정이다.

미술사학자이자 전 국립현대미술관 관장인 임영방 교수가 주해를 붙인 작은 문고판 해설서와 질 랑베르Gilles Lambert의 번역서, 그리고 윤익영의 『카라바조』가 한국에서 출간된 간략한 카라바조의 작품 해설서다.[1] 대중 미술평론서에 실린 카라바조에 대한 간략한 소개[2] 외에, 신문에 연재된 미술평론가 노성두의 에세이와 논문, 이은기의 「카라바조의 자화상, 그 해석과 문제점」이란 짧은 논문, 외국 평론가의 작품평에 대한 번역, 그리고 카라바조가 후대에 미친 영향에 대한 논문만이 우리에게 소개된 바 있다.[3]

카라바조는 16세기 르네상스 미술과 17세기 바로크 플랑드르 미술을 각각 대표하는 미켈란젤로와 하르먼스 판 레인 렘브란트Harmensz van Rijn Rembrandt (1606~1669)이라는 두 거장에 눌려 한국 미술계에서는 푸대접을 받아왔지만, 유럽과 미국 학계에서는 빈센트 반 고흐Vincent von Gogh(1853~1890)를 능가하는 격정의 삶을 살았던 화가로 널리 알려져 있고, 그에 대한 수많은 전기물이 출간되고 있다. 이탈리아에서는 이미 국민의 문화적 영웅으로 추앙받고 있으며, 과거 그의 그림이 이탈리아의 10만 리라 지폐 앞면에 인쇄될 정도로 인기가 높았다. 현재 유럽에서 그의 인기는 절정에 달해 있다.

《이코노미스트》2005년 2월 26일자 기사에 의하면, 런던에서 카라바조 작품 특별전시회가 개최되었는데, 관람객들의 반응이 상상을 초월했다고 한다. 심지어 일정 거주지에서 이탈하지 않겠다는 조건으로 가출옥된 어느 죄수가 석방 조건을 어기고 런던에서 열린 카라바조 전시회에 참석했다가 체포되어 다시 감옥으로 수감되었다는 기사도 보도되었다. 예술을 사랑하는 영국 신사들은 이 해프닝에 아량을 베풀었다. 전시회 주최 측은 교도소 측과 협의해 다시 수감된 죄수에게 카라바조 전시작품 목록과 도해집을 보내주었다고 한다.

나는 미술평론가가 아니다. 미술사나 르네상스 역사를 전공하지도 않았다. 그저 카라바조가 살았던 16세기 말, 17세기 초의 이탈리아와 로마에 대해 조금 더 공부한 사람이고, 카라바조의 작품을 사랑하는 평범한 애호가일 뿐이다. 그러나 아는 것만큼 보인다는 기본적인 사실을 다시 한번 증명하기 위해, 나는 카라바조의 생애와 작품 세계에 대한 안내서를 출간하기로 마음먹었다. 천재 화가의 작품 속에 은밀히 숨겨 있는 삶의 흔적을 되짚어보면서, 르네상스 시대와 16세기 종교개혁이 어떻게 마감되었는지를 독자들과 함께 살펴보고자 한다.

카라바조의 작품은 이탈리아(로마, 피렌체, 밀라노, 나폴리, 시칠리아), 프랑스, 영국, 미국(텍사스, 뉴욕, 디트로이트, 코네티컷, 캔자스시티, 클리블랜드), 독일(베를린, 포츠담), 스페인, 러시아, 아일랜드, 오스트리아 등지로 흩어져 있기 때문에 한 사람이 카라바조의 모든 작품을 직접 확인하기란 쉽지 않은 일이다. 결국 카라바조에 대한 연구는 많은 학자들의 공동 작업을 통해서만 가능한 일이다. 나 또한 세계 각국의 카라바조 연구자들의 저술과 인터뷰를 통해 도움을 받았다. 로베르토 롱기Roberto Longhi, 하워드 히바드Howard Hibbard, 캐서린 풀리시Catherine Puglisi, 헬렌 랑돈Helen Langdon, 피터 롭Peter Robb, 알프레드 모이르Alfred Moir의 도움이 없었다면 이 책은 세상의 빛을 보지 못했을 것이다.[4] 또한 졸문이 지인知人들 사이에서 처음 발표되었을 때 직접 검토해주시고 부족한 점을 지적해주셨던 심재心齋 한태동 선생님의 가르침에 감사를 드리고 싶다. 큰 가르침을 주셨는데 깨달음이 미흡해서 늘 송구스러울 따름이다.

카라바조의 시대적 배경

16세기 종교적 분열을 작품 속에서 통합시켰던
위대한 화가, 카라바조

카라바조는 16세기 후반과 17세기 초반에 활동했던 이탈리아 화가다. 그가 활약했던 시기는 예술사적으로는 르네상스 말기로 매너리즘 시대였고, 기독교사적으로 본다면 트리엔트 공의회(1545~1563)와 같은 가톨릭교회의 개혁 운동이 박차를 가하던 때였다. 마르틴 루터와 장 칼뱅Jean Calvin(1509~1564)이 주도하던 16세기 종교개혁의 여파는 서서히 초기의 역동성을 잃어갔고, 르네상스 말기에 그 모습을 드러내기 시작했던 작가주의나 미켈란젤로와 같은 거장의 창의성이 빛을 발하던 시대도 서서히 마감되고 있었다.

16세기 후반 종교화가 추구했던 이념의 핵심은 가톨릭교회의 회복이었다. 이 시기의 미술품들은 신앙심 고취를 위한 종교적 도구로 활용되고 있었다. 당시 활동하던 이탈리아 미술가들은 가톨릭교회의 적극적인 요구를 과감히 수용해 그들의 예술에 반영하기 시작했다. 그들은 그림을 통해 종교적 주제를 보다 간결하게 표현했고, 자신이 겪은 신앙적 체험을 그림으로 전달하기 위해 노력했다. 이탈리아의 수많은 성당과 수도원의 벽면이 경건한 주제의 종교화로 장식됐고, 교회의 사제들은 화가들에게 직접 구체적인 작품의 내용과 구도를 주문하기도 했으며, 화가들의 작품을 검열하기까지 했다.

고난과 역경 속에서도 신앙을 지켜낸 성인들의 모습, 죽음을 맞이하는 순교자의 희생 장면 들이 당시 이탈리아 화가들이 그리던 단골 주제였다. 르네상스의 이상주의나 그 뒤를 이었던 매너리스트들의 형식주의는 절제되기 시작했다. 르네상스 시대의 고전미를 상징했던 누드화 또한 금기사항이었다. 화폭에 등장하는 예수 그리스도의 모습도 고통과 시련으로 얼룩진 장면이 대부분이었다. 노년의 미켈란젤로와 일부 베네치아 출신 화가들을 제외하면 1550년부터 1590년까지 이탈리아의 대다수 화가들은 미술을 통한 가톨릭교회의 전도사 노릇을 톡톡히 하고 있었다. 대부분의 미술사 교재들은 이 시대의 흐름을 형식주의에 치우친 후기 매너리즘의 시대라 부르고 있다. 후기 매너리즘을 대표하는 화가로는 파르미자니노Parmigianino(1503~1540), 틴토레토Tintoretto(1519~1594), 조르조 바사리 Giorgio Vasari(1511~1574) 등을 들 수 있다.

카라바조는 이러한 시대적 배경 가운데서 창작활동을 시작했음에도 불구하고 시류에 순응하지 않았던 보헤미안 스타일의 화가였다. 그는 르네상스 거장들의 작품에 기죽어 지내며 지난 시대의 화풍을 모작模作하기 급급했던 구태의연한 매너리스트 화가가 아니었다. 그는 자신의 화풍을 끊임없이 변혁시켜 나가면서, 바로크 미술의 세계, 아니 서양 미술사의 흐름을 재편했던 인물이다. 카라바조는 한번도 제자를 키워본 적이 없고, 당시 로마 화단에 유행하던 예술가들의 '아카데미아'를 창설하지도, 가입하지도 않았다. 그러나 17세기 초반의 이탈리아 화가들은 카라바조의 미술세계를 통해 새로운 가능성을 엿봤으며, 스스로 '카라바조의 화풍을 따르는 화가Caravaggisti'임을 자랑스럽게 여겼다.[1] 또한 그의 화풍은 렘브란트, 디에고 벨라스케스Diego Rodríguez de Silva Velázquez(1599~1660), 호세 데 리베라José de Ribera(1591~1652) 등을 통해서 17세기 유럽 미술 전반에 지대한 영향을 미쳤다.

카라바조가 르네상스의 거장 미켈란젤로가 사망한 지 7년째 되던 해인, 1571년 밀라노에서 태어났다는 사실은 그의 예술사적 위치를 명확히 설명하는

도판1

틴토레토, 〈비탄〉, 캔버스에 유채, 227×294cm, 델 아카데미아 미술관 소장.

데 도움을 준다. 그의 본명이 '미켈란젤로'라는 사실도 그가 처해 있던 문화사적 배경을 잘 드러내고 있다. 르네상스의 거장 미켈란젤로가 세상을 떠난 다음 '새로운 미켈란젤로'가 이탈리아 미술사에 등장한 것이다.

사실 카라바조가 살았던 16세기 후반의 이탈리아는 격동의 진원지였다. 가톨릭교회의 타락과 전횡을 규탄하는 루터와 칼뱅의 종교개혁에 대응해야 했던 가톨릭 세계는 일단 정치적인 수세守勢에 몰린 상태였고, 그 위기의 한복판에 '영원한 도시Eternal City' 로마가 위치해 있었다. 많은 역사가들, 특히 19세기의 대표적인 역사학자 레오폴트 폰 랑케Leopold von Ranke(1795~1886)는 16세기의 가톨릭교

회가 '반反종교개혁적 Counter-Reformation' 성향을 보였다고 기술하고 있다.[2]

16세기 가톨릭교회에 대한 부정적인 평가는 1960년 중반부터 다른 각도에서 연구되기 시작했다. 16세기 가톨릭교회의 신학적 다양성과 교회 내부의 문제들에 대한 자생적 개혁 움직임에 대한 연구가 새롭게 각광받기 시작한 것이다. 독일의 가톨릭 역사학자 허버트 예딘 Herbert Jedin[3]에 의해 그 학문적 기초가 마련된 이러한 입장은 1960년대에 이르러 이탈리아의 역사학자 피에르 카마이아니 Pier Camaiani[4]에 의해 전수되어 추가 연구가 진행되었다.

이 두 학자의 학문적 접근 방식에 자극을 받은 젊은 역사학자들도 16세기 가톨릭교회의 역사적 전개를 보다 역동적이며 개혁적인 관점에서 해석하기 시작했다. 그들의 주장은, 16세기 종교개혁의 정신은 개신교 종교개혁자들의 전유물이 아니라 당대의 가톨릭교회와 함께 공유되었던 시대적 흐름이었으며, 이를 '가톨릭교회의 종교개혁 Catholic Reformation'이라고 불러야 한다는 것이다.

이러한 새로운 학문적 분위기를 주도한 학자는 독일의 역사학자였던 볼프강 라인하르트 Wolfgang Reinhard였다. 그는 16세기 독일의 역사를 마르틴 루터의 종교개혁을 중심으로 보던 종전의 견해에서 탈피해, 보다 거시적 맥락에서 루터와 칼뱅, 그리고 가톨릭교회의 종교개혁적 입장을 분석하고, 이들의 움직임 전체를 독일 사회가 근현대 사회로 접어들기 위한 역사적 동인이었다고 해석한다. 그는 가톨릭, 루터, 그리고 칼뱅으로 대표되는 16세기 기독교의 세 분파에 대한 차이점보다 오히려 이 세 분파가 공유하고 있는 역사적 공통점에 주목한 것이다.[5]

라인하르트는 16세기부터 시작된 이러한 시대정신의 변화 전체를 '고백주의화 Confessionalization'의 과정으로 설명하면서, 가톨릭교회와 개신교회에 공통적으로 나타났던 16세기의 시대정신을 규정한 바 있다. 라인하르트의 견해에 의하면, 가톨릭교회와 개신교회는 기본적 신조의 출발점이나 윤리적 삶에 대한 가르침, 그리고 내부의 구성원을 유지하고 훈련시키는 제도 등에서 차이점보다는 공통점이 더 많이 발견된다. 이처럼 많은 학자들이 16세기 당시 개신교회는 종교개혁적이 었던 반면, 가톨릭교회는 새로운 시대의 흐름에 반동적이었다는 단순 대비에 많은 의문점을 제기하고 있다.[6]

16세기 유럽의 신학적 흐름과 변천을 사상사적 관점에서 분석한 바 있는 한태동 교수는 "마르틴 루터의 종교개혁과 가톨릭교회의 반종교개혁적 신학 기조가 '동일한 평면 위에 있는 대칭적인 두 상태로 대립되는 것'으로 생각하고 있지만 사실은 대칭적으로 비교될 수 있는 것이 아니었다"고 분석한다.

> "14세기에 시작된 유럽의 문화적 변화는 종교적 영역에도 미치게 되었 다. 종교적 영역에서 르네상스 시대의 생각의 틀을 나타내고 있는 두드 러진 사람은 마르틴 루터라고 할 수 있다. 흔히 우리는 루터에 의해 시 작된 종교적 변화를 개신교의 시작으로 생각하며 그전까지 전해 내려 오는 기독교의 형태를 구교舊敎로 생각한다. 우리는 신구교新舊敎는 동일 한 평면 위에 있는 대칭적인 두 상태로서 대립되는 것으로 생각하고 있 으며, 그리고 역사적으로 이 둘의 투쟁은 유럽사에서 많은 비극적 현상 을 불러일으킨 것이 사실이기도 하다. 하지만 사실 이 둘은 질적으로 다른 것으로 서로 맞설 이유가 없다고 생각된다. (중략) 그 둘 사이에 일시적 마찰이 있었으나 그것은 결코 똑같은 차원에 있는 둘 사이의 충 돌이 아니었듯이, 루터의 새 사상과 구교의 옛 사상은 동일 평면 위에 대칭적으로 비교할 수 있는 것이 아니었다."[7]

격동의 16세기 동안 가톨릭교회가 얼마나 종교개혁적이었는지, 혹은 개신교 종교개혁자들의 신학적 이해와 어느 부분에서 유사했는지에 대한 분석이 이 책을 집필하는 일차적인 목적은 아니다. 나는 이 책을 통해 1592년 로마에 혜성처럼 나타나 새로운 바로크 시대의 개막을 알리며 당대 이탈리아의 화단을 지배하다가, 로마에서 살인을 저지르고 도피하던 중 39세의 젊은 나이에 숨을 거둔 카라바조의 생애와 작품을 분석할 것이다. 동시에 당대의 개신교적 시대정신과 '동일한 평면 위에 대칭적으로 비교'할 수 없었던 가톨릭 세계의 시대정신을 카라바조의 미술작품을 통해 추적하고자 한다.

놀랍게도 카라바조의 생애와 작품 속에는 개신교 종교개혁자들이 주장하던 '오직 믿음으로 받는 구원'이 표현되어 있다. 또한 '가톨릭교회의 전통과 일곱 가지 성례전, 그리고 개인의 선행을 통한 구원'이라는 트리엔트 공의회의 신학적 결정까지 그의 작품 속에 고스란히 녹아 있다. 르네상스의 거장 라파엘로와 미켈란젤로는 가톨릭교회를 위한 예술가였지만, 카라바조는 16세기의 종교적 분열을 작품 속에서 통합시켰던 위대한 화가였던 것이다.

제 1 장

암흑 속에서 빛을 찾아

여자인지 남자인지 구분이 가지 않는 소년의
교묘한 눈빛,
탐스러운 과일 속에 자신의 존재를 은밀히 드러내는
벌레 먹은 과일.
어두운 것은 더욱 어둡게,
그렇게 빛을 강조함으로써
어둠의 실존성을 부여하는 카라바조.
그러나 소년의 배경을 장악하고 있는 것은
완전한 어둠이다.

화가가 되기 위해 '밀라노'와 '로마'로 향하는 길

카라바조

13세에 '화가의 길'을 선택

밀라노를 덮친 전염병으로
할아버지, 아버지, 삼촌을 잃다

"어둠은 더욱 어둡게…."

빛으로부터 차단된 밀폐된 방 안에서 큰 등불에 의존해서 빛을 표현하던 카라바조. 어둠에 어둠을 덧칠해 캄캄한 암흑 속에서 한 줄기 구원의 빛을 표현한 카라바조의 작품에서는 그 어떤 전통적인 아름다움도, 화려한 장식미도 발견할수 없다. 그래서일까? 이탈리아인 답지 않은 검은 피부에 검은 눈빛, 짙은 눈썹, 검은 머리카락을 하고 있는 그의 모습은 왠지 그의 작품에 감도는 어둡고 파괴적이며 강렬한 분위기와 닮아 있다.

그의 탄생 또한 예사롭지 않다. 카라바조는 1571년 9월 29일 이탈리아 북부 롬바르디아 지역에 위치한 밀라노에서 태어났다. 그의 탄생은 미켈란젤로가 사망한 지 7년 후, 그리고 엘리자베스 여왕이 인도와도 바꾸지 않겠다고 한 윌리엄 셰익스피어William Shakespeare(1564~1616)가 영국에서 태어나기 7년 전으로, 그들과 역사적 운명의 궤를 함께한다.

그의 본명은 미켈란젤로 메리시 다 카라바조. 그의 이름 또한 르네상스 예술의 거장 미켈란젤로와 동일하다는 점에 주목하지 않을 수 없다. 실제로 카라바조는 미켈란젤로와 같은 위대한 화가를 꿈꾸며 때로는 그를 스승으로, 때로는 경쟁자로 여기며 미켈란젤로를 뛰어넘는 천재 화가이길 바랐다. 앞으로 많은 작품에서 미켈란젤로와 무언의 경쟁을 벌이는 카라바조를 만나게 될 것이다.

미켈란젤로 메리시, 아니 카라바조(나중에 아버지 고향의 이름을 따서 카라바조로 이름을 바꾼다)가 살던 마을은 이탈리아 북부의 중심도시인 밀라노로부터 동쪽으로 43킬로미터 떨어진 위성도시다. 그의 부친 페르모 메리시Fermo di Bernardino Merisi는 밀라노의 카라바조 영지를 소유하고 있던 귀족 영주 스포르차 다 카라바조Sforza da Caravaggio의 영지관리인이며, 동시에 그 가문에 귀속된 집사이자 석공石工 일을 전문으로 하는 건축업자였다. 따라서 카라바조는 비록 귀족처럼 부유하게 살지는 못했지만 이탈리아 북부지방의 평범한 중산층 계급 출신이었다.

그에게는 아래로 세 동생이 있었다. 동생 조반니 바티스타 메리시Giovanni Battista Merisi는 카라바조와는 연년생으로, 훗날 예수회 신부가 된다. 그리고 그 밑으로 1574년에 태어난 여동생 카테리나Caterina와 조반니 피에트로Giovanni Pietro가 있었다. 그러나 1588년 조반니 피에트로는 불행히도 어린 나이에 숨을 거둔다.

카라바조의 동생 조반니는 당시 이탈리아 명문대학으로 부상하고 있던 예수회의 로마 대학에서 수학하고 예수회 사제가 되었고, 카라바조의 삼촌인 루도비코Ludovico도 밀라노 교구 소속 가톨릭 사제였음을 고려할 때, 당시 카라바조 집안은 지적 수준이 상당했고, 독실한 가톨릭 집안이었음을 미루어 짐작할 수 있다.

당시 밀라노는 스페인의 통치권 안에 있었지만, 지리적으로는 프랑스로부터 늘 외교적 위협을 받고 있는 상태였다. 그리고 무엇보다 로마 교황청에서 파송된 추기경 카를로 보로메오Carlo Borromeo(1538~1584)의 엄숙주의적 종교관이 도시 전체의 분위기를 지배하고 있던 때였다. 트리엔트 공의회에 대표로 참석했던 보로메오 추기경은 가톨릭교회의 개혁 의지를 품고 1565년 밀라노로 귀환, 그의 뜻을 펼치게 된다. 그는 1559년 교황으로 취임한 파이우스 4세의 사촌동생이었던 관계로 젊은 시절부터 이탈리아 전역과 유럽 가톨릭교회 전체에 지대한 영향력

도판2
오타비오 레오니, 〈카라바조의 초상〉, 1621~25, 종이에 크레용,
23.4×16.3cm, 피렌체 마르첼리아나 도서관 소장.

도판3
오라치오 보르자니, 〈카를로 보로메오 추기경의 초상〉,
1610~16, 상트페테르부르크 국립 에르미타주 미술관 소장.

을 발휘하고 있었다. 그러나 그 또한 밀라노에서 끊임없이 벌어지는 지역 분쟁과
정치적 갈등, 그리고 전염병과 기근 등은 피할 수 없었다. 1576년 밀라노 전역을
덮친 전염병은 그에게 큰 시련을 안겨주었다.

　　상황은 심각했다. 밀라노를 통치하던 스페인 영주는 도시와 시민들을 버리
고 줄행랑쳤고, 수천 명의 사람들이 전염병으로 쓰러졌다. 기록에 의하면, 1576
년부터 2년 동안 밀라노 인구의 약 5분의 1이 전염병으로 사망했을 정도다. 많은

사람들이 수많은 시체가 나뒹구는 도시를 뒤로한 채 밀라노를 떠나야 했다. 카라바조의 가족도 예외는 아니었다. 1576년 카라바조가 다섯 살 되던 해, 그의 가족은 밀라노로 잠시 이주하지만 급속도로 번지는 전염병을 피하고자 다시 황급히 위성도시 카라바조로 돌아와야 했다.

그러나 운명은 피할 수 없었다. 밀라노에서 전염병이 창궐하던 바로 이듬해인 1577년 10월, 카라바조는 전염병으로 할아버지와 아버지, 그리고 삼촌 등 집안의 어른 셋을 모두 잃는 불행을 겪게 된다. 그 후 어머니인 루치아 아라토리 Lucia Aratori가 가족을 부양하게 되는데, 당시 카라바조의 나이는 여섯 살에 불과했다. 이때부터 그의 생애에 어두운 그림자가 드리우기 시작한다. 1584년, 카라바조에서 초등교육을 마치고 밀라노로 다시 돌아온 카라바조가 비교적 어린 나이에 화가가 되기로 결심한 것도, 이러한 불우한 가정적인 배경이 작용했을 것이다.

카라바조 형제들의 장래 결정과 남아 있는 재산 처분 과정에 삼촌 루도비코가 관계한 가운데, 카라바조의 형제들은 아버지가 남긴 제법 가치 있는 포도원을 상속받게 된다. 그러나 할아버지와 아버지, 삼촌을 잃은 혹독한 대가로 얻어진 재산이 그들의 앞날을 보장할 수는 없었다. 이제 그들은 자신이 가야 할 길을 결정해야 했다. 동생 조반니 바티스타 메리시는 가톨릭 사제가 되기 위해 위탁된 교회로, 카라바조는 화가의 길을 걷기 위해 밀라노로 향하게 된다.

롬바르디아 양식에 영향받아
'테네브리즘'을 창시하다
캄캄한 어둠 속에서 한 줄기 '빛'의 표현!

화가의 어린 시절을 유추하는 것은 흥미로운 일이다. 어린 시절의 행적을 따라가다 보면 우리는 어느새 한 시대의 획을 긋는 '천재'의 탄생을 직감할 수 있기 때문이다. 피카소 또한 일찍이 "나는 어린아이처럼 그림을 그린 적이 없다. 13세 때, 이미 라파엘로처럼 그림을 그려야 했다"고 말한 바 있다.

불행하게도 카라바조의 어린 시절을 돌아볼 만한 이렇다 할 기록은 남아 있지 않다. 앞으로 그의 작품과 일생을 더듬어가는 작업 또한 쉽지 않을 듯하다. 괴팍하고 잔인한 성격, 결투와 투옥, 살인과 도피로 이어지는 그의 불안한 행각과, '이 세상에 무엇을 남기고자 그만의 독특한 그림을 그렸는가'라는 질문에 답할 수 있을 만큼의 충분한 역사적 기록이 남아 있지 않기 때문이다. 우리는 그에 관한 실낱같은 자료들에 의존해 화가의 길로 막 접어든 카라바조의 예술과 삶을 재투영해볼 수밖에 없다.

카라바조는 13세 되던 해인 1584년부터 4년 동안, 밀라노에 있는 시모네 페테르자노Simone Peterzano의 화실에서 미술에 대한 기초적인 훈련을 받게 된다. 카라바조의 첫 스승인 페테르자노는 엘 그레코El Greco(1541~1614)와 함께 티치아노의 베네치아 화실에서 수련받은 화가로, 당시 밀라노에서는 최고의 명성을 누리고 있었다. 그는 롬바르디아 미술이 추구하는 자연주의 화풍을 따르고 있었으며, 티치아노가 추구하던 조명과, 색감을 중시하던 매너리즘적 화풍을 유지하고 있었다.

앞서 언급한 대로 16세기 밀라노 미술은 신앙심 고취를 위한 종교화 일색이었다. 보로메오 추기경은 가톨릭교회의 개혁이라는 트리엔트 공의회의 시대정신을 드높이고, 신자들의 신앙심을 높이기 위한 호교론적護敎論的 주제의 그림을 적극 장려하고 있었다. 이는 '독일 이단자들 German Heretics'로 지칭되던 마르틴 루터를 위시한 개신교로의 개종에 대한 달콤한 유혹으로부터 가톨릭 교

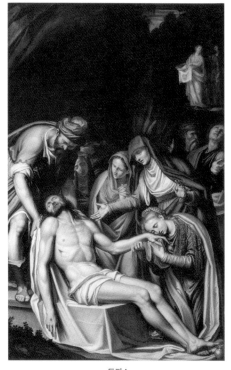

도판4
시모네 페테르자노, 〈매장〉, 1573~79,
캔버스에 유채, 290×185cm,
밀라노 산 페델레 교회 소장.

인들을 보호하는 데 일조했다. 보로메오 추기경은 밀라노의 모든 성당의 그림과 장식을 직접 검열했으며, 반기독교적인 요소가 담긴 저속한 풍경화나 장식은 과감히 폐기처분하는 데 앞장섰다. 인간의 기본적 욕망은 억제되었으며, 오로지 신앙만이 지고선至高善으로 간주되던 시대였다.

따라서 밀라노에서 중견화가로 활동하고 있던 페테르자노의 당시 그림은 단순미가 강조된 종교화적 경향이 짙었으며, 그림의 주제는 신앙심 고취를 위한 것이 대부분이었다. 페테르자노의 문하생이었던 카라바조 역시 이러한 시대적 영향에서 비켜갈 수 없었다. 또한 소년 견습생 카라바조는 페테르자노를 통해 카를

로 보로메오 추기경의 준엄한 음성을 들었을 가능성이 높다. 아버지의 죽음 이후 카라바조의 진로를 결정하는 데 결정적인 영향력을 행사했던 삼촌 루도비코 역시 보로메오 추기경의 개혁을 돕던 밀라노의 사제였다는 점에서, 카라바조의 동생 조반니 역시 1583년부터 예수회에 입단해 가톨릭 사제 훈련을 받기 시작했다는 점에서 이 같은 추측은 가능하다.

그러나 애석하게도 페테르자노의 화실에서 있던 4년 동안 카라바조가 페테르자노에게서 무엇을 배웠고, 어떤 그림을 그렸는지에 대한 확실한 정보는 남아 있지 않다. 이 4년 동안 밀라노에서 카라바조가 그린 그림 역시 아직 발견되지 않고 있다. 더불어 이 기간 동안 페테르자노가 그린 정확한 작품 또한 확인할 길이 없기에 조수 역할에 머물렀을 카라바조의 흔적을 찾기는 더욱 어렵다. 조반니 피에트로 벨로리 Giovanni Pietro Bellori(1613~1696)의 간단한 언급이 사실이라면, 그는 "밀라노에서 4~5년 정도 초상화를 그리면서 활동"했을 가능성이 높다.

여기에서 간과해서는 안 될 것은 카라바조가 밀라노에서 롬바르디아 미술세계와 매너리즘의 형식주의에도 일정 부분 영향을 받았을 가능성이 높다는 것이다. 16세기 말, 이탈리아 화단에서는 기교적인 장식미를 강조하는 매너리즘 미술이 득세하는 가운데 전통적인 기법에 의해 자연을 있는 그대로 표현하는 롬바르디아 미술 양식이 예외적으로 빛을 발하고 있었다. 이 화풍은 다 빈치의 그림에서 표현된 빛과 그림자에 주목했으며, 자연관찰을 통해 사실적인 그림을 그리는 데 주안점을 두었다. 그렇다면 카라바조는 언제 이 같은 롬바르디아 양식에 눈뜨게 되었을까?

카라바조가 밀라노에서 미술 공부를 하고 있을 당시, 16세기 말 로마에서는 안토니오 캠피 Antonio Campi(1523~1587) 등의 롬바르디아 거장들이 활동하고 있었다. 이들은 세속을 의미하는 '어둠'과 성스러움을 의미하는 강렬한 '빛'을 대비시켜 종교적 의미를 전달하는 기법을 자주 사용하고 있었다. 카라바조의 작품에서 볼 수 있는 강렬한 빛과 어둠의 대비, 등장인물들의 긴장된 표정, 물체에 대한 정밀묘사 등은 바로 롬바르디아의 '자연주의 미술 양식'에서 영향을 받은 것으로 보인다. 카라바조의 초기 작품 중 〈과일 바구니를 든 소년〉이 빛과 어둠의 강렬한 대비를 보여주는 대표적 작품이다.

다음의 그림을 보면, 과일 바구니를 든 소년의 에로틱한 상반신과 몽환적인 표정, 그리고 로마의 야채 시장에서 쉽게 살 수 있는 평범한 과일들이 가득 담긴 바구니 위로 밝은 빛이 쏟아지고 있다. 입을 반쯤 연 감각적인 모습의 소년이 지금이라도 금방 어둠 속에서 걸어 나와 과일 바구니를 통째로 바치겠다는 표정을 짓고 있다. 이것이 카라바조의 그림이 주는 묘미다. 여자인지 남자인지 구분이 가지 않는 소년의 교묘한 눈빛, 탐스러운 과일 속에 자신의 존재를 은밀히 드러내는 벌레 먹은 과일…. 어두운 것은 더욱 어둡게, 그렇게 빛을 강조함으로써 어둠의 실존성을 부여하는 카라바조. 그러나 소년의 배경을 장악하고 있는 것은 완전한 어둠이다. 빛과 어둠의 극명한 대비를 보여준 카라바조의 이 작품은 이탈리아 미술사에서 '어둠Tenebroso의 방식'으로 불리는 테네브리즘Tenebrism의 초기 작품에 해당한다. 이후 테네브리즘은 17세기 유럽 화단을 지배하는 절대적인 시대사조로까지 발전하게 된다.

카라바조 회화의 특징으로 알려져 있는 테네브리즘은 그 원류를 거슬러 올라가면 르네상스의 '만능인uomo universale' 다 빈치의 작품과 만나게 된다. 다 빈치의 유화 작품은 미완성으로 남아 있는 것이 대부분이지만, 1483년경에 그려진 〈암굴의 성모〉는 조명이나 색조의 명암에 있어 새로운 시대를 연 걸작이다. 아마 〈암굴의 성모〉는 〈모나리자〉와 함께 다 빈치가 그린 유화 중 가장 완성도가 높고 보존 상태가 양호한 그림이라고 할 수 있을 것이다.

〈암굴의 성모〉를 보면 그림의 중앙을 차지하고 있는 성모 마리아를 중심으로 6개월 먼저 태어난 아기 세례 요한이 기도하는 자세로 아기 예수께 간청하고

〈과일 바구니를 든 소년〉, 1593~94, 캔버스에 유채, 70×67cm,
로마 보르게제 미술관 소장.[*]

어둠과 빛의 강렬한 대비 속에
아름다운 자태를 보이고 있는 소년!
그런데 어딘가 모호하다.
풍성한 과일 바구니를 들고 있는 화려한 모습 뒤에
교태를 부리는 여성이 숨어 있다.
불그스레한 뺨, 과감히 드러낸 미끈한 어깨,
금방 탄식이 흘러나올 것 같은 도톰한 입술!
초점 없는, 불안한 소년의 눈빛이
도달할 수 없는 아주 먼 곳…
환상을 꿈꾸고 있다.

---

* 원래 주세페 체사리(Giuseppe Cesari, 1568~1640)의 소유였다가 교황 바오로 5세(Paulus V, 1552~1621)를 거쳐,
1607년 시피오네 보르게제(Scipione Borghese, 1576~1633) 추기경의 소유로 넘어가게 되었다.

도판6
레오나르도 다 빈치, 〈암굴의 성모〉, 1483(?), 189.5×120cm, 런던 국립미술관 소장.**

있다. 화면의 오른쪽에 배치된 아기 예수는 교훈하는 모습의 손가락을 세례 요한에게 보여주고 있다. 이 그림과 카라바조가 추구했던 테네브리즘 사이에는 어떤 연관성이 있을까?

다 빈치는 회화의 기본 기법으로 대기원근법大氣遠近法, Aerial perspective을 강조했다. "색채는 멀리서 볼수록 흐리게 보인다"는 사실을 관찰했던 다 빈치는 물체의 위치에 따라서 색조의 명암을 달리하는 대기원근법을 서양 미술에 처음으로 도입했다. 공기나 수증기 혹은 먼지와 같은 작은 입자들을 통과하면서 빛은 거리에 따라서 다르게 표현되는데, 멀리 있는 물체일수록 부드럽고 흐리게, 가까이 있는 물체일수록 명료하고 정확하게 나타난다. 이러한 대기원근법은 르네상스 시대부터 풍경화의 기본적인 화법으로 받아들여졌다. 다 빈치의 〈암굴의 성모〉를 자세히 관찰하면 아기 예수의 몸으로 쏟아지는 빛에 의해 인물의 생동감이 풍부하게 묘사되어 있고, 전체적으로 동굴의 어둠 속에 사로잡혀 있는 성모의 모습은 부드럽고 흐릿하게 채색되어 신비감을 더해주고 있음을 발견할 수 있다. 이렇게 색조의 명암을 이용해 그리고자 하는 대상에 입체감과 긴장감을 부여하는 방식을 다

** 프랑스 루브르 박물관에 유사한 판본이 있다.

40

빈치는 '키아로스쿠로chiaroscuro('명암'을 뜻하는 이탈리아어)'라는 용어로 설명했다.

광학光學을 회화에 도입한 다 빈치의 실험정신은 카라바조의 테네브리즘에 의해 완성되었다고 할 수 있다. 대기의 색조를 통해서 가까이 혹은 멀리 있는 물체를 분리시킨 다 빈치의 대기원근법과 인물이나 물체에 쏟아지는 빛의 각도를 통해 보다 생생한 인물의 내면세계를 묘사했던 카라바조의 테네브리즘이 유사한 출발점에 서 있기 때문이다. 다 빈치와 카라바조로 전해 내려오던 이탈리아 화가들의 명암법은 렘브란트에 이르러 완성되었다고 보는 것이 미술사가들의 공통된 견해이기도 하다.[1]

여기서 16세기 말 롬바르디아의 자연주의 미술을 대표하는 빈센조 캠피

Vincenzo Campi(1536?~1591)의 화풍과 카라바조의 작품을 비교해보는 것도 흥미로울 것이다. 물체에 대한 정밀묘사에서 그 유사성을 발견할 수 있기 때문이다. 빈센조 캠피의 그림 〈과일장수〉 속에 등장하는 과일과 꽃은 카라바조의 〈과일 바구니를 든 소년〉에도 아주 유사하게 그려져 있다. 그러나 빈센조 캠피의 작품에 등장하는 포도를 들고 있는 여인의 모습은 어딘지 작위적인 느낌을 준다. 마치 화가의 연출에 의해 포도를 일부러 들고 있는 듯한, 그래서 뭔가 수줍고 어색한 느낌을 준다. 그러나 카라바조의 작품 속 소년은 좀 더 과감하게 관객을 압도하며 다가온다. 인물과 정물이 살아 움직이듯 우리를 유혹한다.

많은 학자들이 〈과일 바구니를 든 소년〉에서 카라바조가 롬바르디아 양식에서 보이는 정물화의 정밀묘사를 취하고 있음에 주목하고 있지만, 미술사에서 이 그림의 중요성은 역시 어둠의 양식인 테네브리즘의 첫 번째 실험 작품이었다는 점에 있다. 이제 스무 살을 갓 넘긴 카라바조는 롬바르디아 양식을 뛰어넘어 이미 어둠에서 어둠을 창조해 빛을 극명히 보여주는 테네브리즘의 창시자가 되어 있었다.

평생 도안이나 밑그림을
그리지 않았던 카라바조
베네치아에서 '알라 프리마 방식'을 배우다

카라바조는 밀라노의 페테르자노 화실에서 1584년에서 1588년까지 4년을 머물렀고, 1592년부터 로마에서 활동하기 시작했다고 알려져 있다. 그렇다면 밀라노에서 로마로 떠나기 전 3~4년의 공백기 동안 그는 어디서 무엇을 했을까? 그 기간 동안의 카라바조의 행적이 궁금하지 않을 수 없다.

17세기의 미술사가들은 '1592년 밀라노를 떠나기 전, 카라바조는 베네치아를 방문해 베네치아 미술 양식에 대해 연구하는 시간을 가졌을 가능성이 높다'고 언급하고 있다. 또한 다음과 같은 기록도 설득력을 지닌다.

> "카라바조는 밀라노에서 4~5년 정도 초상화를 그리면서 활동했는데, 몇 가지 분쟁과 싸움에 연루되어 밀라노에서 베네치아로 도피해야 할 형편에 놓이게 되었다. 그는 베네치아에서 조르조네 Giorgione (1477?~1510)의 채색을 좋아하게 되었고 그 화법을 배웠다."[2]

티치아노를 비롯한 16세기 베네치아 출신의 화가들은 기초 도안이나 밑그림을 그리지 않고 화폭에 색깔을 칠하는, 다시 말해 채색과 디자인을 병행하는 소위 '알라 프리마alla prima' 방식을 따르고 있었다. 카라바조 역시 평생 동안 밑그림이나 도안을 그리지 않았던 인물로 유명하다. 그는 마치 '내 그림에는 데생 연습이 없다'는 듯 화폭에다 거침없이 붓을 휘갈기던 화가였다. 그러나 예술은 자생적으로 홀로 탄생할 수 없는 법. 일찍이 학자들은 카라바조의 화법이 베네치아 화가들의 화법과 유사하다는 점에 주목해왔다.

후기 르네상스 작가들과 매너리스트 화가들은 기초 도안을 먼저 제작한 다음 밑그림을 그리고 채색하는 순서에 따라 작품을 완성시키는 전통 방식을 따르고 있었다. 카라바조의 스승이었던 페테르자노 역시 별도의 기초 도안과 밑그림을 시작으로 작품을 그렸다. 이러한 작업 순서는 16세기의 '아름다움에 대한 이해', 즉 미학美學과 연관 지을 수 있다. 당시 철학자들과 미학자들은 "회화란 사물을 화폭에 옮길 때, 화가의 영감으로 떠오르는 '내적 디자인disegno interno'을 표현하는 예술 장르"로 이해하고 있었다. 따라서 내적 디자인을 실행으로 옮길 기초 도안과 밑그림을 먼저 그리는 것은 당연한 순서였다. 채색은 나중의 문제였다. 미켈란젤로도 이러한 16세기 미학 이론을 바탕으로 수많은 도안과 밑그림을 통해서 훌륭한 예술품을 남길 수 있었다.

그러나 베네치아를 대표하는 화가 티치아노는 디자인보다 색채를 중시했다. 그를 비롯한 베네치아 출신의 화가들은 내적 디자인설을 받아들이지 않았다. 그들에게 있는 그대로의 자연은 가장 직접적이고 훌륭한 스승이었던 것이다. 그들은 기초 도안이나 밑그림 없이 알라 프리마 방식에 따라 그림을 그렸다. 카라바조는 티치아노로 대표되는 베네치아 양식인 이 알라 프리마를 자신의 화풍에 도입했던 것이다.

---

* 르네상스 시대 베네치아파 화가로 1495년경 베네치아로 가서 조반니 벨리니(Giovanni Bellini, 1430?~1516)에게 그림을 사사했다. 티치아노, 카라바조 또한 조르조네 화법에 영향을 받았다. 작품으로 〈잠자는 비너스〉, 〈전원의 합주〉, 〈3명의 철학가〉, 〈솔로몬의 심판〉 등이 있다.

도판8
베첼리오 티치아노, 〈바쿠스와 아리아드네〉, 1523~24, 캔버스에 유채, 런던 국립미술관 소장.

한편 그가 로마로 황급히 떠나기 전 카라바조 마을과 밀라노를 바쁘게 오갔다는 사실은 현존하고 있는 카라바조 주변의 법률 문서와 재산 거래에 대한 서류를 통해서 알 수 있다. 또한 이 문서를 통해 그가 밀라노와 카라바조 마을을 오가면서 자신의 상속받은 재산을 황급히 처분했다는 사실을 확인할 수 있다. 그러나 1590년 11월 29일 그의 모친인 루치아 아라토리가 사망한 이후, 그가 왜 서둘러 재산을 처분하고 밀라노와 카라바조를 떠나야 했는지에 대해서는 단순히 문서상으로 그 해답을 찾아내긴 어렵다. 혹자는 이것이 이탈리아 북부의 중심 교역도시였던 밀라노의 뒷골목에서 자주 목격되던 폭력 사건과 연관이 있을 것이라는 설을 제시하고 있다.[3] 또한 일부 문헌에서는 카라바조가 밀라노에서 살인을 저지르고 로마로 도주했을지 모른다는 풍문을 기록으로 남기고 있다.[4]

사실을 입증할 만한 이렇다 할 증거는 없고, 온갖 억측과 풍문이 난무했던 카라바조의 인생행로는 바람 앞의 등불처럼 불안하기 짝이 없었다. 이제부터 '영원한 도시' 로마에서의 생활이 그를 기다리고 있다.

'드러냄'과 '숨김' 사이에 존재하는
아름다움의 극치

로마의 미술계를 석권하겠다는 야심의 끝자락

1592년 밀라노에서 황급히 로마로 흘러들어온 카라바조의 생활이 순탄할 리 만무했다. 황급히 재산을 처분하고 로마로 몸을 옮겼지만 그는 이미 빈털터리 신세가 되어 있었다. 무일푼의 몸으로 로마로 이주한 카라바조는 이집 저집 머물면서 하루 끼니를 해결하기에도 급급했고, 생활비를 벌 목적으로 그림을 그리기 시작했다. 지금도 로마의 길거리에서 흔히 볼 수 있는 무명의 길거리 화가로 지나가는 사람들의 초상화를 그려주고 겨우 입에 풀칠하던 시절이었다.

일부 역사가들은 〈푸른 과일을 깎고 있는 소년〉을 이 시기에 그려진, 현존하는 카라바조의 초기 작품으로 본다. 만약 이 그림이 카라바조의 초기 작품이라면, 그것은 특정 예술품 소장가의 주문에 의해서 그려진 것이 아니라 로마에 머물던 초기, 생활고에 시달리던 카라바조가 그림 시장에 내다 팔기 위해 그린 일종의 상업용 초상화로 추정된다. 학자들은 이 그림이 원작의 모사품일 가능성도 있다고 보고 있으며, 그 원작은 주세페 체사리의 화실에서 그려졌을 가능성이 높다고 본다. 그림에는 짙은 어둠이 화면의 뒷부분을 차지하고 있고, 가슴의 일부가 노출되어 있는 소년이 조심스럽게 과일을 깎고 있는 모습이 침착하게 묘사되어 있다.

도판9
〈푸른 과일을 깎고 있는 소년〉, 1594(?), 캔버스에 유채, 75.5×64.5cm,
로마의 개인 소장품.*

당시 로마는 1600년 통계에 의하면 인구 10만 9729명이 거주하는 비교적 작은 도시였지만, 성 베드로 대성당의 재건축이 완성 단계에 이르면서, 1527년 로마 함락과 16세기부터 진행된 종교개혁의 직접적인 충격에서 서서히 벗어나고 있었다. '성스러운 시대의 로마Roma Sancta'로 진입하고 있던 시기였다.

도판10
라파엘로, 〈성모자〉, 1504~05, 캔버스에 유채, 58×43cm, 미국 워싱턴 국립미술관 소장.

그렇다고 16세기 말의 로마가 평온한 도시는 아니었다. 당시 로마는 밀라노보다 경제적으로 풍요롭지 못했다. 전쟁을 끝낸 프랑스와 스페인을 지지하는 사람들 사이의 폭력이 계속됐고, 거리는 굶어 죽는 사람들, 거지들, 매춘부들로 들끓었다.

바로 그곳에 화가로서 첫발을 내딛은, 갓 스무 살이 된 청년 카라바조가 있었다. 로마에서 그는 말로만 듣던 르네상스 천재들의 작품을 보면서 처음 몇 주를 보냈으리라 짐작된다. 당시 밀라노는 경제적으로 로마보다 앞서 있었지만, 예술적으로는 로마와 견줄 수 없었다. 예술의 길은 모두 로마로 통하고 있었기 때문이다. 라파엘로와 미켈란젤로의 작품들 앞에서 감탄하고 있는 카라바조의 모습을 상상하는 것은 어렵지 않은 일이다.[5]

---

* 런던에 조금 작은 크기(64.2×51.4cm)의 동일 작품이 현존하고 있다.

기록에 의하면 1592년부터 로마에 체류했던 것으로 확인되고 있지만, 그가 처음 어디에 거주했으며 어떤 창작활동을 했는지에 대해서는 정확히 알 수 없다. 의사이자 미술 수집가였던 줄리오 만치니Giulio Mancini(1559~1630)의 기록에 의하면 초기의 카라바조는 "몬시뇰 판돌포 푸치Pandolfo Pucci의 집에 머무르면서 내키지 않는 허드렛일을 하며 생활했고", 그 집을 떠났을 때 주인을 "샐러드 양반"이라 부르며 혹평했다고 전해진다.[6] 하루 품삯으로 저녁 샐러드를 얻어먹는 곤궁한 시절이었다. 이후 몬시뇰 푸치의 집에서 나온 카라바조는 이름은 널리 알려져 있지 않으나 로마에서 중견화가로 활동하고 있던 로렌초 시칠리아노Lorenzo Siciliano와 안티베두토 그라마티카Antiveduto Grammatica(1571~1626) 등의 화실을 거친 것으로 추정된다. 초기 로마 시절에 대한 가장 유력한 정보는 당시 로마의 매너리즘 화풍을 주도하고 있던 주세페 체사리 화실에서 카라바조가 약 8개월 동안 머물렀다는 것이다. 당시 체사리는 사람들 사이에서 '기사騎士 다르피노Cavaliere d'Arpino'로 불리기도 했는데, 롬바르디아 양식에 따라 꽃과 과일을 세밀하게 표현할 수 있었던 카라바조의 탁월한 솜씨에 감탄하여 그를 고용했다는 기록이 전해지고 있다.

카라바조는 체사리의 화실에서 정물화만 그리는 조수가 아니었다. 다른 기록에 의하면, 체사리 화실에서 조수로 활동할 당시 카라바조는 체사리의 형제들과 어울리며 길거리에서 패싸움을 벌여 큰 상처를 입기도 했다. 패싸움이 얼마나 격렬했는지 알 수 없지만, 그 사건 이후 카라바조가 체사리 화실과 인연을 끊었던 것만 보아도 이때의 상황이 제법 심각했음을 짐작할 수 있다. 카라바조가 체사리의 화실에서 활동할 당시에 그려진 작품으로는 〈병든 바쿠스 신〉과 〈과일 바구니를 든 소년〉 등이 추정된다.

정확한 연대를 추정할 수 없는 〈푸른 과일을 깎고 있는 소년〉을 제외하면, 일반적으로 〈병든 바쿠스 신〉이 로마에서 그린 카라바조의 최초 작품으로 알려져 있다. 카라바조의 생애에 대한 조반니 발리오네Giovanni Balione(1571~1644)의 기

도판11

주세페 체사리, 〈나사로의 부활〉, 1593, 캔버스에 유채, 76×98cm, 로마 국립미술관 소장.

록에 의하면 〈병든 바쿠스 신〉은 주세페 체사리의 개인 작업실에서 그린 최초의 작품이다. 이제 막 로마에서 활동을 시작한 시골 출신의 무명화가 카라바조는 〈병든 바쿠스 신〉에서 자신의 병들고 초라한 모습을 담아내고 있다.

그림에 등장하는 청년은 이탈리아 북부 사람의 전형적인 얼굴 모습을 하고 있다. 검은 머리카락과 다소 짙은 피부색과 검은 눈동자를 가진 롬바르디아 청년이 화면을 가득 메우고 있고, 그 배경에는 압도하듯 화면 전체에 짙은 어둠이 깔려 있다. 카라바조 특유의 테네브리즘 화풍은 처음부터 동시대 로마의 화풍과 차

도판12
〈병든 바쿠스 신〉, 1593~94, 캔버스에 유채, 66×52cm, 로마 보르게제 미술관 소장.**

어둠 속에 검은 머리카락의 롬바르디아 청년이 웃고 있다.

초점 없는 눈동자, 초라하게 드러낸 어깨,

빛바랜 월계관, 때 낀 손톱….

보아라, 병든 바쿠스를!

언젠가 로마의 미술계를 장악할 나, 카라바조를.

•• 주세페 체사리의 소장품이었다가 추기경 시피오네 보르게제에게 1607년 매각되었다.

이를 보이고 있었다.

그림에서 병이 들어 움푹 들어간 눈, 오른쪽 어깨와 등의 일부를 요염하게 드러낸 반나체의 젊은 롬바르디아 청년은 화려한 로마의 미술세계를 냉소적으로 바라보고 있는 듯하다. 이 그림 속 모델은 카라바조 자신이다. 16세기 예술사가였던 피토레Pittore는 이 시기 카라바조가 모델을 살 만한 경제적인 여력이 없었기 때문에 자신의 모습을 모델삼아 초상화를 그렸다고 본다.[7] 일부 역사가들은 이 그림을 카라바조가 말라리아에 걸려 로마의 빈민 구호 자선단체 병원에 입원해 있을 때 그린 자화상으로 추정하고 있고, 다른 학자들은 말라리아 때문이 아니라 사고로 말에서 떨어져 입원했을 당시의 자화상이라는 견해를 펴고 있다.

르네상스 시대의 그림에서 화려한 장식과 더불어 천상의 아름다움으로 표현되어 왔던 주신酒神 바쿠스는 카라바조의 그림에서는 손톱에 때가 낀, 병든 시골 청년의 모습으로 등장한다. 어둠 속의 우울한 표정과 정체를 알 수 없는 희미한 냉소가 보는 사람을 당혹케 한다. 그의 시선은 관람자를 정면으로 바라보고 있다. 무엇인가 말을 건네려는 듯, 입술을 약간 벌린 모습이다. 카라바조는 이 작품을 통해서 병든 자신의 모습을 싸늘히 드러내면서, 미래에 대한 야심과 실패에 대한 두려움 사이를 오가고 있는 데뷔 초기 자신의 모습을 은밀히 표현하고 있는 것처럼 보인다. 동시에 그림 속 병든 바쿠스는 머리에 승리의 월계관을 쓰고 있다! 비록 지금은 병들고 보잘것없지만 언젠가는 로마의 미술계를 석권하고 말겠다는 원대한 야심의 끝자락이 엿보이기도 한다.

첫 작품 〈병든 바쿠스 신〉에서부터 카라바조는 자신의 자의식을 화면 전체에 드러내기를 주저하지 않았다. 어둠 속에서 몸을 약간 웅크리고 있는 바쿠스는 무엇인가 말꼬리를 흐리며 관람자의 시선을 유혹하고 있다. 그의 드러난 상반신과 어둠 속으로 사라져가는 시선은 고혹적이기까지 하다. 카라바조 그림이 자아내는 아름다움의 극치는 이처럼 드러냄과 숨김 사이의 가느다란 경계선에 있다.[8]

카라바조가 추구하던 세기말의 아름다움은 드러나지도 않고 그렇다고 완전히 숨겨진 것도 아닌 경계선의 미적 표현이었다. 16세기의 르네상스 시대가 운명을 다하고 17세기의 바로크 시대가 도래하고 있던 그 무렵의 경계선에서 카라바조의 아름다움은 드러남과 숨김의 숨바꼭질을 하고 있다. 아름다움을 찬미하던 르네상스의 화가들은 이미 무덤에 묻혔고 그 아름다움을 과장하던 매너리즘 화가들은 여기저기서 경쟁하고 있었다. 더 유력한 후원자를 찾기 위해서. 그러나 세기말의 천재 화가 카라바조는 병실에 앉아 자신의 시대를 냉혹한 시선으로 마음껏 비웃고 있다.

도판13
미켈란젤로, 〈바쿠스〉, 1496~97,
대리석, 높이 203.2cm,
피렌체 바르젤로 국립미술관 소장.

한편 카라바조의 〈병든 바쿠스 신〉은 미켈란젤로의 작품과 비교해볼 필요가 있다. 카라바조가 자기 본명과 같은 미켈란젤로를 자신의 유일한 스승이자 라이벌로 간주했다는 점을 염두에 두면, 카라바조가 미켈란젤로의 초기 작품과 자신의 그림을 비교하기 위해서 〈병든 바쿠스 신〉을 그렸다는 추측이 가능해진다.[9] 실제로 미켈란젤로가 피렌체의 메디치Medici 가문을 떠나 로마의 실세 권력자였던 산 조르조, 곧 라파엘로 리아리오Raffaelo Riario(1460~1521) 추기경의 후원을 받으며 활동을 시작할 때 첫 번째 작품으로 〈바쿠스〉를 조각했다는 것을 상기해보면,[10] 어느 정도 타당성이 있는 것으로 보인다. 당시 이탈리아 화단을 지배하고 있던 토스카나(피렌체) 출신 화가들과 롬바르디아(밀라노와 베네치아) 출신 화가들의 경쟁의식도 이러한 가능성을 높여주고 있다. 미켈란젤로가 토스카나 출신을 대표한다면, 카라바조는 자신을 롬바르디아를 대표하는 예술가로 생각했을 가능성이 있다.

이처럼 카라바조는 무언으로 르네상스의 대가 미켈란젤로를 경쟁자로 여기며 로마에서의 무명 시절을 견뎌내고 있었다. 냉소와 조롱이 담긴 병든 눈빛을 화폭에 던지면서. 로마 미술계를 석권할 그날을 꿈꾸며….

제 2 장

델 몬테 추기경과의 만남

메두사는 거울에 비친 자신의 흉측한 모습을 보고
경악을 금치 못했고, 그 순간
페르세우스의 칼이 그녀의 목을 내리친다.
목이 잘리는 순간,
메두사의 눈빛은 분노로 이지러지고
뱀들은 소스라치게 놀라며 꿈틀거린다.
그런데 목에서 하염없이 쏟아지는 붉은 피,
그리고 흉물스런 메두사의 얼굴은
바로 카라바조 자신이 아닌가.

풍요와 안정 속에 솟구치는 창작력, 흐르고 넘치는 작품들

카라바조

세상이 포착된 순간,
소설과 같은 그림을 완성하다

델 몬테 추기경을 사로잡은 〈카드놀이 사기꾼〉과 〈점쟁이 집시〉

로마의 뒷골목을 배회하며 어렵게 하루하루를 이어가던 카라바조가 우연한 기회에 프란체스코 마리아 델 몬테Francesco Maria del Monte(1549~1626) 추기경*을 만난 것은 행운이었다. 메디치 가문의 로마 대리인답게 인문주의자였던 델 몬테 추기경은 카라바조의 재능을 한눈에 알아봤으며, 자신이 머무는 대저택에 카라바조의 작업실을 마련해주는 등 후원을 아끼지 않았다. 또한 카라바조가 폭행 사건에 연루될 때마다 은밀한 후원과 보증으로 카라바조의 앞길을 열어주었고, 그로 인해 무법자 카라바조는 로마 당국의 처벌을 피해갈 수 있었다.

델 몬테 추기경은 카라바조의 평생 후원자였다. 그러나 이 시기 대부분의 예술작품이 교회와 귀족의 권위 그리고 그들의 재정적 뒷받침을 통해 생산되었음을 헤아려볼 때, 권력의 중심에 서 있었던 델 몬테 추기경의 '후원'에 대해서는 생각할 여지가 많이 있다. 예컨대 카라바조의 작품 중 상당 부분이 델 몬테 추기경의 주문에 의해 그려졌다는 점에서 카라바조 또한 원하든 원치 않든 일정 부분

---

* 델 몬테 추기경은 1549년 이탈리아의 북부도시 베니스의 귀족 가문에서 태어났다. 그는 14세 때 로마의 추기경이 되었다가 피렌체의 제후로 취임한 페르디난도 데 메디치(Ferdinando de' Medici, 1549~1609)의 비서로 활동했으며, 1588년부터 메디치 가문을 대표하는 로마의 추기경으로 활동했다.

델 몬테 추기경을 위해 그림을 그려야 하는 주종主從 관계였음을 짐작할 수 있다. 그렇다면 다혈질에 괴팍하며 자주 패싸움을 벌여 말썽을 피우던 카라바조의 든든한 보호막이 되어주었던 델 몬테 추기경은 과연 어떤 사람이었을까.

그는 베네치아 출신으로 당시 이탈리아의 경제력과 정치적 실권을 쥐고 있던 가톨릭교회의 최대 가문인 피렌체의 메디치가와 연관이 있었다.[1] 그는 메디치 가문의 후광을 업고 1588년 로마의 추기경으로 임명되었다. 메디치 가문이 로마에 소유하고 있던 대저택 팔라조 마다마Palazzo Madama에 거주했던 델 몬테 추기경은 당시 로마에서 메디치 가문의 정치적 대변인이었을 뿐 아니라, 메디치 가문을 위해 고가의 예술품 매입과 소장에 관련된 업무를 총괄하고 있었다. 그는 문학과 예술에 남다른 관심과 조예가 있었을 뿐 아니라, 갈릴레오 갈릴레이Galileo Galilei(1564~1642)와 친분을 유지하는 등 과학자들과도 활발한 교류를 맺고 있던 인물이었다. 카라바조는 그의 친구이자 로마의 유력한 미술품 중개인이던 코스탄티노 스파타Costantino Spata의 소개로 델 몬테 추기경을 만나게 되는데, 델 몬테 추기경이 카라바조의 작품 〈카드놀이 사기꾼〉과 〈점쟁이 집시〉를 싼값에 매입함으로써 둘의 관계가 본격화되었다.

먼저 〈카드놀이 사기꾼〉을 살펴보자. 두 명의 이탈리아 청년이 카드놀이에 몰두하고 있다. 하지만 화면 정면에 얼굴이 노출되어 있는 순진한 청년은 두 명의 사기꾼들에게 속임수를 당하고 있다. 장면은 매우 코믹하게 묘사되어 있다. 오른쪽에 있는 청년은 허리춤에서 가짜 카드를 몰래 꺼내고 있고, 화면 뒤쪽 또 다른 사기꾼은 같은 편에게 상대방의 패를 몰래 알려준다. 카라바조의 후기 그림에

•• 원래 델 몬테 추기경의 소장품이었다가 몇 번의 매각을 거쳐 1899년 파리의 화상 바론 로칠드(Baron Rothschild)에게 매입된 후 소재가 불확실해졌다. 1642년 카를로 마뇨네(Carlo Mangone)가 그렸다는 모사품이 카라바조의 진품이란 설도 제기된 적이 있다. 그러나 학자들의 연구에 의해 텍사스의 킴벨 예술관이 소장하고 있는 작품이 진품임이 확인됐다. 모사품으로 알려진 작품만 해도 현재 50여 종이 넘게 남아 있고, 17세기에 그려진 것만 해도 13종이다. 진품에 대한 발견은 카라바조의 초기 화풍을 이해하는 데 결정적인 단서를 제공한다.

도판14
〈카드놀이 사기꾼〉, 1594~95, 캔버스에 유채, 94.2×131.3cm, 미국 텍사스 킴벨 예술관 소장.**

카드놀이에 몰두하고 있는 순진한 청년
밝고 경쾌한 빛 사이, 얄팍한 속임수가 흐른다.
허리춤에서 가짜 카드를 몰래 꺼내는 소년
상대의 패를 알려주는 협잡꾼의 간교한 눈빛
로마의 냉소적 일상이 포착된 순간,
'소설 같은 그림'이 완성된다.

등장하는 짙은 어둠의 배경은 보이지 않는다. 밝은 배경에 더 밝은 빛이 화면을 따뜻하게 감싸고 있다. 카라바조 초기 작품에서 볼 수 있는 생동감이 잘 표현되어 있는 작품으로, 이 작품은 델 몬테 추기경의 시선을 단숨에 사로잡았다.

〈점쟁이 집시〉는 로마의 평범한 일상을 너무도 사실적으로 그려냈다는 점에 감탄하지 않을 수 없는 작품이다. 카라바조는 우연히 길을 지나치다 젊은 집시 여인을 발견한다. 순간, 그에게 좋은 아이디어가 떠올랐다. 그녀에게 잠자리를 제공하고 그녀를 모델로 해, 이집트 풍습에 따라 점을 치는 집시 여인으로 변신시키는 것이었다. 그림에는 집시 여인에게 점을 치고자 손을 내밀고 있는 젊은 청년의 모습을 함께 그려 넣었다. 화면 속에서 두 인물의 얼굴 표정, 피부색, 속임수를 쓰고 있는 손동작 등이 놀라울 정도로 생생히 되살아난다. 카라바조는 이 작품을 통해서 인물의 사실적 아름다움이 무엇인지 유감없이 보여주고 있다.

그는 그림 속 구도에 맞는 인물을 구하고자 로마의 뒷골목을 자주 헤매곤 했다. 어렵사리 구한 인물들을 하나둘 정지된 화면 속으로 심어 넣었다. 그러면 그림 속 주인공들은 마치 예정된 사각 틀 속에 들어가야 할 운명처럼 자연스럽게 작품 속으로 걸어 들어갔다. 카라바조는 있는 그대로의 일상을 자연스럽게 그려낸 것이다.

화려한 색채에 사실주의적 화풍으로 담아낸 두 작품은 당시의 주도적 예술 사조였던 르네상스 화풍이나 매너리즘과는 거리를 두고 있다. 장면을 포착하는 방식도 다르다. 카라바조는 자신의 미적 감각을 드러내기 위해 위대한 성서의 영웅이나 그리스·로마 전설을 차용하지 않았다. 그는 그저 로마의 평범한 일상을 작품의 주제로 선택한 것이다.

카드놀이판에서 벌어지고 있는 코믹한 사기극의 순간과 소년에게 매혹적으로 다가가서 미래의 운명을 점쳐주는 척하며 소년의 손가락에서 반지를 빼내는 집시의 모습은 당시 로마 사람들에게 많은 상상력을 제공했다. 도덕적 해이가 만

도판15

〈점쟁이 집시〉, 1594~95, 캔버스에 유채, 115×150cm, 로마 카피톨리나 미술관 소장.✦✦

연하고 속고 속이는 사기극과 협잡꾼들의 횡포가 판을 치던 로마의 냉소적 일상을 순간적으로 포착한 이 두 작품은, 겉과 속이 달랐던 당시 로마의 종교 지도자들을 예리하게 비틀고 있었다. 로마의 상류사회야말로 부패의 온상이었으며, 메디치 가문의 사람들과 델 몬테 추기경도 그 예외는 아니었다. 그들 또한 도박을 즐겨했다. 카라바조의 두 작품은 마치 그러한 비리의 생생한 현장을 포토 저널리스트가 순간을 스냅 사진으로 포착하듯 사실적으로 보여주고 있다.

✦✦ 카라바조의 진품으로 추정되는 작품이다.

〈카드놀이 사기꾼〉과 〈점쟁이 집시〉에서는 카라바조 화풍의 또 다른 특징 중의 하나인 성聖과 속俗의 구분이 모호해지는 현상도 함께 발견된다. 가톨릭교회의 영원한 도시 로마가 16세기 말에 부과하던 종교적 의무감은 사라지고, 대신 일상에서 일어나는 다양한 장면들이 카라바조의 생동감 넘치는 필치에 의해 노골적으로 표현되고 있다. 실제로 로마의 거리에서 쉽게 목격할 수 있는 평범한 풍속風俗들이 카라바조의 화폭에 담겨지면서, 진정한 성스러움의 의미에 대한 재평가가 시도되었다. 카라바조 전문가인 헬렌 랑돈은 카라바조의 성과 속에 대한 새로운 이해를 아래와 같이 설명한다.

> "그는 일상에서 발견되는 것들을 이야기로 만드는 방법을 통해 고전적인 예술 창작활동에 충격을 주기 시작했다. 도덕적 의무감은 가볍게 다루어지는 반면 인간적인 주제들은 정겹게 다루었고, 생기에 찬 장면들을 포착해 생동감 넘치는 색깔을 사용해 표현한 것이다. 카라바조는 그가 목격한 어떤 것을 그려내기 시작했고, 실제적 사건을 바탕으로 이야기를 발전시켜 나갔는데, 마치 그것은 그림으로 표현된 소설과 같았다."[2]

카라바조는 르네상스 거장들과 이들을 맹목적으로 추종하던 매너리즘 화가들이 추구하던 전통으로의 회귀나 고전의 재해석을 시도하지 않았다. 웅장한 것이 경건한 것이고 경건한 것은 고상한 것이란 등식을 스스로 부정한 것이다. 오히려 그는 스스로 술에 취해 비틀거리며 걸어 다녔던 로마의 밤거리, 단골 술집에서 일어나는 평범한 취객들의 싸움들, 카드놀이 사기꾼들의 야바위 장면이나 집시 여인의 도둑질을 과감히 그림의 소재로 삼았다.

이런 기발한 소재의 선택과 생동감 넘치는 사실주의적 표현에 델 몬테 추기경이 매료된 것은 당연한 일이었다. 〈카드놀이 사기꾼〉과 〈점쟁이 집시〉를 판 것

을 계기로 카라바조는 험난했던 무명 시절을 청산하고, 델 몬테 추기경의 대저택에 머물면서 창작활동에 몰두하게 된다. 1595년 가을부터의 일이었다.

〈카드놀이 사기꾼〉과 같은 시기에 그려져 델 몬테 추기경에 의해 매입된 〈점쟁이 집시〉는 현재 두 개의 작품으로 남아 있다. 같은 인물을 다른 각도에서 여러 번 그린 적은 있지만 동일 구도상의 작품을 모사模寫한 적이 없었던 카라바조의 취향을 고려할 때, 한 작품은 카라바조의 그림을 모사한 위작이거나 복사본

∷ 〈점쟁이 집시〉는 1594~95년의 작품으로 추정되므로 로마 소장본이 진품일 경우 루브르 소장본은 1598~99년의 모작이란 설이 있다.

일 가능성이 크다.⁘

현재 카라바조의 원작으로 추정되는 그림은 로마의 카피톨리나 미술관에 소장되어 있고, 또 다른 작품은 프랑스 루브르 박물관에 소장되어 있지만, 작품의 탁월성으로는 어느 것도 부족함이 없는 걸작이란 평을 받고 있다. 단지 아쉽게도 루브르 박물관이 소장하고 있는 작품은 17세기 중반, 이탈리아에서 프랑스로 옮기는 과정 중에 염기鹽氣로 그림의 일부가 손상됐다. 소년의 모자에 달린 깃털 부분이 특히 손상되었지만, 엄밀한 고증을 거쳐 완벽하게 복원되었다. 1665년 루이 14세에게 헌정됐던 이 그림은 1683년에 베르사유 궁정으로 이전되었다가, 현재의 루브르 박물관으로 자리를 옮겼다. 루브르 박물관에서 일어난 살인 사건으로부터 소설이 시작되는 베스트셀러 『다빈치 코드』의 첫 페이지에 카라바조의 작품이 언급되는데, 아마도 작가는 이 〈카드놀이 사기꾼〉을 염두에 두고 있었는지 모른다.

어느 쪽이 진품인지에 대해서는 새로운 사실이 알려지면서 로마 쪽이 오리지널이라는 견해가 받아들여지고 있다. 르네상스 미술사를 연구하는 마이클 코르다로Michele Cordaro는 엑스레이 기술을 이용해 그림이 그려진 정확한 연대를 추정하는 과정에서 새로운 사실을 발견했다. 그의 연구 결과에 의하면, 로마에 소장되어 있는 〈점쟁이 집시〉는 다른 사람이 이미 작업을 했거나 혹은 작업을 포기한 화폭 위에 다시 그려진 그림이라는 것이다. 이 그림 밑에는 성모 마리아의 승천 모습이 그려져 있는데, 이는 주세페 체사리의 성모상과 매우 흡사하다는 것이다.[3] 그렇다면 이 그림은 체사리가 성모상을 위한 초안을 그렸다가 포기한 그림 패널을 카라바조가 재활용했을 가능성이 크다. 만약 이 주장이 사실로 받아들여진다면 이 작품은 카라바조의 진품일 뿐만 아니라 로마에서의 초기 작품에 해당한다

⁘ 카라바조는 세례 요한을 3회, 성 마태를 3회, 막달라 마리아를 2회 혹은 3회, 그리고 성 제롬을 2회 제작한 적이 있지만, 이들은 작품마다 구도와 색감이 현저하게 달랐다.

고 볼 수 있다. 체사리의 화실에서 그려진 것이 분명하기 때문이다.

한편 카라바조의 〈점쟁이 집시〉와 〈카드놀이 사기꾼〉이 『성서』「누가복음」 15장에 나오는 탕자의 방탕한 생활을 묘사하기 위한 연작連作이란 설이 조심스 럽게 제기된 적이 있다. 비슷한 그림 크기와 수평으로 그려진 화면의 동일한 구 도라는 점에서 연작의 가능성이 설득력 있게 받아들여지고 있다. 동시에 델 몬테 추기경이 이 두 그림을 입수하게 된 경위도 카라바조 그림이 가지고 있는 성서적 내용 때문이었다는 설도 함께 제시되고 있다.[4]

성의 정체성을 의심케 하는 작품들…

'동성애적 취향'이 드러난
〈도마뱀에게 물린 소년〉, 〈음악 연주자들〉, 〈류트 연주자〉

고통과 궁핍은 한 예술가에게 불후의 명작을 남기는 힘의 원천이 될 수 있다. 격정적인 삶을 살다간 고흐의 예술이 그러했듯…. 그러나 안정된 삶 속에서 창출되는 예술은 '풍요의 시각화'로 표현된다. 카라바조는 델 몬테 추기경이 마련해준 대저택 작업실에서 창작력에 불을 지필 수 있었다. 마치 물 만난 고기처럼. 그는 델 몬테 추기경의 저택에 머물면서 안락과 풍요 속에 수많은 작품을 쏟아내기 시작한다.

발리오네는 기록에서 "카라바조는 델 몬테 추기경의 저택에서 숙식을 해결하게 되면서 예술에 대한 창작 의욕이 살아나는 것을 느꼈고 자신감을 갖게 되었다"고 서술하고 있다.[5] 당시 델 몬테 추기경의 저택은 유럽 각지에서 몰려든 문필가, 과학자, 조각가, 음악가로 늘 붐비고 있었다. 카라바조는 이곳에 머무는 동안 많은 작품을 남기게 되는데, 그중 이 장에서 소개하는 〈류트 연주자〉는 〈음악 연주자들〉과 더불어 이러한 델 몬테 추기경 저택의 예술적 분위기를 잘 설명해준다. 비슷한 시기에 그려진 두 작품에는 같은 인물이 류트를 연주하며 아름다운 자태를 드러내고 있으며, 카라바조 화풍의 특징인 어둠과 빛의 강렬한 대비가 돋보인다. 〈점쟁이 집시〉와 〈카드놀이 사기꾼〉에서 잠시 잠복해 있던 카라바조의 테네브리즘이 다시 그 모습을 드러낸 것이다.

〈류트 연주자〉 속 인물이 연주하고 있는 음악은 악보의 음계로 미루어 보아 16세기 프랑스 작곡가 자크 아르카델트Jacques Arcadelt(1500~1568)의 '마드리갈 1집'에 나오는 '사랑의 노래'다. 화면 속 인물은 남성인지 여성인지 구분이 안 될 정도로 중성의 애매한 이미지를 풍기고 있다. 이 작품을 처음 소개했던 벨로리는 등장인물을 여성이라고 잘못 소개할 정도였다. 또한 17세기 초반에 이 그림을 평가했던 발리오네는 류트 연주자 옆에 놓여 있는 꽃과 화병의 사실주의적 묘사에 탄복한다. 실제로 정밀하게 묘사된 꽃과 화병에 반사된 물의 실루엣은 보는 사람의 탄성을 자아내게 한다. 발리오네는 카라바조가 "〈류트 연주자〉가 자신의 작품 중 가장 아름다운 걸작"이라고 자평했다고 기록하고 있다.

참고로 카라바조는 〈류트 연주자〉라는 제목의 그림을 두 점 남겼다. 다음(70쪽)에서 소개하는 그림은 델 몬테 추기경의 친구에게 그려준 작품으로 상트페테르부르크 국립 에르미타주 미술관에 소장되어 있는 작품이다. 동일한 제목의 또 다른 그림(71쪽)은 델 몬테 추기경에게 그려준 것으로 현재 뉴욕의 메트로폴리탄 박물관이 소장하고 있다. 뉴욕의 〈류트 연주자〉에는 에르미타주 미술관 소장품과 달리, 과일이나 꽃병은 온데간데없이 사라지고, 대신 삼각형 모양의 작은 건반 악기가 등장한다. 그림의 크기도 조금 더 크다.

두 작품 속 류트 연주자의 눈을 보면 금방이라도 눈물이 쏟아져 흐를 것 같다. 이처럼 비애에 젖어 있는 연주자의 육감적인 모습은 16세기 르네상스 화가들이 단골 주제로 삼고 있는 '성모 마리아'에게도 자주 나타나는데, 델 몬테 추기경의 저택에서 그린 작품인 만큼 델 몬테 추기경의 종교적 취향이 그대로 반영된 느낌이다. 이제 안락한 집에서 풍부한 음식, 편안한 잠자리, 넘치는 음악과 예술적 분위기에 적응하기 시작한 카라바조의 그림에는 그 어디에도 비극적 어둠이 존재하지 않는다. 다만 성모의 성스러운 눈물을 감상적으로 좋아했던 델 몬테

도판17
⟨류트 연주자⟩, 1595~96(?), 캔버스에 유채, 94×119cm,
상트페테르부르크 국립 에르미타주 미술관 소장.*

• 이 작품은 당시 로마의 대표적 예술품 수집가이며 헬레니즘 시대 조각 650점을 소장한 것으로 유명한 후작 빈센초 주
스티니아니(Vincenzo Giustiniani, 1564~1637)에 의해 매입되었다가 1808년 파리를 거쳐 러시아로 자리를 옮겼다.

도판18

〈류트 연주자〉. 1600(?), 컨버스에 유채, 102×130cm,
뉴욕 메트로폴리탄 박물관 소장.

추기경의 종교적 취향, 조화롭고 아름다운 음악 속에서 미소년에게 취해 있던 델몬테 추기경의 성적 취향이 작품 속에 녹아 있을 뿐이다. 화면 가운데에서 관람자를 응시하고 있는 류트 연주자의 모습은 이 두 그림뿐만 아니라 뒤이어 소개할 〈바쿠스〉, 〈도마뱀에게 물린 소년〉에도 동일하게 등장한다.

또한 비슷한 시기에 그려진 〈음악 연주자들〉에 등장하는 날개를 단 큐피드의 모델은 카라바조의 화실 조수였던 마리오 미니티Mario Minniti로 짐작되는데, 이 소년의 모습은 이 작품 외에도 〈푸른 과일을 깎고 있는 소년〉과 〈성 프란체스코의 환상〉에서도 발견된다.

한편 〈도마뱀에게 물린 소년〉도 비슷한 시기에 그려진 것으로 추정되는 작품이다. 그림은 한 다발의 장미가 담겨 있는 화병을 만지는 순간 도마뱀이 소년의 가운뎃손가락을 깨물고, 깜짝 놀란 소년이 몸을 움츠리고 있는 장면을 묘사하고 있다. "카라바조가 동성애적 성적 취향을 가졌다"고 주장하는 도날드 포스너 Donald Posner는 이 작품에 등장하는 소년의 반응이 여성적인 것에 주목하면서, 카라바조의 성적 정체성을 의심한다. 남성의 생식기를 뜻하는 도마뱀이나 여성적 소품인 체리와 장미, 그리고 동성애자를 뜻하는 소년의 머리에 꽂힌 장미 등이 그러한 설명을 가능하게 한다.

그러나 에로틱한 분위기의 〈도마뱀에게 물린 소년〉이 우리의 시선을 끄는 이유는 작품에 표현되어 있는 극사실주의적 정밀묘사가 주는 아름다움의 묘미 때문이다. 그림 오른쪽에 놓여 있는 꽃병은 꽃 위에 맺힌 이슬과 꽃병의 유리 굴곡에 의한 실내 공간의 반사까지 정밀하게 담고 있다. 보는 사람으로 하여금 감탄을 금치 못하게 하는 카라바조의 극사실주의가 그대로 드러나 있다. 델 몬테 추기경의 화실에서 남긴 작품들에 등장하는 빛과 어둠은 아마 이 꽃병의 물에 반사되어 있는 창문과 연관이 있을 가능성이 높다. 꽃병에 반사되어 있는 창문은 델 몬테 추기경의 화실에서 유일하게 빛이 들어오는 통로였을 것이다. 카라바조는 이 창문을 열고 닫으면서 작품 속 조명의 강도를 실제로 조절했을 가능성이 높다.

당대의 수많은 화가들과 후대의 모사작가들이 감히 따라할 수 없었던 카라바조의 세밀한 묘사는 후대 사실주의 화가들의 절대적인 모범이 되기에 충분했다. 또한 카라바조가 전 생애를 걸쳐 추구했던 테네브리즘 기법이 성숙한 단계로

** 1627년 델 몬테 추기경의 소장 목록에 기록되어 있었으나, 1834년 크리스티 공개 경매를 통해 영국의 한 미술품 소장가에게 넘어갔으며, 1953년에 뉴욕의 메트로폴리탄 박물관에 매각되었다. 부적절한 보관과 무리한 작품 보수로 인해 그림의 일부가 훼손되기도 했지만, 1983년의 치밀한 고증과 복원 작업을 통해 원래의 작품성을 회복했다. 그림의 왼쪽 부분과 윗부분 일부가 잘려나갔고, 메트로폴리탄 박물관 구매 이전에 큐피드의 날개와 화살이 제거되는 불상사도 일어났다. 일부 학자들이 소년의 날개와 화살이 후대의 첨가일 것이라고 잘못 판단했기 때문이다. 하지만 이를 다시 보완해 원상태로 회복했다.

앗, 도마뱀에게 물리는 순간

가운뎃손가락이 물결친다.

두려움에 놀라 커지는 동공, 벌어진 입술,

움츠러든 어깨가 불안에 떨고 있다.

장미, 체리, 도마뱀…

정체된 성性에 파문을 일으키며

나를 흔들어 깨운다.

ᴥ 작품 제작 시기에 대한 논란이 있지만, 대체적으로 빛과 어둠의 대비를 통한 강렬한 의미 전달을 시작했던 델 몬테
추기경의 화실 시대로 추정하고 있다. 동일한 그림이 하나 더 있는데, 런던 국립미술관이 소장하고 있는 이 작품이 진
품으로 추정되고 있다.

도판21

〈도마뱀에게 물린 소년〉, 1593~94, 캔버스에 유채, 65.8×52.3cm, 피렌체 로베르토 롱기 재단 소장.

진입하는 것을 목격할 수 있었던 것도 이 그림의 또 다른 특징이다. 처음으로 실내 공간의 한 모퉁이에 인물과 물체를 배치시켜 놓고 인위적으로 빛의 통로를 차단한 다음, 화면의 왼쪽 윗부분에서부터 쏟아지는 빛으로 화면 전체의 어둠을 대비시킨 이 작품은 카라바조 이전의 작가들이 감히 시도할 수 없었던 명암법이 정확하게 드러나 있다.

　같은 소년이 등장하는 작품 〈바쿠스〉는 미식가들을 위한 맛집을 소개하는 책자의 표지로 자주 오용되면서 카라바조 애호가들의 심기를 불편하게 만들기도 하는 작품이다. 카라바조는 〈바쿠스〉에서 비슷한 시기에 완성한 작품 〈류트 연주자〉에서처럼 술병이 놓인 식탁을 관람객들의 시점과 동일하게 배치해놓았다. 소개한 그림 속 모델이었던 소년이 이번에는 로마 시대 조각품에서 흔히 볼 수 있는 것처럼 드레스를 반쯤 걸친 채 등장한다. 가발 위에 장식되어 있는 백포도와 적포도 타래는 왼손에 들려 있는 넘쳐나는 붉은 포도주잔과 함께 풍요와 여유를 상징한다. 왼손에 잔을 들고 있다는 점과 술잔의 크기, 형태 등으로 보아 1584년경 페데리코 주카로Federico Zuccaro(1540?~1609?)가 그린 피렌체의 프레스코화에서 영향을 받은 것으로 보인다. 또한 이 그림에서는 희미하지만, 이슬람 회화의 흔적도 발견할 수 있다. 바쿠스로 등장하고 있는 소년의 이국적인 옷차림, 가발처럼 장식된 머리카락, 그리고 다소 생소한 느낌까지 주는 인물의 어색한 자세가 바로 그것이다. 〈바쿠스〉에서도 카라바조의 극사실주의가 다시 한번 강조되고 있다. 금방이라도 흘러넘칠 것같이 둥근 잔 안에서 물결치는 포도주, 술잔을 잡고 있는 손가락 마디마디를 타고 흐르는 정밀한 묘사, 때 낀 손톱에 이르기까지 카라바조가 아니면 그릴 수 없는 엄밀한 순간을 포착하는 장면이 정밀하게 담겨 있다. 카라바조 이전의 그 어떤 화가가 손톱에 때가 낀 바쿠스를 그릴 수 있었겠는가?

:: 　진품으로 추정되고 있는 런던의 국립미술관 소장본과 어떤 점에서 다른지 비교해보는 것도 흥미롭다.

<u>도판22</u>
〈바쿠스〉, 1597, 캔버스에 유채, 95×85cm, 피렌체 우피치 박물관 소장.

▲ 도판23
페데리코 주카로, 카사 주카로의 프레스코 연작 중 〈바쿠스〉, 1584~85, 프레스코, 피렌체 카사 주카로 소장.

▶ 도판24
안니바레 카라치∴∴, 〈바쿠스〉, 1590~91, 캔버스에 유채, 163×104cm, 나폴리 카포디몬테 미술관 소장.

〈음악연주자들〉, 〈류트 연주자〉, 〈도마뱀에게 물린 소년〉, 〈바쿠스〉에 등장하고 있는 소년들은 한결같이 노골적으로 성적인 아름다움을 뿜어대고 있다. 델 몬테 추기경의 화실에서 그려진 카라바조 작품들의 공통점은 무엇보다 동성애적 아름다움이다. 그리고 대중의 호기심에 의해서, 혹은 학자들의 편견에 의해서 카라바조는 언제나 성적 정체성에 대한 질문을 받아왔다.

앞에서 언급했듯 카라바조가 동성연애자였다는 설은 1971년 도날드 포스너

∴∴ 작품이 완성된 즉시 피렌체의 메디치 가문으로 우송된 까닭에 추기경의 미술품 소장 목록에 빠져 있어서 아무도 카라바조의 진품인지 확인하지 못했다. 1913년에서야 먼지를 뒤집어쓰고 있던 이 작품은 세상의 빛을 보게 되었다.

의 연구에 의해 세인들의 관심을 끌게 되었다. 포스너는 〈음악 연주자들〉, 〈류트 연주자〉, 〈병든 바쿠스 신〉, 〈도마뱀에게 물린 소년〉 등에 등장하는 소년들이 모두 카라바조의 동성애적 취향을 반영하고 있다고 보았다.[6] 다시 말해 그 소년들이 카라바조의 연인이었다는 것이다. 카라바조가 동성연애자였다는 설의 진원지는 〈도마뱀에게 물린 소년〉에 대한 해석에서 비롯된다. 델 몬테 추기경의 화실에서 그렸던 다른 작품들과 비슷한 화풍을 보이고 있는 〈도마뱀에게 물린 소년〉은 사실 노골적인 성적 묘사로 가득하다. 꽃병에 꽂혀 있는 장미 다발을 만지다가 그 속에 숨어 있던 도마뱀에게 물린 소년의 놀란 표정이 마치 무엇인가 겁에 질려 움츠리고 있는 여성의 모습과 닮아 있다. 순간 포착된 등장인물의 심리적 변화를 탁월하게 묘사하던 카라바조의 재능이 그 소년을 여성으로 둔갑시킨 것이다. 작품에 등장하는 은유적 암시 또한 매우 동성애적이다. 놀란 소년의 오른쪽 귀에 꽂힌 장미는 로마 사람들의 동성애적 취향을 공개적으로 암시하고 있으며, 도마뱀에게 물린 오른손 가운뎃손가락 역시 성적인 은유를 노골적으로 드러내고 있다. 남성의 성기를 뜻하는 속어적 의미의 '가운뎃손가락'을 물고 있는 도마뱀도 이탈리아에서는 남성의 성기를 은유적으로 암시하는 말이다.[7]

그러나 카라바조 전문가 크레이턴 길버트Creighton Gilbert는 카라바조의 동성연애자설을 반박하면서 "1600년경에 남자 모델을 고용하는 것은 당시 로마에서 보편적인 관행이었으며, 카라바조의 초기 작품은 당대의 아름다움에 대한 남성적 표현에 기초하고 있을 뿐"이라고 주장한다.[8] 사실 당대의 많은 화가들이 동성애적 장면을 화폭에 옮기는 것에 대해 특별한 저항감이 없었다는 사실과 트리엔트

::: 이탈리아의 화가이자 판화가로, 카라바조와 함께 초기 바로크의 2대 거장으로 알려져 있다. 로도비코 카라치의 사촌이며 아고스티노 카라치의 동생으로, 형과 함께 파르마·베네치아 등지에서 그림 공부를 했다. 그 후 볼로냐의 각처에서 프레스코화를 제작했고, 1595년 로마의 파르네제 궁에 최초의 바로크 장식화를 완성했다. 이것은 베네치아파가 중시한 색과 빛, 로도비코의 감정 표현, 고대 로마와 라파엘로의 고대 양식을 종합해 완성된 것으로 역동적이고 극적이며 고전주의적인 미를 자랑한다. 이밖에도 사실적인 풍속화, 기념비적 제단화, 목가적 풍경화 등의 작품을 남겼다. 대표작으로 〈비탄〉, 〈바쿠스의 승리〉, 〈이집트의 도피〉 등이 있다.

공의회 이후 미술작품을 통한 신앙심 고취를 위해 가톨릭교회가 엄격한 기준을 적용했다는 역사적 사실을 고려할 때, 카라바조가 동성연애자였다면 그렇게 많은 성당과 수도회의 제단화가 맡겨질 수 없었다는 것을 추론해볼 수 있다.

작품 〈나르키소스〉도 델 몬테 추기경을 위해 그린 작품으로 추정되고 있다. 카라바조는 여기서도 그리스 신화에 나올 법한 미화된 모습의 나르키소스 대신 평범한 얼굴의 이탈리아 청년을 모델로 삼고 있다. 보이오티아의 '강의 신' 케피소스와 '님프' 리리오페 사이에서 태어난 나르키소스. 일찍이 테베의 예언자 테이레시아스는 아들이 오래 살 것인지 묻는 나르키소스의 부모에게 "자기 자신을 모르면 오래 살 수 있을 것"이라고 답해주었다. 숱한 처녀들과 님프들이 구애할 정도로 아름다운 용모를 지닌 나르키소스. 그를 사랑한 청년 아메이니아스는 자신의 사랑을 받아주지 않자 나르키소스가 준 칼로 자살하고, '숲과 샘의 님프' 에코 또한 나르키소스가 자신의 사랑을 거절하자 실의에 빠져 결국 메아리로 남게 된다. 비극은 그것으로 끝나지 않는다. 에코는 '복수의 여신' 네메시스에게 나르키소스 또한 똑같은 사랑의 고통을 겪게 해달라고 빈다. 그녀의 소원대로 나르키소스는 사냥을 하던 중 샘물을 발견하게 되고, 그 물에 비친 자신의 아름다운 얼굴에 반하고 만다. 그리고 그 아름다운 용모에 취한 나머지 그 자리를 떠날 수 없었고, 결국 그는 물에 빠져 죽고 만다. 그리고 그 자리에 한 송이 수선화가 피어나게 되는데, 사람들은 그의 이름을 따서 '나르키소스(수선화)'라고 부르게 되었다.

그러나 카라바조의 그림을 보라. 눈부신 용모의 나르키소스는 기대할 수 없다. 나무와 숲은 어디론가 사라지고 오로지 샘물에 반추된 고독한 이탈리아 청년만이 존재할 뿐이다. 왠지 어둡고 궁핍한, 그래서 연민을 불러일으키는 평범한 청년의 감춰진 아름다움이 카라바조의 탁월한 사실주의적 표현에 의해 그 빛을 발하고 있다. 사실주의 기법을 극명하게 보여주고 있는 〈나르키소스〉를 보고 있노라면 지금이라도 그림 속 샘물에 빨려들 것 같다. 마치 그림 속 주인공 나르키소스

도판25

〈나르키소스〉, 1597(?), 캔버스에 유채, 113×95cm, 로마 국립고대미술관 소장.

가 되어 물에 비친 자신의 모습을 한없이 들여다보고 있는 착각을 불러일으킨다.

자연의 빛을 차단하고 조명에 의존해서 빛을 만드는 카라바조는 어둠과 빛의 마술사다. 여기서도 카라바조는 특유의 어둠의 방식인 테네브리즘을 적용해, 자연광을 거부한 채 인위적 조명으로 제한된 빛을 구사하고 있다. 여기서의 어둠은 투명 거울의 역할을 한다. 칠흑 같은 어둠이 샘물이 되어 마치 투명 거울처럼 청년의 얼굴을 환히 비추고 있기 때문이다. 따라서 관객은 카라바조가 주술하는 빛의 흐름에 따라 자기애에 빠진 나르키소스에 집중할 수밖에 없다. 무아지경에 빠져 있는 나르키소스와 그 신비로운 그림에 도취해 있는 관객이 존재할 뿐이다. 그림과 내가 하나 되는 순간을 맞이하는 것이다.

그리고 여기서 한 가지, 이 작품은 톰마소 바라치Tommaso Barlacchi의 작품 〈나르키소스〉의 구도와 비슷하다는 점에 주목할 필요가 있다. 카라바조는 이 판화에서 아이디어를 얻어 〈나르키소스〉를 완성할 수 있었던 것은 아니었을까.

카라바조는 현실을 비틀어서 자신의 마음을, 그리고 그 시대의 어둠을 비출 수 있는 등불과 같은 예술을 추구했다. 카라바조의 〈정물화〉에는 윤기 나는 과일, 풍성한 식탁, 풍요 속에 화사한 미소를 짓고 있는 아름다운 소년 따위는 등장하지 않는다. 간결한 구도 속에 검소한 식탁과 과일 바구니만 정면으로 놓여 있을 뿐이

•••• 델 몬테 추기경의 죽마고우인 페사로의 조르다니(Giordani) 가문의 소유로 전해 내려왔다.
•••• 톰마소 바라치는 16세기 후반 로마에서 활동했던 판화가이며 출판업자였다. 피렌체의 대공 코시모 1세를 위하여 미켈란젤로의 수많은 작품을 판화로 제작·출판한 것으로 유명하다.

<u>도판27</u>
〈정물화〉, 1598(?), 캔버스에 유채, 31×47cm,
밀라노 암브로시아나 미술관 소장.

다. 그가 선택한 과일은 당시 로마 시장에서 쉽게 구할 수 있는 늦은 여름철에 나는 과일로 사과, 포도, 무화과, 배와 같은 것들이다. 벌레 먹은 과일과 시들어 말라비틀어진 잎사귀 들이 유약한 자신의 존재를 알리듯 섬세한 몸짓으로 관객에게 다가온다. 그림 어디에서도 신의 은총으로 무르익은 탐스럽고 단내를 풍기는 과일은 발견할 수 없다. 그는 윤기 흐르는 맛깔스런 과일 대신 금방이라도 후각을 자극하며 악취를 풍길 것 같은 벌레 먹은 과일들을 화폭에 담아냄으로써 보는 이의 시선을 다른 곳으로 인도한다.

앞서 소개한 작품들보다 조금 후대에 그려진 것으로 추정되는 이 작품은 이미 〈바쿠스〉와 〈류트 연주자〉의 화면에 등장했던 카라바조 스타일의 과일 바구니가 독립적으로 그려져 있다. 이 그림은 베네치아 스타일의 정물화를 좋아하던 델 몬테 추기경을 위해 그려진 것으로 오랫동안 잘못 알려져 왔다. 하지만 밀라노의 대주교였던 페데리코 보로메오 Federico Borromeo(1564~1631)가 1596년부터 1601년 중반까지 로마에 체재하는 동안 카라바조로부터 직접 구매했거나, 델 몬테 추기경이 선물했을 가능성이 높다. 이 그림에 대한 최초의 기록은 페데리코 보로메오 대주교의 1607년 유언장에 등장하는데, 그는 유언장에서 이 그림을 밀라노의 비블리오테카 암브로시아나에 기증했다고 밝혔다.

한편 엑스레이 검사를 통해서 〈정물화〉의 원판은 지금의 형태보다 더 길었고 다른 그림이 그려져 있었던 것으로 밝혀졌다. 카라바조는 원판의 오른쪽 면을 절단하고 남은 여백에 현존하는 정물화를 그렸다. 초기의 전기 작가들은 카라바조의 정물화 솜씨를 언급하고 있는데, 롬바르디아 풍의 정물화에 뛰어난 솜씨를 보였던 카라바조는 주세페 체사리의 화실에서 꽃과 과일을 전문으로 그렸다는 기록이 남아 있다.

사실에 사실을 보태서 롬바르디아의 자연주의 미술이 주는 아름다움의 진수를 보여주고 있는 이 과일 바구니에는 바로 저물어가는 16세기 말의 불안한 시대

상이 혼재되어 나타나고 있다. 카라바조의 〈정물화〉는 화려함과 위선 속에 진실을 감추고 있던 르네상스 미술과는 그 출발부터가 달랐다. 카라바조는 시들고, 병들고, 썩어가고 있는 늦여름 과일의 초라한 모습을 통해 우리 인생도 젊은 날의 영광도 저물어갈 것이며, 죽음 또한 피할 수 없는 사실임을 조용히 알려주고 있다. 작품을 자세히 관찰해보면, 화면 왼쪽에서 내려오는 빛을 받고 있는 과일과 잎사귀 들은 탐스럽게 그 자태를 드러내고 있지만, 오른쪽으로 가면서 빛을 받지 못한 잎사귀와 가지 들은 말라가고 있음을 발견할 수 있다.

침묵하면서 동시에 많은 것을 웅변하고 있는 카라바조의 〈정물화〉는 빛과 생명에 대한 침묵의 서사시라 할 수 있다. 참고로 이 그림에 등장했던 과일 바구니는 부활하신 예수 그리스도가 제자들과 함께 등장하는 〈엠마오에서의 저녁식사〉(179쪽)에서 다시 등장한다.

흉물스런 '메두사'는 누구의 얼굴인가

〈메두사〉로 명성을 얻기 시작하는 카라바조

델 몬테 추기경의 경제적 후원을 받으며 그의 저택에 머물고 있던 카라바조가 델 몬테 추기경의 예술적 기호에 맞추어 그림을 그린 것은 어쩌면 당연하고도 불가피한 일이었다.

앞서 소개한 〈음악 연주자들〉과 〈류트 연주자〉, 〈정물화〉 등은 델 몬테 추기경의 예술적 취향에 따라 그린 작품이었다. 그러나 이 시기에 카라바조의 명성을 널리 피렌체까지 알릴 수 있었던 작품이 하나 탄생한다. 이 또한 델 몬테 추기경의 주문에 의해서 만들어진 작품인데, 그 작품은 다름 아닌 〈메두사〉다. 카라바조는 오목한 둥근 액자 속에 헝클어진 뱀의 머리를 하고 있는 메두사 신화의 한 장면을 포착하고 있다.

고르곤Gorgon의 세 자매 중 막내였던 메두사는 길고 아름다운 머리카락을 가진 소녀였다. 이러한 매력이 '바다의 신' 포세이돈의 마음을 사로잡게 되고, 포세이돈은 '전쟁의 신' 아테나의 신전에서 메두사와 정을 통하게 된다. 그런데 자신의 신성한 신전이 더럽혀진 것에 분노한 아테나는 순간 메두사의 아름다운 머리카락을 독사로 변하게 했고, 이렇게 끔찍하고 무시무시하게 변한 그녀를 본 사람들은 즉시 모두 돌로 변했다. 이후 그리스의 영웅 페르세우스는 메두사의 머리를

<u>도판29</u>
⟨메두사⟩, 1598(?), 캔버스에 유채,
직경 55cm, 피렌체 우피치 미술관 소장.

잘라 아테나 여신에게 바쳤고, 아테나 여신은 그 머리를 방패에 붙여 더욱 강해졌다고 한다.

카라바조가 그림에서 포착한 것은 페르세우스가 거울을 이용해 메두사를 죽이는 장면이다. 메두사는 거울에 비친 자신의 흉측한 모습을 보고 경악을 금치 못했고, 그 순간 페르세우스의 칼이 그녀의 목을 내리친다. 카라바조는 바로 그 참혹한 순간을 포착한 것이다. 목이 잘리는 순간, 메두사의 눈빛은 분노로 이지러지고 뱀들은 소스라치게 놀라며 꿈틀거린다. 그런데 목에서 하염없이 쏟아지는 붉은 피, 그리고 흉물스런 메두사의 얼굴은 바로 카라바조 자신이 아닌가. 카라바조는 그림 속에서 자신을 메두사로 둔갑시켜 신의 혹독한 저주를 받는, 공포에 질린 모습으로 그려 넣었다.

〈메두사〉란 작품에 남다른 애착을 보였던 카라바조는 메두사의 처참한 최후를 실감나게 표현하고자 일부러 사형장을 찾아갔다고 한다. 그 자리에서 사형수들이 처참하게 죽어가는 마지막 장면을 지켜보았고, 뱀의 생생한 움직임을 그림에 담기 위해 물뱀을 직접 주문하는 의욕을 보였다. 이러한 과정 속에서 탄생한 〈메두사〉는 피렌체뿐 아니라 이탈리아 전역으로 카라바조의 명성이 확산되는 계기가 되었다. 메두사의 찰나적 공포가 그대로 담겨 있는 극사실주의적 묘사가 당시 명작으로 꼽히던 레오나르도 다 빈치의 〈메두사〉와 쌍벽을 이룰 만큼 뛰어나다고 그 작품성을 인정받았기 때문이다.

세상에 대한 호기심과 유혹에 쉽사리 눈길을 주는 사람들을 그 즉시 돌로 변하게 만든다는 메두사 신화. 이 신화가 지닌 강력한 도덕적 함의는 도덕심과 신앙심을 강요하던 당시의 종교적·사회적 분위기와 맞물려 있다. 이 점에서 〈메두사〉는 메디치 가문의 미술 애호가들의 관심을 끌기에 충분했던 것이다.

한편 그림이 그려진 둥근 방패 모습의 패널은 당시의 메디치 가문의 막강한 군사적 위용을 상징적으로 보여주고 있다. 이 그림에서 사용된 가운데가 볼록한

도판30
〈마르다와 막달라 마리아〉일부. 1598(?),
캔버스에 유채, 100×134.5cm, 디트로이트 미술관 소장.

베네치아 스타일의 거울은 카라바조가 델 몬테 추기경의 저택에서 활용한 것으로 보이는데, 1590년대 말에 그려진 〈마르다와 막달라 마리아〉 혹은 〈막달라 마리아의 회개〉에 등장하는 고가품의 거울과 동일한 것으로 추정된다.

어쨌든 〈메두사〉를 기점으로 확고한 명성을 얻게 된 카라바조는 그때부터 그의 그림의 거대한 축을 이루는 '종교화'에 관심을 갖기 시작한다. 단순히 델 몬테 추기경의 주문에 의해서가 아닌, 자신의 목소리를 담은 종교화들이 쏟아져 나오면서 이탈리아를 비롯한 유럽 전체에 파란을 일으킨 그는 바야흐로 자신의 삶과 예술을 새로운 방향으로 내몰아간다.

제 3 장

로마 초기 종교화

로마 뒷골목 음습한 곳에서 따뜻한 빵과 음식을 얻고자
수치심 없이 더러운 손을 내미는 거지도,
몸을 파는 창녀도 카라바조처럼 머물 곳 없는 불쌍한 영혼이다.
이들은 그의 그림 속 주인공이 되어
때로는 예수로, 때로는 막달라 마리아로, 때로는 성자로 둔갑했다.
그리고 카라바조의 삶이 마감하는 그날까지
그의 작품 속에서 끝없이 표류하며 새롭게 재생되었다.

거장 미켈란젤로와 격돌하는 카라바조

카라바조

초기 종교화로
르네상스 매너리즘 화가들에게 일격을 가하다
카라바조 방식에 의해 재탄생되는 '막달라 마리아'

카라바조의 종교화에 대해서 얘기하려면 로마 초기 궁핍했던 카라바조의 무명 시절로 돌아가야 한다. 거처할 곳도 마땅치 않았던 그 시절, 어둡고 황폐한 로마의 뒷골목을 배회하는 카라바조의 모습을 상상하는 것은 그리 어려운 일이 아니다. 5세 때 이미 밀라노에서 전염병으로 죽어가는 사람들을 지켜봤던 카라바조에게는 전쟁과 기근으로 굶어 죽어가는 사람들, 구걸하는 거지들, 몸을 파는 매춘부들로 들끓는 로마 거리가 그리 낯설지만은 않았을 것이다.

그들의 모습은 바로 카라바조 자신의 모습이었다. 로마 뒷골목 음습한 곳에서 따뜻한 빵과 음식을 얻고자 수치심 없이 더러운 손을 내미는 거지도, 몸을 파는 창녀도 자신처럼 머물 곳 없는 불쌍한 영혼이었기 때문이다. 이들은 카라바조의 그림 속 주인공이 되어 때로는 예수로, 때로는 막달라 마리아로, 때로는 성자로 둔갑했다. 그리고 카라바조의 삶이 마감하는 그날까지 그의 작품 속에서 끝없이 표류하며 새롭게 재생되었다.

카라바조의 그림 중 종교화를 이해하는 열쇠는 성聖 속에 교묘히 어우러져 있는 속俗에 대한 진정한 이해에 있다. 그리고 그가 살았던 시대에 대한 본질적 이해가 전제되어야 한다.

앞서도 언급했듯이 카라바조 회화에 짙게 드리워진 종교성은 밀라노의 대주교 카를로 보로메오 추기경과 연관되어 있다. 그리고 카라바조가 로마로 이주하던 해인 1592년 클레멘트 8세 Clemens VIII(1536~1605)가 교황으로 즉위했다는 점도 카라바조의 종교화를 이해하는 데 결정적인 단서로 작용한다. 교황이 된 클레멘트 8세는 밀라노의 보로메오 추기경이 그랬듯 로마 거리의 매춘부들을 모두 체포하는 등 기독교적 도덕성 회복을 선언하는 강경 조치를 취하기 시작했다. 신임 교황은 보로메오 추기경이 밀라노에서 했던 것처럼 로마의 모든 성당과 공공건물에 누드화가 전시되는 것을 금지시켰다. 또한 로마 시내의 모든 성당을 차례로 순회하며, 전시되어 있는 모든 세속적인 주제의 풍속화나 신앙적 경건성에 저해되는 그림을 철거토록 명령했다.

그러나 기독교적 도덕심으로 무장한 클레멘트 8세가 아무리 순수한 기독교 신앙을 강조해도, 유럽 각지에서 로마 성지로 몰려드는 수많은 부정적인 요소들을 막을 길이 없었다. 로마 거리는 그곳 토박이들보다 외지 사람들로 언제나 북적였고, 거리에서는 온갖 소란과 문제 들이 끊이지 않았다. 길거리에서 동냥을 하는 거지들은 계속 늘어났고, 엄한 단속에도 불구하고 밤거리의 매춘은 줄지 않았다. 하지만 이런 혼란스런 시대에도 의인들은 있었다. 16세기 중엽에 태동한 예수회 Jesuits*, 카푸친회 Capuchins**, 테아티노회 Theatinos*** 등과 같은 개혁파 수도회의 사제들이 무질서와 폭력, 그리고 빈곤에 시달리고 있던 로마의 빈민층을 위한 구

---

* 1540년 성 이냐시오 로욜라(Ignatius Loyola, 1491~1556)가 프란시스코 사비에르(Francisco Xavier, 1506~1552) 등과 함께 파리에서 창설한 가톨릭 수도회. 반종교개혁의 기수로 알려져 있으며 16세기 후반부터 교육과 선교를 통한 가톨릭교회의 개혁을 선도했던 수도회.

** 1525년 이탈리아의 사제 마테오 다 바시오(Matteo da Bascio, 1495?~1552)가 창립한 수도회. 인류 영혼을 구원한다는 목적으로 엄격한 금욕생활과 기도, 선교활동을 폈던 수도회. 소속 사제들은 평상시 수염을 기르고 긴 카푸친(두건)을 쓰고 다녀서 카푸친 사제라 불렸다.

*** 클레멘트 7세(Clemens VII, 1478~1534)의 승인을 얻어 성 카예타누스(Cajetanus) 등 3명이 로마에 설립한 수도회. 공동생활을 하면서 청빈·정결·순명을 3대 서원으로 삼고 설교와 병자 간호 등을 했다. 특히 개인이나 단체가 일체의 재산을 포기함으로써 당시 재물 축적으로 추락된 사제직의 위상을 회복하는 데 크게 공헌했다.

제 사업에 헌신했다.

아무리 교황이 경건하고도 엄숙한 선포로 당시 로마 사회를 바로잡으려 해도 도덕적 해이에 빠져 있는 종교 지도자들, 부패한 로마 귀족들의 타락과 횡포를 막을 길은 없었다. 카라바조는 이처럼 과장되고 왜곡된 성과 속 사이를 오가며 자신이 느낀 그대로를 과감한 붓놀림으로 표현해냈다. 겉으로만 경건을 외치던 당시 종교 지도자들의 뒤틀린 모습을 그림 속에 담아내기 시작한 것이다. 그리고 이 무명화가의 종교화에 관심을 보이며 구원의 손길을 내민 인물이 바로 델 몬테 추기경이었다. 그의 후원에 힘입어 카라바조는 안정된 생활 속에서 창작에 몰입할 수 있었고, 델 몬테의 예술적 기호에 맞는 작품뿐 아니라 자신의 자의식과 비판적 시각이 담긴 종교화에 보다 많은 시간을 보낼 수 있게 되었다.

세기 말, 로마에서 '어둠의 방식'이라는 독창적 테네브리즘을 제시한 카라바조는 서서히 이탈리아 화단에 돌풍을 일으켰다. 그의 명성은 피렌체를 거쳐 알프스 산맥 이북의 유럽 화단으로 퍼져나갔다. 카라바조는 사실주의를 기반으로 당시 로마를 주름잡고 있는 르네상스의 이상주의와 매너리즘의 형식주의를 서서히 극복하고 있었다.

길거리에 오가는 인물들의 일상적인 표정에서 새로운 시대의 흐름을 읽었던 로마 초기의 카라바조는 1599년경부터 또 한번의 대변신을 시도했다. '종교화religious painting의 시대'로 넘어간 것이다. 이때부터 카라바조의 주관적 사실주의는 가톨릭 종교개혁 시대의 미술이 요구하던 주제와 의미를 표현하기 위해 새롭게 재탄생하게 된다. 델 몬테 추기경의 경제적 후원을 받으며 그의 화실에서 작업하기 직전, 카라바조는 〈참회하는 막달라 마리아〉라는 작품을 통해 처음으로 종교화에 접근하기 시작했다.

막달라 마리아는 『성서』에 등장하는 여인이다. 예수는 이미 막달라 마리아가 '저의 많은 죄'를 알고 행하는 모습에서 그녀의 죄를 사하였다. 골고다 언덕에

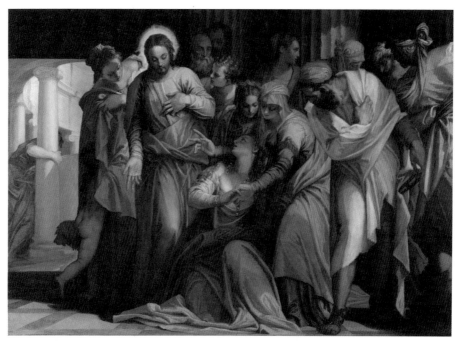

<u>도판31</u>
파올로 베로네세, 〈막달라 마리아의 회개〉, 1550, 캔버스에 유채, 117.5×163.5cm, 런던 국립미술관 소장.

내가 네 집에 들어올 때

너는 내게 발 씻을 물도 주지 아니하였으되

이 여자는 눈물로 내 발을 적시고 그 머리털로 닦았으며

너는 내게 입맞추지 아니하였으되

그는 내가 들어올 때로부터 내 발에 입맞추기를 그치지 아니하였으며

너는 내 머리에 감람유도 붓지 아니하였으되

그는 향유를 내 발에 부었느니라.

이러므로 내가 네게 말하노니 그의 많은 죄가 사하여졌도다.

「누가복음」 7장 44~47절

서 예수 그리스도가 십자가에 못 박히던 날, 예수의 제자들은 모두 자신의 정체가 밝혀질까 숨어 있었다. 베드로는 세 번이나 예수의 제자가 아님을 부정했다. 그러나 십자가의 혹독한 참형을 당하고 있는 예수의 모습을 멀리서 마지막까지 지켜본 이가 있었다. 막달라 마리아였다. 예수의 시신에 향유를 바르고자 무덤에 들었던 여인도 막달라 마리아요, 부활한 예수의 모습을 제일 처음 보게 된 이도 막달라 마리아다. 『성서』에서 막달라 마리아는 '일곱 귀신에 들린 여인'으로 표현되고 있다. 어디에도 막달라 마리아를 '창녀'로 제시하고 있지는 않지만, 이에 대해서는 의견이 분분하다. 남성이 지배하는 중세교회의 권력적 구조가 여성인 막달라 마리아를 비하하고자 창녀로 몰아붙인 것이란 해석도 있지만, 우리는 암묵적으로 막달라 마리아를 창녀로 인정하고 있지 않은가.

이미 중세 시대부터 참회의 상징이던 막달라 마리아의 이미지는 16세기 후반 들어 가톨릭교회의 반종교개혁적 분위기 속에서 더욱 엄격하고 숭고한 존재로 부각되었고, 많은 화가들의 작품에 등장하기 시작했다. 1550년경 파올로 베로네세Paolo Veronese(1528~1588)의 작품 〈막달라 마리아의 회개〉에는 예수를 경외와 참회의 눈으로 올려다보는 막달라 마리아의 모습이 경건하게 형상화되어 있다.

그렇다면 카라바조는 작품 속에서 막달라 마리아를 어떻게 표현하고 있을까. 카라바조의 초기 종교화에 속하는 〈참회하는 막달라 마리아〉에는 새로운 이미지의 성녀가 등장하고 있다.

단조로운 구도 속에 어둠을 배경으로 막달라 마리아가 참회의 눈물을 흘리며 앉아 있다. 무릎 위에 두 손을 올려놓고 반쯤 고개를 숙인 경건한 자세로…. 머리카락은 금방 목욕을 마친 여인처럼 촉촉이 젖어 있고, 그녀의 팔은 블라우스로 덮여 있으며, 무릎 아래에는 화려한 꽃무늬로 장식된 치마 위로 빛바랜 주황색 가운이 놓여 있다. 그리고 세속에 대한 포기를 상징하듯 진주와 보석이 바닥에 흩어져 있다. 화려한 색으로 막달라 마리아를 치장했던 르네상스 화가들에게 조

〈참회하는 막달라 마리아〉, 1593~95(?), 캔버스에 유채, 122.5×98.5cm,
로마 도리아 팜필리 미술관 소장.

롱을 퍼붓듯, 카라바조는 몇 안 되는 색깔을 이용해 사실주의가 무엇인지 여실히 보여주고 있다. 여기서도 카라바조 특유의 테네브리즘 양식이 적용됐다. 밀폐된 어둠 속에서 막달라 마리아의 모습에만 빛이 투영되고 있기 때문이다. 카라바조는 이 작품에서 '독일 이단자들German Heretics'의 유혹에 넘어간 개신교도들의 참회를 촉구하는 시대정신을 고스란히 담아내고 있다.

도판33
베첼리오 티치아노, 〈참회하는 막달라 마리아〉, 1565,
캔버스에 유채, 118×97cm,
상트페테르부르크 국립 에르미타주 미술관 소장.

그렇다면 르네상스기에 활동하던 화가들은 막달라 마리아를 어떻게 표현했을까. 그들은 시종일관 벌거벗은 누드화로 막달라 마리아를 표현했다. 카라바조보다 30여 년 전 앞서 막달라 마리아를 그린 티치아노 역시 〈참회하는 막달라 마리아〉에서 육감적으로 표현했다. 카라바조의 작품과는 느낌이 사뭇 다르다. 티치아노의 막달라 마리아는 하늘을 우러르듯 고개를 위로 향하고 있으며, 완전 누드는 아니지만 상반신이 거의 드러날 정도로 노출되어 있다. 또한 높이 치솟은 유두는 금방이라도 옷을 뚫고 나올 듯 돌출되어 있어 선정적인 느낌마저 든다. 카라바조의 그림 속 정장을 갖춰 입은 로마의 정숙한 여인인 막달라 마리아와는 근본적으로 그 느낌이 다르다. 카라바조의 〈참회하는 막달라 마리아〉에는 엄격한 도덕주의와 누드화가 금지되었던 당시의 종교적 분위기가 그대로 반영되어 있다. 이러한 시대 배경이 카라바조로 하여금 여성의 누드를 그릴 수 있는 기회를 박탈했는지 모른다. 실제로 카라바조는 평생 동안 단 한번도 여성의 누드를 그리지 않았다.

　카라바조는 〈참회하는 막달라 마리아〉를 완성할 무렵, 두 번째 종교화로 추정되는 작품 〈이집트로 도피하던 성가족의 휴식〉을 그리기 시작한다. 델 몬테 추기경을 만나기 직전, 혹은 추기경의 화실에서 그려진 종교화 초기 작품으로 보인다.

　〈이집트로 도피하던 성가족의 휴식〉은 「마태복음」 2장 13~14절에 기록되어 있는 요셉과 성모 마리아, 그리고 아기 예수의 이집트 도피 장면을 묘사하고 있다. 이 그림의 전체 구도는 날개 달린 천사를 중심으로 화면이 대치에 가까울 정도로 명확히 양분되어 있다.

　왼쪽에는 노인으로 보이는 요셉이 천사의 연주를 돕기 위해 악보를 들고 있다.[1] 무척 지친 모습이다. 오른쪽에는 편히 잠들어 있는 성모 마리아와 아기 예수의 모습이 자연주의 화풍 속에서 평온히 빛나고 있다. 〈참회하는 막달라 마리아〉 등장하는 동일 인물이 여기서는 성모로 화했다. 매혹적인 모습의 천사는 로마에서 흔히 볼 수 있는 비둘기의 날개를 달고 있다. 성수태설을 강조하기 위해 마리아는 나무와 풀이 우거진 숲을 배경으로 젊고 싱싱하게 표현되어 있다. 반면 요셉은 당나귀를 배경으로 늙고 초라한 모습으로 그려져 있다. 이는 아기 예수가 요셉이 아닌 성령의 역사로 잉태되었음을 암시하기 위한 도상학적 수단이다. 젊은 아내와 늙은 남편을 대비시킴으로써 그녀의 임신이 인위적인 것이 아님을 드러내고자 했다.

　천사를 중심으로 오른쪽과 왼쪽 화면의 극명한 대비는 단순히 남자와 여자, 노인과 젊은 처녀, 혹은 깨어 있음과 잠들어 있음의 차이를 넘어 어둠과 밝음, 당나귀라는 동물적 배경과 숲과 나무라는 식물적 배경으로까지 완전히 분리되어 있음을 볼 수 있다. 이 모두 성수태설을 강조하기 위해 카라바조가 연출한 어둠 속에 빛나는 한 편의 드라마인 것이다.

도판34
〈이집트로 도피하던 성가족의 휴식〉, 1595(?), 캔버스에 유채,
135×166.5cm, 로마 도리아 팜필리 미술관 소장.

그들이 떠난 후에 주의 사자가 요셉에게 현몽하여 이르되

헤롯이 아기를 찾아 죽이려 하니

일어나 아기와 그의 어머니를 데리고 애굽으로 피하여

내가 네게 이르기까지 거기 있으라 하시니

요셉이 일어나서 밤에 아기와 그의 어머니를 데리고

애굽으로 떠나가.

「마태복음」 2장 13~14절

예수의 십자가 고통을
'성 프란체스코'로 재현하다

가톨릭교회의 반종교개혁적 시대정신을 대변한 '성 프란체스코'

카라바조는 델 몬테 추기경의 화실에서 후원자를 위한 첫 번째 공식적인 종교화를 그리게 된다. 그 작품이 〈성 프란체스코의 환상〉이다. 카라바조는 이 작품을 통해 암흑이 감도는 알베르나 산 숲속에서 천사의 품에 안겨 환상을 체험하고 있는 성 프란체스코San Francesco(1181?~1226)의 마지막 모습을 담아내고 있다. 작품에는 예수 그리스도가 겪었던 십자가의 고난을 육신의 성흔聖痕. Stigma으로 직접 체험하는 성 프란체스코의 모습이 진지하고도 사실적으로 담겨 있다.

13세기부터 성 프란체스코의 생애는 많은 화가들의 모티브가 됐다. 중세 미술사에서 성 프란체스코는 단순히 12세기 말에 태어난 중세의 성자나 프란체스코회Franciscan Order라는 탁발 수도회를 설립한 종교 지도자 중 한 사람 정도에서 그 의미가 그치지 않는다. 그의 생애와 사상은 서양 미술사, 특별히 중세 종교화의 역사에서 일대 전환점이 되었다. 그렇다면 프란체스코의 생애가 어떤 점에서 중세 미술사에 지대한 영향을 미쳤을까?

1228년에 저술된 프란체스코에 관한 최초의 전기에 의하면, 그는 허물어져 가는 산 다미아노 성당의 패널화 〈십자가에 못 박힌 승리의 예수 그리스도〉를 바라보면서 기독교로의 개종을 결심했다고 기록되어 있다. 미술작품을 보면서 개

도판35
〈성 프란체스코의 환상〉, 1596, 캔버스에 유채, 92.5×128.4cm, 하트퍼드 와드워드 박물관 소장.

세상을 빛과 어둠으로 양분하리.
하나님의 섭리는
암흑과도 같은 어둠 속에
단지 한 줄기 빛으로 전달될 뿐
내, 성자와 천사의 몸에
구원의 등불을 밝히리라.

도판36
작자 미상,
〈십자가에 못 박힌 승리의 예수 그리스도〉,
12세기 말.

종을 결심하다니!

〈십자가에 못 박힌 승리의 예수 그리스도〉를 바라보고 있던 프란체스코는 "내 집이 무너지고 있다. 가서 다시 세워라"라는 신비의 계시를 받게 된다. 이 사건은 성당과 수도원을 장식하고 라틴어를 읽을 수 없는 일반 대중을 위한 신앙 교육적 방편으로 사용되던 성화와 예술작품이 개종의 수단으로 격상된 순간이었다. 프란체스코 이전의 교회 예술품이 종교의 선전과 교육도구였다면, 프란체스코의 개종 이후부터는 신앙의 가시적인 표현으로 한 차원 승화된 것이다.

프란체스코의 개종은 중세 회화의 의미를 새롭게 혁신했을 뿐만 아니라 회화의 표현 양식에까지 영향을 끼쳤다. 우선, 십자가에 달려 있는 그리스도의 모습이 달라지기 시작했다. 13세기 이후부터 중세 종교미술에 등장하는 예수 그리스도는 더 이상 비잔틴 예술에서 자주 볼 수 있었던 '승리자 예수Christus Triumphans'의 모습이 아니었다.

이제 두 눈을 부릅뜨고 하늘을 응시하며 강인한 모습으로 승리를 상징하던 그리스도의 모습은 어디론가 자취를 감추고, 대신 비탄과 절망에 사로잡힌 '고통받는 예수 그리스도Christis Patiens'가 주류를 이루기 시작했다. 그리스도의 모습이 절망과 고난의 상징으로 바뀌면서 중세 사람들 또한 더 이상 십자가에 달린 예수를 콘스탄티누스 대제의 제왕적 예수로 이해하지 않았다. 십자가는 승리가 아니

도판37
조토 디본도네, 〈성 프란체스코의 죽음〉, 1320~25, 피렌체 산타 크로체 교회 바르디 예배실 소장.

라 고난의 의미였고, 이러한 고난의 십자가는 중세 사람들에게 '고난의 동참'이라
는 종교적 결단을 요구하기에 이르렀다. 그리고 이러한 고난의 십자가에 동참하
는 일에 제일 먼저 앞장선 사람이 바로 성 프란체스코였다. 그는 예수 그리스도
의 고난을 체득하고자 평생 가난과 복종의 삶으로 일관했으며, 예수의 아픔을 직
접 체험하고자 성흔을 갈구했던 것이다.

성 프란체스코의 성흔 체험은 중세 미술에서 가톨릭교단의 신앙적 가치를
높이는 중요한 열쇠로 작용했다. 중세에 활동하던 건축가이자 화가인 조토 디본
도네 Giotto di Bondone (1266?~1337)의 작품 〈성 프란체스코의 죽음〉에서는 성 프란
체스코의 모습이 예수의 부활을 연상시키듯 성스럽게 표현되어 있다. 조토의 또
다른 작품 〈예수의 죽음〉과 비교해보면 예수와 동일한 모습으로 성 프란체스코
가 표현되어 있음을 알 수 있다.

도판38
조토 디본도네, 〈예수의 죽음〉, 1305(?), 파도바 스크로베니 예배실 소장.

　　이 점은 16세기 말 그려진 카라바조의 작품 〈성 프란체스코의 환상〉과는 현격한 차이를 보인다. 중세 유럽의 성인 전설집 『황금 전설Legenda aurea』에 의하면 성 프란체스코는 알베르나 산에서 스랍Seraphim(『구약성서』에 등장하는 천사의 하나)의 도움으로 성흔을 받게 된다. 그러나 카라바조의 작품에서 여섯 날개가 달린 스랍의 존재는 생략되어 있다. 그리고 카라바조의 그림에는 누군가에게 입증하듯, 성흔을 체험하고 있는 성 프란체스코의 모습을 경이의 눈빛으로 지켜보고 있는 사제들 또한 등장하지 않는다. 다만 천사가 지켜보는 가운데 하나님의 은총을 겸허히 받아들이는 성 프란체스코의 모습이 나직이 존재할 뿐이다.

　　카라바조가 성 프란체스코를 신앙의 이상적 모델로 그린 것은 중세 시대의 조토의 그림처럼 16세기 말의 시대적 배경과 무관하지 않다. 프란체스코회는 16세기 중반에 다시 한번 중흥과 쇄신의 기회를 맞게 되었다. 1529년 카푸친 수도회가 설립되면서, 프란체스코 수도회는 초기의 청빈과 순종의 정신으로 돌아가기 위해 몸부림치고 있었다. 루터와 칼뱅의 종교개혁에 일차적인 충격을 받았던 교황청은 카푸친 수도회의 쇄신과 개혁 의지를 최대한 이용했다. 이탈리아와 로마의 많은 화가들이 성 프란체스코를 가톨릭교회의 성자로 다시 추대하기 시작한 것도 이 때문이다. 성 프란체스코의 이미지는 가톨릭교회의 반종교개혁 정신을 대변하는 성자로 재생산되었는데, 이러한 종교 이데올로기적 이미지 생산을 위해 많은 화가들이 동원된 것이다.

그러나 카라바조는 이 시기 다른 화가들이 흉내 낼 수 없는 그만의 방식으로 성 프란체스코를 재현하고 있다. 프란체스코와 천사 이외의 주변 환경은 '어둠의 방식'인 테네브리즘으로 제한하고 그 어둠 사이로 강렬한 빛을 투영함으로써 화폭의 전면과 후면을 빛과 어둠으로 양분 배치하고 있다. 구원의 빛은 땅바닥에 누워 있는 성자와 그를 안고 있는 천사의 몸 위로 쏟아지고 있는 반면, 화폭 후면을 차지하고 있는 숲 건너편의 공간에는 짙은 그림자가 드리워져 있다. 갈라진 검은 하늘 사이로 마치 천둥 번개라도 몰아칠 듯 짙은 구름이 검은 하늘의 음산함을 더하고 있다.

카라바조는 〈이집트로 도피하는 성가족의 휴식〉과 〈성 프란체스코의 환상〉과 같은 초기 종교화에서 이미 세상을 빛과 어둠의 두 세계로 양분하기 시작했다. 하나님의 섭리는 암흑과도 같은 어둠 속에 한 줄기 빛으로만 전달되고 있다. 지금 세상은 어둠 한복판에 속해 있지만 언젠가는 한 줄기 구원의 빛이 자신에게도 비쳐 오리라는 그의 갈망과 믿음이 마음속 깊이 자리하고 있음을 말해주고 있는 것이 아닐까?

종교화를 지배하는
폭력미학, 종교적 고찰을 요하다
막달라 마리아, 성 카타리나, 유디트로 재창조되는 창녀 필리데

카라바조는 전 생애 동안 세 번에 걸쳐 막달라 마리아를 그렸다. 제일 처음 그린 것이 1594년경의 〈참회하는 막달라 마리아〉이고, 그다음이 1598년경의 〈마르다와 막달라 마리아〉, 그리고 후기에 그린 것이 〈환상 중의 막달라 마리아〉(313쪽)다. 1606년 로마에서 살인을 저지르고 남부 이탈리아 지방으로 도피하기 직전에 그렸다는 〈환상 중의 막달라 마리아〉의 경우는 카라바조가 그린 진품인지 아닌지 아직 확실한 고증이 완료되지 않았다. 하지만 한 인물을 주제로 거듭해서 그렸다는 점에서 막달라 마리아에 대한 카라바조의 생각이 남달랐음을 미루어 짐작할 수 있다.

카라바조는 〈참회하는 막달라 마리아〉에서와는 달리 〈마르다와 막달라 마리아〉에서 다른 여인을 막달라 마리아로 등장시키고 있다. 그리고 그 여인은 〈알렉산드리아의 성 카타리나〉에서도, 〈유디트와 홀로페르네스〉에서도 등장한다. 카라바조의 작품에서 막달라 마리아, 성 카타리나, 유디트로 분한 그 여인은 누구인가?

알려진 바로는 당시 로마의 화류계를 장악했던 고급 매춘부 필리데 멜란드로니 Fillide Melandroni다. 창녀라 불렸던 막달라 마리아를 당시 로마에서 창녀로 활

도판39

〈마르다와 막달라 마리아〉, 1598~99(?), 캔버스에 유채, 97.8×132.7cm, 디트로이트 미술관 소장.●

동하던 필리데로 표현했다는 점은 지극히 카라바조다운 선택이다. 새삼스러울 것도 없으며, 매우 사실적이기까지 하다. 그러나 막달라 마리아를 단지 세속적인 창녀의 모습으로만 그렸다면 그것은 카라바조가 의도하는 것이 아니었을 것이다. 그림 속 창녀 필리데의 모습은 세속적이면서도 세속적이지 않은, 성聖과 속俗이 교묘히 교차된 모습이다. 드러냄과 드러내지 않음의 경계선상에서 추함과 아름다움이 함께 공존해 있는 이미지인 셈이다. 1598년경 카라바조가 그린 〈필리데의 초상〉과 비교해보면 막달라 마리아에서 풍기는 그녀의 이미지는 확연히 다

● 화법상의 차이로 카라바조의 모작이라는 설과 함께 진품 여부를 의심받고 있다.

도판40
〈필리데의 초상〉, 1598~99(?), 캔버스에 유채,
66×53cm, 카이저 프리드리히 박물관에
소장되었다가 세계대전으로 유실. 현재 소장처 불분명.

르다. 〈필리데의 초상〉에서의 필리데는 다소 여성적이며 요염하기까지 하다.

앞서도 언급했듯이, 카라바조의 종교화를 이해하기 위한 열쇠는 그림에 담긴 성과 속, 그중에서도 속에 대한 이해가 우선되어야 한다. 당시 카라바조는 〈참회하는 막달라 마리아〉, 〈이집트로 도피하던 성가족의 휴식〉, 〈성 프란체스코의 환상〉, 〈마르다와 막달라 마리아〉 등을 발표하면서 로마에서 새로운 종교화가로 자리매김하고 있었다. 카라바조는 델 몬테 추기경의 정치적 후원을 등에 업고 승승장구하고 있었다. 로마에서 메디치 가문과 연줄이 있던 델 몬테 추기경의 총애를 받고 있다는 것은 초법적 지위를 인정받고 있는 것이나 다름없었다. 이것이 카라바조의 방탕기를 더욱 부채질했던 것은 아니었을까. 카라바조는 당시 델 몬테 추기경의 가솔들과 어울려 다니면서 방종한 생활을 하기 시작했다. 화실에서는 천재 화가였지만, 로마의 길거리에서는 불한당이었다. 그야말로 이중적인 삶을 살고 있었던 것이다. 그는 로마 시내를 배회할 때도 언제나 장검을 허리에 차고 다녔으며, 불법 무기 소지 혐의로 여러번 체포된 적도 있었으나 추기경의 후광으로 처벌을 모면하기도 했다. 또한 사소한 일에도 화를 내고 주먹을 휘두르기 일쑤였다. 카라바조는 길거리 패싸움에 무작정 뛰어들기도 했다.

1590년대의 로마 거리는 무법천지였다. 길거리에는 전쟁 때 쓰던 개인 무기를 소지하고 다니던 각국의 퇴역 군인들, 혈기왕성한 이탈리아 젊은이들, 성지순례를 위해 유럽 각지에서 몰려든 여행객들이 한데 어울리면서 불협화음이 끊이지 않았다. 게다가 이들에게 몸을 팔며 생계를 이어가는 매춘부들도 한몫하며 로마의 밤거리는 그야말로 죄악이 관영貫盈한 곳이었다. 당시 로마 교황청이 대책마련에 얼마나 전전긍긍했을지는 가히 상상할 만하다.

1590년대 후반 카라바조는 로마 뒷골목을 장악하고 있던 건달 오노리오 롱기Onorio Longhi, 오라조 젠틸레스키Orazio Gentileschi 등과 절친한 사이였다. 카라바조는 그들과 함께 어울려 다니면서 술집과 사창가를 전전하는 방탕한 생활에 빠져들었다. 이 시기에 자연스럽게 로마의 고급 매춘부이던 필리데와도 알게 된 것인데, 그녀는 당시 카라바조의 친구와 애인 관계이기도 했다. 이러한 친분으로 카라바조는 친구를 위해 그녀의 초상화를 그려주기도 하고, 자신의 종교화의 모델로 삼을 수 있었다. 카라바조의 그림은 이렇게 세기말적 암울한 분위기 속에 방탕과 타락을 일삼는 무리와 더불어 어둠 속에서 창조되고 있었던 것이다.

〈마르다와 막달라 마리아〉에 등장했던 필리데의 모습은 〈알렉산드리아의 성 카타리나〉와 〈유디트와 홀로페르네스〉에서 종교 속에 내재되어 있는 폭력성을 미화하는 도구로 좀 더 깊게 사용된다. 〈메두사〉에도 잠시 잔혹한 장면이 포착되었지만, 1590년대 후반에 접어들면서 본격적으로 종교화를 그리게 된 카라바조는 기독교 영웅이나 성자를 부각시키기 위해 선혈이 낭자한, 보다 잔혹한 종교화를 추구한다. 종교적 정당성을 부여하기 위해 폭력을 강조하는 그림들을 그리게 된 것이다.

그림의 구도로 볼 때 〈알렉산드리아의 성 카타리나〉는 평범한 여성의 초상화처럼 보인다. 그러나 작품의 배경을 이루고 있는 역사를 들여다보면, 그림 안에 종교적 고찰을 요하는 폭력이 미학적으로 은폐되어 있음을 알 수 있다.

중세교회의 성자로 추앙받아온 4세기 초반의 인물 성 카타리나. 전설에 의

도판41
〈알렉산드리아의 성 카타리나〉, 1598∼99, 캔버스에 유채,
173×133cm, 마드리드 티센 보르네미사 박물관 소장.

하면 그녀는 이집트의 알렉산드리아에서 로마인 혈통을 지닌 상류 가정에서 태어났다. 미모에 뛰어난 지성을 겸비하고 있던 그녀는 어느 날, 환상을 보게 되고 기독교인으로 개종한다. 그러나 당시 로마 제국을 지배하고 있던 막시미누스 Maximinus Daia(305~313) 황제는 이방신들에게 예배드릴 것을 기독교인들에게 지시했고, 이를 거절한 기독교인들을 모두 투옥시키라고 명했다. 황제는 기독교로 개종한 카타리나에게 당시 알렉산드리아의 철학자 50명을 보내 기독교의 논리적 허구성을 논박하라고 지시했다. 그러나 카타리나는 기독교 신앙을 버리지 않았다. 오히려 그녀에게서 영적 감화를 받고 50명의 이교도 철학자들이 기독교로 개종하는 일이 발생했다. 이에 격분한 막시미누스 황제는 카타리나를 즉각 체포하고 알렉산드리아의 감옥에 투옥시킨다. 카타리나는 감옥에서 온갖 고초를 꿋꿋이 견뎌냈다. 이를 지켜본 왕비와 그 신하들마저 그녀의 믿음에 감화받아 그녀로부터 세례받기에 이른다. 더 이상 참을 수 없었던 로마 황제는 카타리나를 죽이고자 계획하고, 날카로운 침이 박혀 있는 바퀴에 짓이겨 그녀를 죽일 것을 명한다. 잔혹한 죽음이 그녀를 기다리고 있었다. 그러나 처형식이 벌어진 날, 기적이 일어났다. 카타리나의 손길이 미치자 바퀴에 박혀 있던 뾰쪽한 침들이 그 자리에서 부서져 카타리나는 죽음을 모면할 수 있게 되었다.[2]

카라바조의 작품 〈알렉산드리아의 성 카타리나〉는 이러한 기적이 일어난 다음 장면을 포착하고 있다. 목숨을 구한 카타리나가 옅은 미소를 지으며 파괴된 바퀴에 기대어 품위 있는 모습으로 앉아 있다. 잔혹한 고문도구 앞에서 미소 짓고 있는 카타리나의 모습은 참혹한 죽음과 순교 정신이 강조되던 16세기말 로마의 종교예술에 대한 정서가 그대로 드러나 있다. 델 몬테 추기경의 주문에 의해 그려진 이 작품에서도 카라바조 특유의 테네브리즘이 적용된다. 성 카타리나의 몸 위로 쏟아지는 생명의 빛, 로마 황제의 박해를 상징하는 짙은 어둠이 극명한 대비를 이루며 화면 전체를 압도한다.

성 카타리나로 분한 로마의 고급 매춘부 필리데의 모습에서 천상의 신비를 지닌 천사의 모습은 발견할 수 없다. 그런 점에서 라파엘로의 작품 〈알렉산드리아의 성 카타리나〉와 비교된다. 라파엘로 그림에서는 카타리나의 눈이 저 멀리 하나님이 머물러 있는 하늘을 향해 있고, 우아하고 지적이고 고혹적인 자태를 자랑하고 있다. 반면 카라바조의 그림에서 카타리나는 로마의 거리에서 흔히 볼 수 있는 단정한 옷차림과 얼굴을 하고 있다. 단지 그림 속 주인공 카타리나가 로마의 고급 매춘부 필리데라는 사실을 제외하고는 생략된 구도 속에서 소박한 모습의 카타리나가 부각되어 있다. 작품 속에서 순교와 승리를 상징하는 부러진 바퀴, 칼, 종려나무 가지 등이 카타리나를 중심으로 단아하게 어우러져 있다. 불현듯 그림 속에서 옅은 미소를 짓고 있는 필리데가 관람객을 향해 이렇게 속삭이는 듯하다. "누가 날 창녀라 하는가? 나, 어엿한 성녀 카타리나라고."

로마의 내로라하는 건달들과 어울려 다니며 길거리의 패싸움에 끼어들어 주먹다짐을 하기도 했던 카라바조. 고급 매춘부들과 어울리면서 그들의 모습을 성화의 주인공으로 옮겨놓은 그의 그림 속에는 1590년대 말 불안정하고 폭력이 난무하던 당시 로마의 모습이 사실적으로 표현되어 있다.

그렇다면 카라바조는 왜 그가 그린 성화에서 폭력을 미학적으로 표현하면서 종교적 고찰을 강조하고 있었을까? 평소 폭력적이고 무자비했던 그의 성품 탓이었을까? 실제로 그의 무자비하고 광포한 성격은 델 몬테 추기경의 관심을 끌 만큼 독특한 점이 있었다. 1600년 5월 27일 예수회 사제로 서품을 받은 동생 조반니가 델 몬테 추기경의 화실로 형을 찾아왔을 때, 카라바조는 동생과 대면하길 거부했다. 델 몬테 추기경이 동생의 증언을 통해 친형이 틀림없음을 확인한 상태임에도 불구하고 카라바조는 끝까지 그 사제가 자신의 친동생이 아니라고 주장했다.[3] 형제도 외면할 만큼 카라바조는 비정하고 무자비한 사람이었을까. 아니면 이미 사제가 된 동생을 똑바로 쳐다볼 용기가 없을 정도로 망가졌기 때문이었을까. 자신에게는 가족 따위는 필요치 않다고 생각했던 것일까. 당시의 카라바조가 되어 생각해보지만 그의 마음을, 심중 깊숙한 곳을 읽기란 쉽지 않다. 그렇다면 카라바조의 작품 속에서 금방이라도 피를 토할 것처럼 뿜어 나오는 폭력적 미학을 어떻게 받아들일 것인가. 어떠한 관점에서 낭시의 종교관을 고찰할 것인가. 이에 대해 정확히 이해하려면 우리는 다시 한번 그가 활동했던 그 시대에 대해서 면밀히 검토할 필요가 있다.

1600년, 로마는 백 년마다 한 번씩 찾아오는 대희년을 맞이해 도시 전체가 들떠 있었지만, 가톨릭교회의 분위기는 그렇지 않았다. 비록 종교개혁자들의 도전이 어느 정도 진정되었고 트리엔트 공의회 이후 가톨릭교회가 질서를 잡아가고 있었지만, 세기말의 분위기는 우울하기만 했다. 일단 외부로부터 전해져오는 소식들이 온통 순교와 죽음에 관한 이야기 들이었다. 일본과 중국을 위시한 동아시아 선교지에서 속속 도착하는 참혹한 순교 보고서는 가톨릭교회의 분위기를 더욱 우울하게 했다.[4] 1597년 2월 5일 일본 나가사키에서 발생했던 26명 순교 사건은 동아시아 선교의 대대적인 성공을 예상하고 있던 가톨릭교회에 큰 충격을 안겨주었다. 또한 폭력과 패싸움이 난무하던 로마 거리에서 처참한 살인 장면을 자주 목격하던 로마 사람들은 삶과 죽음, 죄악과 구원의 의미가 무엇인지 심각하게 고뇌하기 시작했다. 1598년에 발생한 로마 대홍수의 참혹한 피해는 가뜩이나 어렵게 생활하고 있던 로마 사람들을 더욱 심각한 곤경으로 몰아갔으며, 1600년에 벌어진 조르다노 브루노Giordano Bruno(1548~1600)**와 같은 이단자들에 대한 공개 화형,[5] 그리고 로마 폭력배들에 대한 공개 참형 장면은 일상적 구경거리로 전락되고 있었다. 공개 처형은 이미 폭력의 아수라장으로 변해 있던 로마의 거리를 핏빛으로 더욱 물들여갔다. 1590년대 말부터 1600년대 전·후반에 걸쳐 그려진 카라바조의 작품에서 피와 죽음, 그리고 순교를 주제로 한 작품들이 나오게 된 것도 이러한 시대적 배경과 무관하지 않다.

〈알렉산드리아의 성 카타리나〉와 비슷한 시기에 그려진 작품 〈유디트와 홀로페르네스〉도 폭력적 미학이 돋보이는 작품으로, 순교와 죽음의 모티브가 강조되고 있다. 이 그림의 주문자는 교황청의 재무를 담당하던 은행가 오타비오 코스타Ottavio Costa(1554~1639)로 1632년 그의 유언장에 이 그림이 재산 목록으로 포함되어 있다. 개신교『성서』에는 외경外經의 내용이 들어 있지 않지만, 성 제롬이 번역한 라틴어『불가타 성서』에는 외경의 역사서 부분에「유디트」가 포함되어 있다.

외경「유디트」의 기록에 의하면, 유대인의 영웅이었던 미모의 과부 유디트는 유대를 침공한 아시리아의 장군 홀로페르네스의 침실로 들어간다. 유디트는 미인계를 통해 풍전등화와 같은 유대의 운명을 구하기 위해 적장을 암살키로 한다. '유대의 논개'라 부를 만한 여걸인 셈이다. 술에 취한 홀로페르네스 장군이 잠든 사이, 유디트는 그의 목을 절단해 죽임으로써 유대에 평화가 찾아온다(「유디트」13장 1~11절). 유디트는 중세교회와 르네상스 시대에 성모 마리아의 전신前身으로 추앙되었고, 많은 화가와 조각가 들이 작품의 주제로 삼아왔다. 예를 들면

** 나폴리 출신의 도미니코 수도회(Dominican Order) 소속 사제였으나 칼뱅주의 이단으로 축출된 다음 파리와 옥스퍼드 등에서 기억술과 아리스토텔레스 철학에 대한 저술과 강연을 하던 철학자. 루터파와 칼뱅파로부터 이단으로 파문되기도 했지만, 로마의 종교재판에 회부되어 6년간 투옥되었다가 1600년 로마에서 공개 화형에 처해졌다.

<u>도판43</u>
〈유디트와 홀로페르네스〉, 1598, 캔버스에 유채, 145×195cm, 로마 국립고대미술관 소장.

르네상스 시대의 대표적인 조각가였던 도나텔로Donatello(1386~1466)의 작품 〈유디트와 홀로페르네스〉가 있다.

카라바조의 〈유디트와 홀로페르네스〉는 많은 종교적 의미를 내포하고 있다. 그는 작품에서 유디트가 홀로페르네스 장군의 목을 치는 순간을 포착한다. 카라바조는 그림에서 당시 가톨릭교단을 위협하던 각종 이단의 도전을 아시리아의 장군 홀로페르네스로 대치시켰다. 또한 이러한 위협적인 이단의 도전을 어떻게든 막아보려는 의지를, 생명을 무릅쓰고 적진으로 뛰어들어가 신앙의 순수성을 지키려 했던 유디트에게 투영하고 있다. 당시 유럽에 팽배해 있던 독일 개신교 이단자들에 대한 가톨릭교회의 견제의식이 잘 드러나 있는 작품이라 할 수 있다. 또한 카라바조는 유대의 여인 유디트가 아시리아의 적장 홀로페르네스를 죽이는 장면을 생생히 담아냄으로써 17세기의 이탈리아 평론가로부터 "지나칠 정도로 사실주의적troppo naturale"이란 평가를 받기도 했다.

이 시기 작품들의 공통점은 '잔혹성'에 있다. 늙은 하녀 아브라가 망을 보는 사이 예리한 칼로 홀로페르네스의 목을 긋는 유디트. 이때 장군의 목에서 붉은 피가 하염없이 뿜어져 나온다. 우리는 사실적인 카라바조의 작품들에 1600년경 로마에서 그가 목격했던 흉악범들의 공개 처형 장면이나 직접 자상刺傷을 경험했던 체험이 반영되어 있음을 추정할 수 있다. 이 시기에 카라바조의 생각을 지배하고 있던 죽음과 순교의 이미지는 이후 〈골리앗의 머리를 들고 있는 다윗〉(304쪽)에서도 그대로 드러난다.

카라바조의 이 작품을 빈센초 디 카테나 Vincenzo di Catena(1480~1531)가 70여 년 전에 그린 작품 〈유디트〉와 비교해보면 매우 흥미롭다. 빈센초 작품에서 유디트의 모습은 온화하고 아름답다. 마치 자애로운 마리아를 연상시킨다. 옆에 홀로페르네스의 잘린 두상이 있음에도 불구하고 칼을 들고 있는 유디트에

도판45
빈센초 디 카테나, 〈유디트〉, 1520~25, 패널, 82×65cm, 베니스 퀴리니 스탐팔리아 미술관 소장.

게는 살기 어린 표정이나 공포에 질린 표정, 경악에 찬 모습은 남아 있지 않다. 빈센초는 목을 치는 유디트의 살해 장면을 과감히 삭제하고, 유디트의 아름다운 얼굴에 오로지 '유대의 승리'를 담고 있다. 이처럼 그 시기 르네상스 매너리즘 화가들이 종교적 의미를 미화하는 형식적 미학에 집착했다면, 카라바조는 종교적 의미가 지닌 잔인함과 추함을 사실적으로 표현하는 폭력적 미학을 추구했다.

카라바조의 사망 이후에도 후기 미술가들은 유디트와 홀로페르네스를 모티브로 자주 그림을 그렸다. 카라바조의 영향력은 후대에도 계속 이어졌는데, 바로크 시대를 대표하는 여성 화가 아르테미시아 젠틸레스키 Artemisia Gentileschi(1593~1653)는 카라바조의 잔혹성을 보다 뒤틀어서 〈유디트와 홀로페르네스〉를 완성한다.

이 작품은 카라바조의 모작이라고 해도 과언이 아닐 정도로 원작과 유사하다. 다만 카라바조의 작품에서 유디트는 살인에 익숙지 않은 듯 찡그린 얼굴을

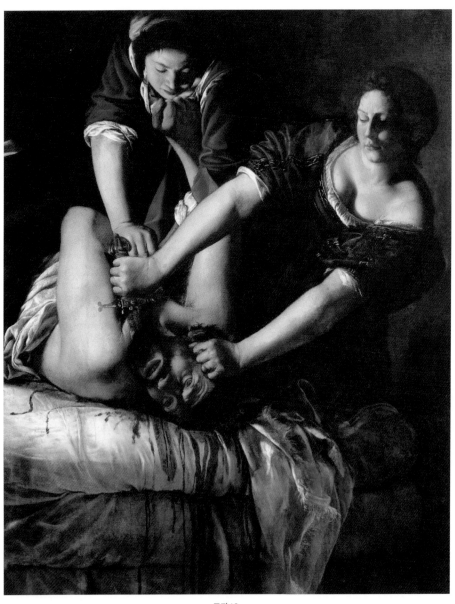

도판46
아르테미시아 젠틸레스키, 〈유디트와 홀로페르네스〉, 1612~13, 캔버스에 유채, 158.8×125.5cm,
나폴리 카포디몬테 미술관 소장.

하고 있지만, 젠틸레스키의 작품에서는 유디트가 적극적으로 살인에 가담하는 모습이 충격적이다. 당시 화가이던 아버지의 제자 탓시로부터 강간을 당하고 법정공방까지 벌이던 젠틸레스키의 상황 때문인지 살기 가득한 눈, 힘이 잔뜩 들어간 두 여자의 억센 손이 남자의 목을 힘껏 짓이기고 있다. 사방에 피 냄새가 진동한다.

종교화로 인정받을 절호의 기회, '대형 제단화'에 도전

1600년 로마 대희년을 위한 야심작 〈성 마태의 순교〉와 〈성 마태의 소명〉

델 몬테 추기경의 막강한 정치적 후원을 받으며, 로마 화단의 샛별로 떠오른 카라바조에게 절호의 기회가 찾아온다. 드디어 로마 주요 성당의 대형 제단화를 그릴 수 있게 된 것이다. 그동안 카라바조의 명성에 걸맞지 않게 대형 제단화 주문이 늦어진 것은 그럴 만한 정치적 이유가 있었다. 당시 교황 클레멘트 8세와 델 몬테 추기경의 후원자였던 페르디난도 메디치 대공과의 관계가 좋지 않았기 때문이다. 이미 16세기에 두 명의 교황을 배출했던 메디치 가문을 의식하지 않을 수 없었던 클레멘트의 교황청은 메디치 가문의 비호를 받고 있던 델 몬테 추기경의 전속화가인 카라바조에게 섣불리 작품을 의뢰할 수 없었을 것이다. 그러나 1600년 대희년을 준비하던 로마 교황청으로서는 더 이상 카라바조의 명성과 실력을 외면할 수 없었다. 신예 천재 작가를 내버려둘 만큼 한가한 입장이 아니었던 것이다. 밀려드는 순례객들을 맞이하기 위해 교황청은 서둘러야 했다. 새로 단장한 로마의 모습을 보여줘야 했고 새 시대의 로마를 대표할 수 있는 화가는 당시 로마 화단에 돌풍을 일으키고 있던 카라바조뿐이었다.

1599년 7월 23일, 드디어 첫 작품 의뢰서가 공식적으로 접수되었다. 카라바조는 로마에서 프랑스 가톨릭교회와 프랑스 출신 이주민들의 권익을 위해 세워진 산 루이지 데이 프란체시 성당의 콘타렐리 예배당에 걸릴 대형 제단화를 그려 달라는 주문을 받게 된다. 16세기 중반부터 지속적인 보수 작업이 진행되던 산 루이지 성당은 임박한 1600년 대희년을 위해 교황청이 성당의 재정비를 서둘러 요구하는 바람에 내부 장식 등에 바삐 손을 써야 하는 상황이었다. 당시 교황청은 대희년 성지 순례자들을 맞이하는 데 차질이 없도록 로마의 모든 성당에 각별한 준비를 명했던 터였다. 산 루이지 성당 또한 성당의 내부 장식 등이 여러 사정으로 진척되지 않다가 대희년을 맞이해 카라바조가 제단화를 그리게 됨으로써 활기를 띠게 되었다. 동시에 카라바조에게는 처음으로 성당 내부를 장식할 초대형 그림을 그리게 됨으로써 자신의 명성을 떨칠 수 있는 절호의 기회를 얻게 된 것이다.

원래 이 성당의 제단화는 1591년에 이미 주세페 체사리에게 주문되었다. 그러나 그는 당시 최고의 주가를 올리던 화가였고, 늘 바쁜 일정 때문에 제단화 작업에 충실할 수가 없었다. 작업은 계속 연기될 수밖에 없었고, 그렇게 중단됐던 작업이 결국 카라바조의 손에 넘어오게 된 것이다. 한때는 자신의 고용주였던 체사리의 일을 이제 카라바조가 맡게 되었다. 체사리에서 카라바조로 화가가 바뀌는 데 결정적인 역할을 했던 인물은 역시 델 몬테 추기경이다. 당시 델 몬테 추기경과 산 루이지 성당은 당시 밀접한 관계를 맺고 있었다. 1626년 로마에서 임종한 델 몬테 추기경의 장례식이 이 성당에서 열렸다는 점에서 당시의 관계가 얼마나 밀접했는지 헤아려볼 수 있다.

그러나 그때까지 주로 캔버스에, 그것도 중소형 크기의 화폭에 그림을 그려왔던 카라바조에게 대성당에 전시될 걸개형 대형 제단화를 그리는 것은 예상처럼 쉬운 작업이 아니었다. 길이 3미터가 넘는 대형 제단화의 화면을 도대체 어떤 성서적 영웅, 성자들, 사람들로 가득 채울 수 있단 말인가. 작은 화폭에, 등장인물 이래야 기껏 서너 명 들어가는 그림만 그리던 카라바조에게는 난관이 아닐 수 없었다. 그가 산 루이지 성당에 그린 2개의 대형 그림 중 먼저 그린 〈성 마태의 순교〉에는 그러한 경험 부족에서 오는 실제적인 고충의 흔적이 그대로 남아 있다. 그리고 그러한 부담감은 예상보다 훨씬 심각했던 것 같다. 당시 카라바조는 라파엘로나 미켈란젤로처럼 자신도 초대형 공간에 걸맞은 방대한 르네상스식 드라마를 연출할 수 있을지 의문과 불안감에 휩싸였던 것이 분명하다.

카라바조는 〈성 마태의 순교〉를 작업하면서 처음부터 애를 먹는다. 엑스레이를 이용해 밝힌 연구결과에 따르면, 카라바조는 그림의 초안 단계부터 최소한 두 번에 걸쳐 그림의 전체 구도를 수정했다.[6] 그것도 마음에 들지 않았는지, 일단 작업을 중단하고 같은 성당에서 의뢰받은 두 번째 제단화인 〈성 마태의 소명〉을 먼저 그리기 시작했다. 이러한 우여곡절은 당시 카라바조가 가졌던 심적 부담감이 얼마나 컸는지 실감하게 한다. 두 번에 걸쳐 수정되었던 〈성 마태의 순교〉의 경우 초안의 구도는 대리석 건물이 그림의 뒷부분을 차지하고, 오른쪽 하단부에 성 마태의 순교 장면을 집중적으로 배치했는데, 전체적으로 캔버스의 크기에 비해 등장인물들이 다소 작게 표현되어 있었다.

처음 계획했던 작품의 구도를 포기한 상태에서 카라바조는 〈성 마태의 순교〉를 회생시킬 만한 뭔가를 찾고 있었다. 이 과정에서 약 10여 년 전에 그려진 지롤라모 무치아노Girolamo Muziano(1532~1592)의 〈성 마태의 순교〉를 참고했을 가능성이 있다. 화면의 중심을 차지하고 있는 자객의 위치와 동작, 그리고 순교를 맞이하는 성 마태의 위치가 흡사하다는 점에서 이 두 작품 사이에 상관관계가 있음을 추정할 수 있다.

이처럼 비슷한 시기에 로마의 다른 성당에서 성 마태의 순교를 다룬 장면의 그림을 발견하는 것은 어렵지 않다. 이는 그 시대의 종교적 배경과 무관하지 않기 때문이다. 16세기 동안 가톨릭교단은 종교개혁자들의 도전을 받아왔다. 그리고 이들의 도전에 맞서 대항할 수 있는 것은 순교 정신을 고취시켜 이교도의 유혹으로부터 교인들을 안전히 지키는 길뿐이었다. 신앙을 지키기 위해 목숨까지 바쳤던 영웅들의 순교 정신은 가톨릭을 대변하는 예술작품으로 멋지게 승화되었다. 〈성 마태의 순교〉 역시 성 마태가 에티오피아에서 복음을 전하다가 이피제니아 왕의 밀명을 받은 자객에 의해 죽임을 당한다는 초대교회의 순교 설화를 담고 있다. 가톨릭교단은 당시 마태, 베드로, 토마, 빌립보, 요한, 시몬, 유다 등 예수의 열두 제자와 관련된 이야기와 순교 장면을 담은 예술작품을 통해 관람자와 교인들에게 더 이상 개신교의 유혹에 흔들리지 않는 확고한 종교적 결단을 요구하고 있었던 것이다.

그런데 카라바조가 그린 〈성 마태의 순교〉에는 이러한 순교 사건이 발생했던 에티오피아라는 이국異國의 풍경을 찾아볼 수 없다. 로마의 성당에서 흔히 볼 수 있는 모습이 배경에 자리 잡고 있고, 살인 장면이 짙은 어둠 속 무대의 한 장면처럼 펼쳐지고 있다. 전혀 낯설지 않은 풍경이다. 거의 누드로 등장하는 자객은 이미 피 흘리며 쓰러져 있는 성 마태의 오른쪽 손을 광포히 잡고, 마지막 죽음의 칼을 휘두를 준비를 하고 있다. 작품의 좌우측에 세례를 받기 위해 준비하던 소년들은 화면 중앙에서 벌어지고 있는 살인 장면을 목격하고 몸서리치며 달아나려는 기세다. 날개 달린 천사는 성급히 구름을 타고 사건 현장으로 다가온다. 성자라는 칭호가 무색할 정도로 마태는 임박한 죽음을 두려워하며 손을 내젓고 있다.

살고 싶어 발버둥 치는 성자 마태! 폭력으로 물든 성스러운 제단! 세례라는 전통적인 입교 의식에 놀라고 있는 소년들! 성스런 제단에서 이제 막 저질러지고 있는 폭력적 살인극 〈성 마태의 순교〉에는 새로운 세기를 맞이하여 불안감과 조급증에 사로잡혀 있는 가톨릭교회의 실제 모습이 그대로 담겨 있다. 어둠 속에서의 빛은 생명처럼 작용한다. 여기서도 카라바조 특유의 테네브리즘이 여지없이 빛을 발하며, 다른 화가들이 감히 흉내 낼 수 없는 독특한 분위기를 자아내고 있다.

이때 긴박한 순교 장면에서 놓치지 말아야 할 인물이 한 명 등장한다. 그는

도판47

지롤라모 무치아노, 〈성 마태의 순교〉, 1586~89, 석고에 유채, 320×350cm,
로마 아라코넬리 산타 마리아 마테이 예배당 소장.

<u>도판48</u>
〈성 마태의 순교〉, 1599~1600, 캔버스에 유채, 323×343cm,
로마 산 루이지 데이 프란체시 성당 소장.

도판49
〈성 마태의 순교〉 일부.

화면의 제일 뒤편에서 고개를 돌리며 순교 장면을 물끄러미 바라보고 있는 인물이다. 마치 현대 화가들이 자신의 그림에 서명을 하고, 중국 화가들이 자신의 그림을 완성한 후 낙관을 찍듯이 카라바조는 자신의 얼굴을 여기에 그려 넣었다. 그림에 자신의 모습을 집어넣는 방식은 르네상스 시대 화가들 사이에서 흔히 있는 일이었다. 미켈란젤로가 시스티나 예배당의 프레스코화인 〈최후의 심판〉에 참혹한 자신의 얼굴을 그려 넣었다는 것은 익히 알려진 사실이다.[7] 르네상스 화가들이 주문자의 초상화를 성서의 인물이나 그리스 신화의 주인공으로 등장시킨 경우는 더욱 빈번했다.[8]

이러한 행동은 단순한 재미나 우연에서 비롯된 것은 아니다. 화가나 주문자의 얼굴을 그림에 그려 넣는 행위는 일종의 '자의식의 표현presentation of the self'이다. 그림을 통해서 주문자나 화가는 자신이 전달하고 싶은 메시지를 담아내고자 했다. 카라바조도 여러 차례에 걸쳐 이러한 자의식을 그림에 나타내고자 했다. 〈성 마태의 순교〉 외에도 〈배신당하는 예수 그리스도〉(189쪽), 〈성 우르술라의 순교〉(297쪽), 그리고 최후 작품으로 추정되는 〈골리앗의 머리를 들고 있는 다윗〉(304쪽)에서 카라바조는 자신의 얼굴을 화면에 그려 넣어 그의 분명한 자의식을 드러내고 있다.

구체적으로 말하면, 카라바조는 〈성 마태의 순교〉에서 자신의 얼굴을 이 흉포한 살인 장면에 슬쩍 개입시킨다. 흥미롭게도 작품 속에 등장하는 카라바조의 얼굴은 다른 등장인물들과는 다르게 마태의 순교 장면을 보고도 전혀 놀란 표정이 아니다. 마치 나와는 상관없는 일이라는 듯 냉소적이고 무표정한 얼굴로 뒤돌아보고 있다. 무관심의 표시일까. 아니면 삶과 죽음에 대해 종교적 의미를 부여하고 있는 자기 자신의 그림에 냉소하고 있는 것일까. 그것도 아니면 덧없이 반복되는 폭력과 죽음 앞에서 그저 속절없는 비탄에 잠겨 있는 것일까. 그 의미는 모호하지만, 카라바조는 자신의 얼굴을 그림 한쪽에 그려 넣음으로써 성 마태의 순교 장면 혹은 16세기 동안 전개되었던 신구교 간의 갈등과 가톨릭교회의 위기의식에 대한 자신의 견해를 펼치고 있는 듯하다.

앞서 언급했듯 그는 〈성 마태의 순교〉를 먼저 시작했지만 중도에 중단하고 〈성 마태의 소명〉을 그리기 시작했다. 그러니까 〈성 마태의 소명〉은 〈성 마태의 순교〉 중간에 그려진 작품이다. 〈성 마태의 소명〉을 통해서 카라바조는 무엇보다 자신감을 회복했다. 〈성 마태의 순교〉를 처음 시작했을 때 봉착했던 혼란과 어려움은 극복되기 시작한다. 작은 크기의 캔버스에 작품을 그릴 때 사용되었던 자신만의 독창적인 화풍이 다시 되살아나기 시작한 것이다.

대형 제단화에서도 소형 캔버스에서와 같이 등장인물의 표정이나 포즈가 드라마틱하게 배치되었고, 독창적인 테네브리즘도 과감히 도입되었다. 이는 르네상스 후기 작가들이나 매너리스트 화가들의 제단화와는 질적으로 차별화된 접근이었다. 과장된 구도, 필요 이상으로 이상주의적으로 묘사되던 당대 작품들과 달리 카라바조의 제단화는 극도의 긴장감이 고조되는 가운데 순간의 장면이 생생히 포착되어 있다. 정지된 어둠 속에서 정적인 포즈를 취하고 있는 등장인물들에게서 일순 생동감이 흐른다.

카라바조는 〈성 마태의 소명〉에 착수하면서 〈성 마태의 순교〉에서 얻은 실수의 교훈을 십분 활용했다. 그는 〈성 마태의 소명〉을 그리면서 자신의 원래 화풍으로 과감히 돌아선다. 『성서』에 등장하는 인물의 이야기를 자기가 지금 살고

도판50
〈성 마태의 소명〉, 1599~1600, 캔버스에 유채, 322×340cm, 로마 산 루이지 데이 프란체시 성당 소장.

있는 일상의 이야기로 서슴없이 전환시켰던 그의 독창적인 화법이 처음으로 대형 제단화에서 표현되기 시작한 것이다.

「마태복음」 9장 9절에 나오는 세리 마태가 소명을 받는 장면이 로마의 일상적인 풍경으로 옮겨졌다. 카라바조는 로마의 혈기왕성한 젊은이들이 벌이고 있는 도박판, 어수선한 선술집 풍경을 마태의 소명 장소로 선택했다. 여기서 사용되는 '어둠의 방식'인 테네브리즘은 이 중요한 순간의 긴장감을 높여주는 최대 도구다. 카라바조는 빛과 어둠의 극명한 대비를 통해 죄인 마태를 부르는 구원자 예수의 모습을 강렬히 표현하고 있다. 구원의 빛은 로마의 도박판에도 임하고 있음을 알리고 있는 것이다.

"누구, 나 말입니까?"라고 말하는 듯 자신을 손가락으로 가리키며 어리둥절해 있는 마태의 모습은 로마 시내에서 흔히 볼 수 있는 도박꾼이나 협잡꾼, 혹은 건달의 모습이다. 그 모습은 방탕과 폭력을 일삼고 있던 카라바조 자신의 모습이기도 했다. 화면 전체에 감도는 칠흑 같은 어둠은 온갖 횡포와 방탕을 저지르고 있는 로마의 건달들 마음속에 내재해 있는 일말의 죄의식과 무관하지 않다.

어둠을 가르며 한 줄기 구원의 빛이 죄인 마태의 얼굴로 쏟아지고 있고, 그 빛줄기를 따라 예수가 구원의 손길을 뻗고 있다. 이 그림을 바라보는 미술사가 헬렌 랑돈의 감상은 카라바조의 〈성 마태의 소명〉이 의도하던 신앙적 핵심을 잘 표현하고 있다.

"빛과 어둠의 작용은 심각한 분위기를 연출하고 있다. 등장인물들은 어둠에 휩싸여 있으며, 어두운 벽의 넓은 공간은 등장인물들 위를 내리누르고 있는 것처럼 보인다. 마치 감옥을 연상하듯, 어쩌면 이 곤고한 세상의 삶이 유한할 수밖에 없음을 상징하는 것처럼 보인다. 이 어둠은 반대편 벽으로부터 비쳐오는 날카로운 빛줄기에 의해 절단된다. 예수

도판51
미켈란젤로, 〈아담의 창조〉 일부, 1511~1512, 프레스코, 바티칸시티 시스티나 성당 천장화.

그리스도의 손이 그 빛줄기를 따르고 있고, 그 밝은 빛줄기는 빛을 향해 얼굴을 돌린 성 마태에게로 쏟아지고 있다. 빛은 하나님의 계시가 임하고 있음을 상징하고 있다."[9]

〈성 마태의 소명〉에 등장하는 맨발의 예수 그리스도는 어둠 속에서 오른손을 들고 세리 마태를 부르고 있다. 예수 그리스도의 손은 화면의 오른쪽 상단에서 쏟아지고 있는 한 줄기 빛과 평행을 이루며 마태를 향해 뻗어 있다. 르네상스 미술에 어느 정도 관심이 있는 사람이라면 어두운 벽면을 배경으로 그려져 있는 그리스도의 손이 미켈란젤로의 작품 〈아담의 창조〉에 그려져 있는 아담의 손과 닮아 있음을 발견할 수 있을 것이다. 카라바조는 이 그림을 통해 예수 그리스도가 '제2의 아담(「고린도전서」 15장 22절)'이라는 신학적 통찰을 정확히 표현하고 있다.

만약 〈성 마태의 소명〉에 베드로로 보이는 제자가 예수 그리스도 앞에 서 있지 않았다면, 카라바조의 이 그림은 너무나 '종교개혁적인', 즉 '개신교적인' 그림

도판52
〈성 마태의 소명〉 일부.

이 되었을지 모른다. 〈성 마태의 소명〉은 교회의 전통이나 사제의 중재적인 역할 없이 하나님의 구원의 은총이 일개인에게 직접적으로 임한다는 '종교개혁적' 신학 사상을 담아내고 있기 때문이다. 그러나 예수 그리스도의 펼쳐진 손과 신비로운 빛으로 표현된 하나님의 구원의 은총을 중재하는 사도 베드로의 출현은 카라바조의 그림이 가지고 있는 '가톨릭적' 입장을 잘 대변해주고 있다. 베드로로 보이는 제자의 손짓은 예수 그리스도의 손짓과 거의 흡사하다. 첫 번째 교황 베드로는 예수 그리스도의 손짓을 반복하고 있는 것이다. 도상학적 의미에 따르면, 그리스도와 베드로의 손짓은 전통적으로 무엇인가를 설명하는 자세다. 따라서 카라바조는 이 작품을 통해 로마의 도박판에도 하나님의 구원의 빛이 임하고 있다는 점, 예수 그리스도가 제2의 아담이란 점, 그리고 베드로가 예수 그리스도의 대언자代言者라는 사실을 한꺼번에 표현하고 있는 것이다.

　〈성 마태의 소명〉은 카라바조 작품의 중요한 분기점이다. 처음으로 대형 제단화를 완성하면서 화법상의 문제를 극복하고 이미지 전달을 성공적으로 수행했

도판53
이탈리아 로마에 위치한 산 루이지 데이 프란체시 성당의 콘타렐리 예배당 내의 모습.
카라바조의 작품 〈성 마태의 순교〉가 우측에 보이고, 중앙에 성 마태와 천사〉가 보인다.
〈성 마태의 순교〉 맞은편에 〈성 마태의 소명〉이 자리해 있다.

기 때문이다. 〈성 마태의 순교〉를 처음 시작할 때 경험한 혼선은 더 이상 일어나지 않았다. 카라바조는 대형 제단화를 처음 주문받고 당황했지만, 빨리 적응했고, 다시 완벽한 작품을 완성해냈다. 한 번의 실수는 있었지만, 실수의 반복은 용납하지 않았다. 그는 〈성 마태의 소명〉, 〈성 마태의 순교〉 이 두 작품으로 단번에 이탈리아 최고 화가로 등극하게 된다.

카라바조,
르네상스의 대거장 미켈란젤로와 경쟁하다

대격돌, 미켈란젤로의 〈사울의 개종〉과 카라바조의 〈성 바울의 회심〉

1600년의 대희년을 앞두고 그려진 3미터가 넘는 초대형 작품 〈성 마태의 소명〉과 〈성 마태의 순교〉는 카라바조에게 새로운 출세의 길을 열어주었다. 곧 이어 로마 시내 서쪽 입구의 광장에 위치한 산타 마리아 델 포폴로 성당에 걸릴 대형 제단화 두 점을 그려달라는 주문을 받았기 때문이다. 이 그림의 주문자는 당시 교황 클레멘트 8세의 재무장관이었던 티베리오 체라시 Tiberio Cerasi였다. 1596년부터 교황청의 재정을 총괄하고 있던 체라시 재무장관은 당대 최고의 화가 두명의 작품으로 산타 마리아 델 포폴로 성당에서 자신의 이름을 딴 체라시 예배당을 장식할 것을 희망했다. 여기서 두 명의 거장이란, 후기 르네상스 화풍의 전통을 이어가던 안니바레 카라치 Annibale Carracci(1560~1609)와, 새로운 시대의 미술을 개척해가던 카라바조다. 전통과 혁신의 대결이 체라시 예배당에서 재현될 예정이었다. 전통과 혁신의 대결인 만큼 카라치와 카라바조의 경쟁의식 또한 로마의 새로운 볼거리가 되기에 충분했다.

일단 누구의 그림을 어디에 배치할 것인가의 문제에서부터 신경전이 벌어졌다. 결국 전통은 중앙 제단을 차지하고, 혁신은 그 양 옆을 차지하는 것으로 일단락되었다. 정면에 걸릴 대형 제단화 〈성모 마리아의 승천〉은 후기 르네상스 화풍

도판54
안니바레 카라치, 〈성모 마리아의 승천〉,
1604~05, 캔버스에 유채, 250×150cm, 산타 마리아 델 포폴로 성당 소장.

의 마지막 주자라고 할 만한 안니바레 카라치에게 맡겨졌고, 좌우측의 제단화는 새로운 사실주의적 화풍과 테네브리즘을 선도하고 있던 카라바조에게 맡겨졌다.

카라바조와 함께 16세기 말 로마 화단을 평정하고 있던 안니바레 카라치는 파르네세 궁의 프레스코화로 미켈란젤로의 시스티나 예배당 천장화와 함께 르네상스를 대표하는 프레스코화 전문화가로 알려져 있었다. 볼로냐 출신의 안니바레 카라치는 형 아고스티노 카라치Agostino Carracci(1557~1602)와 사촌형 로도비코 카라치Lodovico Carracci(1555~1619)와의 공동 작업을 통해 이탈리아에서 르네상스 말기의 화풍을 보존 계승하고 있었다.[10] 당시 카라바조는 델 몬테 추기경의 후원으로부터 조금씩 거리를 두기 시작했고, 이번에는 로마의 유력 인사이자 미술품 전문 소장가인 빈센초 주스티니아니Vincenzo Giustiniani 후작이 새로운 작품을 위한 후원자가 되어주었다. 그리고 그의 추천으로 산타 마리아 델 포폴로 성당의 작품 계약이 체결될 수 있었다.

카라바조의 두 작품이 전시될 산타 마리아 델 포폴로 성당의 위치는 중요한 상징적 의미를 지니고 있었다. 1600년 대희년을 맞이해 유럽에서 온 수많은 성지 순례자들이 처음 로마에 도착하는 서쪽 입구 광장에 이 산타 마리아 델 포폴로 성당이 위치해 있었기 때문이다. 애초에 체라시 재무장관은 로마의 첫 성당에 들어선 모든 순례자들에게 당대 최고의 두 화가가 그린 각기 다른 화풍의 그림을 감상할 수 있도록 하겠다는 의도를 가지고 있었다. 1600년 9월 24일 서명된 계약서에 의하면, 카라바조가 먼저 그림의 구도를 제안하고 주문자의 승인을 받은 다음 작업을 진행하는 것으로 되어 있다.

로마 교황청은 이미 오래 전부터 종교적 색채가 강한 탁월한 예술작품이나 웅장한 건축물 들을 통해서 작품을 감상하는 이들에게 깊은 신앙심을 고취시키고 종교적 감동을 선사해왔다. 그러한 노력의 흔적은 15세기 이래 더욱 규모가 커진 예술품 주문의 형태나 성당 건축물의 크기 등에서 알 수 있다. 중세의 순례자들 대부분이 라틴어를 읽을 수 없는 문맹자였던 관계로 로마 대성당에 그려진 감동적인 그림과 웅장한 조각은 안일하게 종교를 믿는 신자들의 신앙에 불을 지폈다. 또한 이러한 종교적 그림이나 조각은 『성서』의 내용을 이해하는 데 도움이 되는 일종의 설교문 같은 역할을 하였다. 아래 글은 15세기 중반의 교황이자 '위대한 인문주의자'로 불렸던 니콜라우스 5세 Nicolaus V(1397~1455)의 연설문 중 일부다. 이 연설에서도 당시 예술이나 성당 건축에 대한 로마 교황청의 견해를 엿볼 수 있다.

> "무지몽매한 대중의 마음속에 확고한 신념을 자리 잡게 하려면 뭔가 시각에 호소하는 바가 있어야 하리라. 교리만 가지고 유지되는 신앙은 금방이라도 무너질 것처럼 흔들릴 것이다. 하지만 하나님께서 손수 세운 것처럼 보이는 웅장한 건물과 불멸의 기념물과 증거로써 교황청의 권위를 눈에 보이게 과시하면, 믿음은 대대로 전해 내려오는 전통처럼 커지고 강화될 것이며, 또한 전 세계가 교황청을 우러러 공경할 것이다."[11]

로마 교황청은 선대 교황의 가르침을 따라야 할 의무가 있었다. 지금도 거대한 성 베드로 대성당의 위용 앞에서 순례자들은 신선한 종교적 체험을 하게 된다. 성당 입구에 놓여 있는 미켈란젤로의 〈피에타〉에 감동받지 않는 사람이 누가 있겠는가. 그 엄청난 건물의 크기와 제단의 웅장함 앞에서 사람들은 자신의 왜소함을 느끼지 않을 수 없다. 로마에서 예술과 건축은 이미 강력한 설교문이었다고 해도 과언이 아니다. 미숙한 설교가보다 미켈란젤로나 카라바조 같은 예술가들의 위대한 작품이 더 감동적인 설교를 할 수 있었다. 산타 마리아 델 포폴로 성당에 걸린 카라바조의 두 걸작은 지금도 감동적인 설교문으로 관람객에게 다가온다.

카라바조가 계약을 체결한 날짜는 1600년 9월 24일이다. 초기 바로크 미술의 대표작인 동시에 서구 예술의 최고 걸작품 중 하나로 평가받고 있는 〈성 바울의 회심〉이 바로 이때의 계약에 의해 그려진 작품이다. 중세교회에 전해져 내려오는 전설에 의하면 성 베드로와 성 바울은 같은 날 로마에서 순교함으로써 로마가톨릭교회의 사도적 전승apostolic tradition을 수립한 인물이다. 교황청은 초대 교황으로 간주되는 성 베드로의 십자가 처형 장면과 성 바울의 회심 장면을 묘사한 대형 제단화를 로마의 서쪽, 제일 첫 번째에 위치한 주主 성당에 전시함으로써 교황의 사도적 권위를 확보하자는 의도를 숨기지 않았다.

교황청의 사도적 권위를 고양하기 위해서 베드로와 바울을 동시에 등장시키는 도상학적 패턴은 이미 중세 시대와 르네상스 시대에 여러 차례 시도된 바 있다. 가장 유명한 동일 모티브와 제목의 작품은 르네상스의 거장 미켈란젤로에 의해서 완성되었다. 교황청의 시스티나 예배당 옆에 있는 바오로 예배당에 전시되어 있는 미켈란젤로의 마지막 프레스코화인 〈사울의 개종〉과 〈십자가에 못 박힌 성 베드로〉는 카라바조의 작품과 정확한 대비를 이루고 있다.

체라시는 업무상 바오로 예배당에 있는 미켈란젤로의 대작들을 자주 접했을 가능성이 크다. 주도면밀한 체라시 장관은 새로운 로마 시대를 알리기 위해 이탈리아 예술가 사이에 '신과 같은' 화가로 칭송되던 미켈란젤로의 그림과 동일한 주제를 카라바조에게 의뢰한 것이다. 이것은 대단한 의미를 지닌다. 미켈란젤로는 르네상스 시대를 대표하는 화가였고, 그의 마지막 작품이 〈사울의 개종〉과 〈십자가에 못 박힌 성 베드로〉였다면, 같은 제목의 그림을 카라바조에게 의뢰했다는 것은 무엇을 뜻하는 것일까? 체라시 장관은 이제 새로운 별이 탄생하고 있음을 알리고 싶었던 것이다. "대희년을 맞이한 새 로마에 새로운 천재 화가가 탄생했다. 그가 바로 카라바조다!"

그렇다면 르네상스의 빛나는 화가 미켈란젤로는 어떤 사울(개종 이후에 바울로 불렸다)과 베드로를 그렸을까? 그리고 카라바조는 선배로부터 무엇을 배웠을

미켈란젤로, 〈사울의 개종〉, 1542~46, 프레스코, 바티칸 바오로 예배당 소장.

까? 카라바조의 두 걸작을 이해하기 위해서는 같은 주제와 제목으로 그려진 미켈란젤로의 두 작품을 먼저 분석할 필요가 있다. 미켈란젤로의 두 작품은 1542년 교황 바오로 3세Paulus PP. III(1468~1549)에 의해 주문되었다. 미켈란젤로의 전기 작품들과는 달리, 교황 바오로 3세의 주문으로 제작된 이 두 그림은 스러져가는 후기 르네상스의 정신과 미켈란젤로의 작가주의가 반영되어 있다.

먼저 〈사울의 개종〉에서 미켈란젤로는 다소 산만한 느낌을 주는 흐린 색채를 사용해 다메섹으로 가는 길에 사울이 접했던 전대미문의 개종 사건을 표현하고 있다. 단순하게 처리된 자연 배경을 뒤로 하고, 말에서 떨어진 사울은 시력을 잃은 채 고통스러운 표정을 짓고 있다. 천군천사들에게 둘러싸여 있는 예수는 마

도판56

미켈란젤로, 〈십자가에 못 박힌 성 베드로〉, 1545~50, 프레스코, 바티칸 바오로 예배당 소장.

치 번개를 내리치는 그리스 신화의 제우스처럼 손바닥에서 신비의 광선을 뿜어
내고 있다. 이 사건을 목격하고자 운집해 있는 군중들의 모습은 그 그림을 보는
관람객까지 포함시키려는 듯 화면의 구석구석을 차지하고 있다. 너무 빈틈이 없
어 갑갑한 느낌이 들 정도다. 누구든 이 그림을 보면 미켈란젤로가 〈사울의 개종〉
을 그리면서 자신의 관점보다는 그림을 보는 관람자의 입장을 제일 먼저 고려했
음을 쉽게 짐작할 수 있을 것이다.

　　〈사울의 개종〉이 전시되어 있는 성 바오로 예배당 반대편에는 〈십자가에 못
박힌 성 베드로〉가 함께 전시되어 있다. 〈사울의 개종〉에서처럼 간략한 배경 처
리와 흐릿한 채색, 그리고 관람객을 화면의 이야기 속으로 끌어들이기 위한 기법

등이 이 작품에도 공통적으로 사용되고 있다. 〈사울의 개종〉보다 4~5년 후에 제작된 것으로 추정되는 이 작품은 전작보다 좀 더 정형화되고 안정된 구도로 그려져 있다. 전작에서보다 많은 군중이 화면에 등장하는데, 전체적으로 화면 중심부에 가까이 그려져 있다. 등장인물의 크기가 좀 더 커졌다는 말이다. 결과적으로 사람들의 표정도 좀 더 세밀하고 진지해졌다. 성 베드로가 십자가에 못 박히는 장면을 바라보는 사람들의 시각이 치밀하게 묘사된 것은 초대 교황의 장엄한 순교 장면을 바라보는 군중의 입장에 시각을 맞추어 그렸기 때문인 것으로 추정된다. 〈사울의 개종〉에서 군중들은 사울의 개종을 바라보는 순간 이를 피해 밖으로 달아나는 태도를 보이고 있지만, 〈십자가에 못 박힌 성 베드로〉에서 군중들은 십자가와 베드로를 중심으로 모여들고 있는 모습이다. 첫 교황성하께서 순교당하고 계시는데 어느 누가 감히 그 자리에서 도망친단 말인가.

작품의 중심부를 차지하고 있는 십자가 위에서 순교하는 성 베드로는 몸을 뒤로 젖히며 자기의 시선을 그림을 보는 관람객들의 시선과 맞추고 있다. 몸을 뒤튼 성 베드로의 이런 자세는 해부학적으로 거의 불가능에 가깝다. 이미 십자가에 못 박힌 양손으로 인해, 거꾸로 매달린 몸을 뒤로 젖혀 관람객에게 시선을 향한다는 것은 불가능한 포즈다. 그러나 이런 불가능한 자세를 취한 초대 교황 베드로는 관객과의 눈을 맞춤으로써 무엇인가 의미심장한 마지막 말을 남기고 싶어 한다. 십자가에 거꾸로 매달린 채 순교했던 초대 교황 베드로는 관람객에게 소리치고 있다.

"나를 따르라!"

미켈란젤로의 이 작품은 등장인물의 시점과 관람자의 시점에 따라, 즉 어느 시각에서 그림을 보느냐에 따라 다른 해석을 낳는다. 등장인물이 누구를 보고 있고, 관람자는 등장인물의 시선을 어떻게 수용하게 되는가? 미켈란젤로의 마지막 걸작은 관람자가 그림을 보는 것이 아니라 작품 속의 등장인물이 관람자를 정면으로 응시하는, 주객이 전도된 작품이다. 르네상스 미술전문가인 앤드루 그레이엄 딕슨은 초대 교황 베드로의 시선에 대해 인상적인 평을 내리고 있다.

> "베드로의 험상궂은 얼굴은 그 집요함으로 우리를 압도하고, 성인의 발이 무거운 금빛 나무 십자가에 못 박혀 있는 것만큼이나 확실하게 우리를 그 자리에 못 박아버린다. 주인공이 이런 식으로 우리를 똑바로 바라보면서 놓아주려 하지 않는 그림이 이 세상에 또 있을까? (중략) 이 그림은 교황권을 선전한다기보다 교황들에게 의무를, 세속적 영광을 위해서가 아니라 초대 교황의 희생정신에 대해 기억하면서 살아갈 것을 주지시키는 것처럼 보인다. 40여 년 세월 동안 교황을 섬겼고, 직접 겪어서 그 교황들의 약점을 속속들이 알고 있는 사람이 바티칸 한복판에 그런 그림을 그린 것이다. 오래전, 교황 레오 10세Leo X(1475~1521)는 화가인 세바스티아노 델 피옴보Sebastiano del Piombo(1485?~1547)에게 이렇게 속내를 털어놓았다. '미켈란젤로는 무서워. 아무도 그를 다룰 수 없어.' 성 베드로는 아마 맞은편 벽화의 사울과 마찬가지로 미켈란젤로의 이상화된 자화상일 것이다. 예배당에 들어가 이 유령을 발견하면, 경건하고 불같이 격렬한 노인 미켈란젤로와 느닷없이 대면한 듯한 기분이 든다."[12]

미켈란젤로는 그의 파란만장했던 생애의 마지막 그림으로 평가받고 있는 〈십자가에 못 박힌 성 베드로〉에서 초대 교황 베드로의 예리한 눈초리를 통해 허물어져가는 로마 가톨릭교회의 신앙적 기반을 경계하고, 그림을 관람하는 사람들에게 초대 교황 성 베드로의 순교 정신으로 돌아가라는 강력한 권고의 메시지를 전하고 있다. 바오로 예배당에 전시되어 있는 이 작품을 가장 자주 보는 사람은 아마도 교황들이었을 것이다. 16세기, 반란과 질곡의 세기를 거쳐 오던 로마 교황들에게 '신과 같은 존재'이던 미켈란젤로는 엄중한 경고성 설교를 하고 있다.

"보아라, 16세기의 교황들이여! 초대 교황은 이렇게 순교했다! 이 시대의 교황들이여, 초대 교황이 걸어갔던 순교의 발자취를 따르라!"

카라바조는 당시 미켈란젤로의 마지막 작품들을 알고 있었을 가능성이 높다. 만약 그가 직접 이 그림을 보지 못했다면, 주문자인 체라시가 미켈란젤로의 그림에 대해 설명해주었을 가능성이 높다. 그리고 선대의 거장이 남긴 걸작에 대해 많은 논의가 거듭되었을 것이다. 교황조차 두려워했던 유령과 같은 노인 미켈란젤로가 의도했던 모든 것을 카라바조는 철저하게 분석했을 것이다. 그리고 카라바조는 새로운 세기를 맞이한 로마에서 새로운 미켈란젤로가 되기로 결심했는지 모른다. 그는 이 새로운 로마 시대의 개막을 알리는 산타 마리아 델 포폴로 성당에서 같은 제목의 그림 두 장을 통해 이 사실을 널리 알리고자 했다.

카라바조는 먼저 〈성 바울의 회심〉 제작에 착수했다. 그가 미켈란젤로와 다른 점은 조수를 사용하지 않았다는 것이다. 17세기 초 로마의 '새 미켈란젤로' 카라바조는 16세기 미켈란젤로처럼 조수의 힘을 빌리지 않았다. 작업의 시작에서부터 끝까지 그는 자신의 붓을 놓지 않고 빈 공간을 채워 나갔다. 또한 미켈란젤로처럼 상세한 초기 도안이나 밑그림을 그리지 않았다. 그야말로 붓 가는 대로 즉흥적인 구도로 시작한 작품은 선배 작품의 치밀한 구도를 비웃기라도 하는 듯한 치 흐트러짐 없이 정밀하고 섬세한 구도를 갖추고 있다. 카라바조의 또 다른 특징은 작업을 완성하는 속도였다. 그는 매우 빠른 속도를 유지하며 작품을 진행했는데, 짧은 생애에 비해 많은 대형 작품을 남기고 있는 것도 이 때문이다.

그러나 조수의 도움이나 초기 도안도 없이 빠른 속도로 그린 첫 번째 작품인 〈성 바울의 회심〉은 실패작이었다. 작품의 함량이 미달이어서가 아니라, 주문자의 기대에 어긋나는 필요 이상의 표현이 들어 있었던 것이다. 당시에는 작품의 주문자들이 화가의 작품 제작에 깊숙이 관여했다. 작품의 제목과 등장인물을 지정하는 것은 예사였고, 심지어 색깔까지 자신의 기호대로 정확히 그려줄 것을 요구하기도 했다. 카라바조의 주문자들도 예외가 아니었다. 그들은 로마의 최고위층 인사들이었고 그들의 경제력은 상상을 초월하는 것이었다. 화가의 자유로운 정신이 그림 값과 권력의 힘으로 규정되던 슬픈 시절에 카라바조 또한 활동하고 있었던 것이다. 그러나 외부의 압력에도 불구하고 카라바조의 능력은 찬란히 빛났다. 어느 누구도 흉내 낼 수 없는 창조적 표현, 주문자의 상상력을 뛰어넘는 과감한 구도와 채색, 새로운 화풍의 개막을 알린 테네브리즘과 사실주의적 표현력은 늘 주문자들의 기대를 훨씬 앞질러 있었다. 〈성 바울의 회심〉 초판도 바로 이런 작품이었다. 다만 시대를 앞섰던 천재 화가의 작품을 발견할 만큼 당시 산타 마리아 델 포폴로 성당 신부들의 안목이 뛰어나지 못했을 뿐이다. 삼나무 패널에 그려진 〈성 바울의 회심〉 초판은 산타 마리아 델 포폴로 성당 측의 자격심사에서 탈락하여 사네시오 추기경 Cardinal Sannesio의 개인 소장품이 되었으며, 현재는 로마의 오데스칼치 소장품으로 보관되고 있다.

　이 작품은 「사도행전」 26장에 나오는 바울의 회심 장면을 배경으로 하고 있지만, 르네상스의 거장 라파엘로나 모레토 다 브레시아 Moretto da Brescia (1498?~1554), 타데오 주카로 Taddeo Zuccaro (1529~1566)가 묘사했던 바울의 회심과 전혀 다른 구도와 의도를 가지고 있다. 카라바조의 〈성 바울의 회심〉에서는 화면의 우측 공간을 가르면서 긴박하게 예수 그리스도가 지상 가까이로 내려오며 구원과 소명의 손길을 뻗고 있다. 그런 가운데 바울은 그에게서 쏟아지는 은혜의 빛을 견디지 못하고 눈을 가린 채 바닥에 쓰러져 있다. 그림에서 바울은 회심의 순간, 저 멀리 하늘에서 들려오는 신비의 음성을 듣는 것이 아니라 하늘을 가르고 지상 가까이 내려와 구원의 손길을 뻗치는 예수 그리스도의 은혜를 받고 있다. 하늘과 땅은 이분법적으로 나눠 있는 것이 아니라 서로 맞닿아 있는 영역임을 암시하고 있다. 구원은 멀리 있는 것이 아니라 손을 뻗으면 잡을 수 있는 가까운 곳에 있음을

〈성 바울의 회심〉 초판. 1600~01. 나무판에 유채. 237×189cm. 로마의 개인 소장품.

〈성 바울의 회심〉 두 번째 판, 1600~01, 캔버스에 유채, 230×175cm, 로마 산타 마리아 델 포폴로 성당 소장.

강조한다. 카라바조는 여기서도 테네브리즘을 이용하여 빛과 어둠의 강렬한 대비를 구사하고 있다.

　　카라바조는 1601년 5월 말까지 두 작품을 모두 완성해야 한다는 계약 조건에 묶여 있었다. 그러나 카라바조가 이 계약을 완수하기 전에 주문자였던 체라시가 사망함으로써(1601년 5월 5일), 계약의 후계자들이 카라바조에게 해당 작품을 조속히 완성해줄 것을 요구하게 된다. 게다가 같은 성당의 정면 제단화를 주문받았던 안니바레 카라치가 〈성모 마리아의 승천〉을 먼저 완료해 카라바조는 서둘러 두 작품을 완성해야 하는 부담감을 안게 되었다.

　　카라바조의 〈성 바울의 회심〉 초판을 심사하고 인수를 거부한 사람은 티베리오 체라시가 아니라 성당의 단장을 책임지고 있던 사네시오 추기경이었다. 사네시오 추기경은 예수의 몸이 너무 지상 가까이에 근접해 있다는 신학적 문제를 제기하면서, 카라바조에게 재작업할 것을 지시하고, 〈성 바울의 회심〉 초판은 자신의 개인 소장품으로 접수했다.

　　이런 우여곡절 끝에 완성된 〈성 바울의 회심〉 두 번째 판은 현재 산타 마리아 델 포폴로 성당에 전시되어 있다. 이 작품은 카라바조의 전체 작품과 모든 바로크 화풍의 그림 가운데 가장 탁월한 작품의 하나로 손꼽히고 있을 뿐 아니라 일부 미술평론가들 사이에서 서구 미술사의 최고 걸작이란 평가를 받고 있다. 카라바조는 이 유명한 그림에서도 '어둠의 방식'인 테네브리즘 기법을 사용해 캄캄한 어둠 속에서 구원의 빛, 곧 신을 체험한 바울의 모습을 생생히 담아내고 있다. 성당 중앙을 차지하고 있는 경쟁자 카라치의 작품 〈성모 마리아의 승천〉을 비웃기라도 하는 듯, 〈성 바울의 회심〉에는 땅바닥에 나뒹굴고 있는 바울의 생사여탈을 쥐고 있는 듯한 거대한 말이 압도하듯 앞을 가로막고 버티고 서 있다. 구원의 빛이 말의 넓은 잔등과 시력을 잃고 하늘을 향해 두 손을 높이 쳐든 바울의 몸 위로 하염없이 쏟아지고 있다. 어디에도 예수 그리스도의 모습은 등장하지 않는

다. 〈성 바울의 회심〉 첫 번째 판에서 보이던 구원의 긴박성은 어둠 속으로 조용히 사라지고, 절체절명의 회심의 순간에 찾아온 침묵과 어둠의 그림자가 화폭 전체를 침묵으로 장악하고 있다.

사울이 바울이 되는 회심의 순간을 그리면서 카라바조는 미켈란젤로를 위시한 많은 르네상스 화가들이 즐겨 묘사했던 우주적 사건이나 천군천사의 나팔소리가 들리는 가운데 구름 위에서 예수 그리스도가 신비한 자태를 드러내는 요란스러움을 과감히 생략한다. 바울의 회심은 지극히 내면적인 사건이었으며, 어둠을 뚫고 찾아오는 한 줄기 빛처럼 평범한 인간에게 찾아온 하나님의 신비로운 은혜임을 표현하고 있다. 어떻게 보면 카라바조의 이 작품은 그의 많은 작품 중 가장 '종교개혁적인' 신학을 담고 있는 그림이라고 할 수 있다.

카라바조의 작품에서
'예수회 스타일'을 발견하다

'우리들의 방법'에 의해 만들어진, 정밀묘사와 감각에 호소하는 '예수회 스타일'

빛과 어둠의 신학은 당시 종교개혁자들의 도전을 받고 있던 16세기 가톨릭 신학의 대표적인 신학적 모티브였다. 중세교회는 전통적으로 죄악으로 가득한 세상을 어둠으로 표현해왔다. '죄악의 세상은 곧 어둠'이란 도식은 예수회의 설립자이며 16세기 가톨릭교회의 신비가인 이냐시오 로욜라와 스페인의 성녀 아빌라의 테레사 Teresa of Avila(1515~1582) 등에 의해 더욱 강조된 바 있다. 로욜라의 『성신 수련』은 회심의 필요성을 강조하면서 세상의 빛을 마음의 문으로 굳게 걸어 닫고 어둠 속에서 자신의 죄인 된 본성을 돌아보라고 강조한다.[13] 또한 죽음과 심판이 기다리는 어둠 속에서 내면적 성찰을 통해 진정한 은혜의 빛을 사모하라고 가르치고 있다.

카라바조는 16세기 말 가톨릭교회의 빛과 어둠에 대한 신학적 성찰을 그의 화폭에 충실히 담아내고 있다. 흥미롭게도 카라바조는 전 생애에 걸쳐 단 한번도 예수회 측으로부터 작품 주문을 받아보지 못했다. 후기 작품에 등장하는 남루하고 비천한 사람들의 모습이 귀족적이던 예수회 취향과 맞지 않았을 가능성이 높다. 그러나 카라바조 역시 16세기 후반과 17세기 초반 가톨릭 종교개혁을 주도하던 예수회의 신학적 영향력에서 벗어날 수는 없었다.

로욜라에 의해 설립된 예수회는 태동 초기부터 예술을 통한 신앙적 메시지 전달에 많은 관심을 보였다. 교육과 선교 분야에서 설립 초기부터 가톨릭교회의 중추적 역할을 감당했던 예수회 소속 사제들은 예술을 자신들 사역의 방편으로 이용하는 것에 주저하지 않았다. "세상 모든 것에 역사하시는 하나님을 찾아서 Finding God in all things"라는 로욜라의 영성을 사역의 장으로 펼쳐갔던 예수회는 과학, 수학, 천문학, 연극, 미술, 조각, 건축 등에 지대한 관심을 쏟았다. 학문과 예술에 대한 그들의 진보적인 태도는 이탈리아와 유럽의 많은 화가나 건축가들에게 신선한 자극제가 되었다. 많은 화가들이 예수회의 후원을 받으며 예술품 제작에 몰두하기 시작했다.[14]

예수회와 직간접으로 연관되어 있던 화가들은 당시 개신교 종교개혁자들이 가지고 있던 중세교회에 대한 신학적 도전에 대해 이미 잘 알고 있었다. 일부 화가들은 작품을 통해서 예수회가 강조하던 반종교개혁적 견해를 표현하기도 했다. 당시 예수회는 가톨릭 세계에서 반종교개혁을 이끌어가는 핵심 수도회였고, 16세기 후반 예술사에서 말하는 '예수회 스타일Jesuitenstil'이란 표현은 16세기 말 남부 유럽의 반종교개혁적 화풍을 의미한다.

그러나 용어의 정의는 시대가 변하면 그 의미도 다소 달라진다. 17세기에 접어들며 바로크 예술사에서 말하는 '예수회 스타일'이란 '지나치게 화려한 장식이나 필요 이상으로 섬세한 묘사가 강조된 예술사조' 정도로 이해되었다. 따라서 지금 보편적으로 사용하는 바로크적 의미의 '예수회 스타일'은 카라바조가 활동할 당시에는 전혀 다른 의미로 사용되고 있었던 것이다. 16세기 말의 '예수회 스타일'은 반종교개혁적 신앙심 고취를 위한 예술적 부흥 운동이라고 할 수 있다.

카라바조가 활동하던 시기, 예수회가 중심이 되어 세워진 건축물이나 미술의 특징은 한마디로 '적응성과 유연성adaptability and flexibility'으로 요약된다. 따라서 바로크 미술사에서 의미하는 '예수회 스타일'과는 현격한 차이가 있다.[15] 사실 초

기 예수회가 주축이 되어 세운 건축물이나 의뢰한 회화에는 예수회만의 독창적인 기법, 즉 소속 멤버들 사이에서 '우리들의 방법modo nostro'이라 불릴 만큼의 독특하고 창의적이며 다양한 사고가 반영되어 있었다. 예수회 소속 신부들이 스스로 우리들의 방법이라 칭했던 화풍에는 트리엔트 공의회 이후 가톨릭교회가 지향하던 시대정신이 담겨 있다.

그러한 시대정신을 담고 있는 대표적 작품으로는 당시 예수회 지도자들로부터 최고 대우를 받고 있던 화가 시피오네 풀초네Scipione Pulzone(1550?~1598)의 작품이 있다. 풀초네의 대표적인 작품인 〈비탄〉을 통해 우리는 예수회의 예술적 취향을 짐작해볼 수 있다.

유명한 로마의 예수회 제수 성당의 우측 두 번째 예배당에 전시될 예정이었던 이 작품은 요셉과 니고데모에 의해 예수의 시신이 십자가에서 내려지고 여인들과 제자들이 예수의 주검 앞에서 비탄에 잠겨 있는 모습을 담고 있다. 작품 속에 등장하는 인물들은 한결같이 예수의 죽음을 슬퍼하고 애통해하는 모습이다. 이는 16세기 말 트리엔트 공의회 이후에 강조된 가톨릭교회의 교리적 특성을 잘 보여주고 있다. 곧 승리자 예수가 아니라 고난의 예수를 바라보고 있는 등장인물들의 비탄에 잠긴 모습은 관람자로 하여금 신앙적 각성을 촉구한다. 설교문 이상의 감동으로 관람객을 사로잡는다.

〈비탄〉은 작품이 전시될 공간과 도상학적으로 관련이 있다. 작품 속에서 십자가로부터 내려지고 있는 예수 그리스도의 몸은 사제가 성만찬을 집전할 때 예수의 몸인 성체를 들어 올리는 공간과 겹친다. 즉 트리엔트 공의회가 강조하는 '일곱 가지 성만찬 Eucharist'의 중요성과 성체가 바로 예수의 몸이라는 '화체설 Transsubstantiation'의 신학이 풀초네의 그림으로 표현되고 있는 것이다.[16] 16세기 말 트리엔트 공의회 이후의 시대정신은 이렇게 풀초네의 회화를 통해 예수회 성당에서 표현되었고, 이러한 시대 사조의 영향은 카라바조의 그림에서도 발견된다. 거빈 베일리 Gauvin A. Bailey는 카라바조에게 영향을 미친 풀초네의 '예수회 스타일'에 대해 아래와 같이 설명하고 있다.

> "전통적인 미적 조화를 추구하고, 실제적인 치밀한 묘사와 더불어 감각에 호소하는 방법을 통해 예수회 성당을 장식했던 풀초네의 그림은 여러모로 카라바조와 안니바레 카라치의 자연주의적이며 고전풍인 그림을 예고하고 있었다."[17]

산타 마리아 델 포폴로 성당에 전시된 〈성 바울의 회심〉에서 우리는 카라바조의 작품 속에 숨겨져 있는 '예수회 스타일'을 발견할 수 있다. 개인의 주관적인 감정과 신앙의 감각적 표현이 미술 표현의 핵심적 요소로 등장하고 있기 때문이다. 작품 속에서 기독교 박해자 사울에서 초대교회 최고의 지도자 바울로 개종되는 순간은 '개인의 주관적 감정'에 의해 주도되고 있다. 교회라는 종교단체의 영향력이나 형식적인 제도, 교리에 의해 구원받는 것이 아니라 개인의 신앙 체험을 통해 사울은 바울이 된다. 집단이나 제도의 개입을 차단하기 위해 등장인물은 최소한으로 제한되고 있다. 천군천사는 더 이상 구름을 타고 내려오지 않는다. 예수의 초자연적인 등장도 없다. 우주적 회심의 사건을 알리는 나팔소리도 들려오지 않는다. 사울이 바울로 변하는 순간, 그저 일개인에게 임한 한 줄기 은혜의 빛이 침착하게 화면을 향해 쏟아지고 있고, 등장인물은 마치 사진기 셔터를 누르는 순간 모든 것이 일순 정지되듯 고요 속에 잠겨 있다. 정적의 순간에 거부할 수 없는 하나님의 은혜가 짙은 어둠을 뚫고 세상에 버려진 한 청년의 몸 위로 쏟아지고 있다.

산타 마리아 델 포폴로 성당의 체라시 예배당에 전시되어 있는 〈성 바울의 회심〉의 맞은편에는 〈십자가에 못 박힌 성 베드로〉가 전시되어 있다. 체라시 예배당의 앞 제단에서 4~5미터 거리를 두고 서면, 두 작품이 하나로 짝을 이루며 마주보고 있음을 발견하게 된다. 그림의 배치와 구도가 치밀한 계획에 의해서 제작되었음을 볼 수 있는데, 이는 일찍이 〈성 마태의 순교〉와 〈성 마태의 소명〉을 한 쌍으로 하여 연속 제작했던 경험에서 비롯된 것이다. 체라시 예배당의 정면 제단화인 안니바레 카라치의 〈성모 마리아의 승천〉을 중심으로 좌우 측면에 배치된 카라바조의 두 그림은 화면의 포커스를 제단 안쪽으로 향하도록 맞추어져 있다. 중앙 제단을 중심으로 좌측에 배치된 〈십자가에 못 박힌 성 베드로〉는 주인공 베드로가 제단 쪽을 향해 십자가에 거꾸로 매달려 있는 반면, 우측에 걸려 있는 〈성 바울의 회심〉에 등장하는 바울의 몸은 관람자 측에 가까이 배치되어 있다. 제단을 바라보고 있는 관람자가 마치 한 폭의 파노라마를 보는 것처럼 하기 위해 의도적으로 두 그림의 구도를 그렇게 배치한 것이다.

앞서 언급한 것처럼 카라바조의 〈십자가에 못 박힌 성 베드로〉는 카라바조 자신이 이상적인 모델이자 유일한 경쟁자로 생각하고 있던 미켈란젤로의 〈십자가에 못 박힌 성 베드로〉를 염두에 두고 작업한 작품이다. 미켈란젤로가 십자가에 거꾸로 달려서 몸을 뒤틀며 관람자의 시선을 응시하는 베드로를 그렸다면, 카라바조는 순교의 순간을 담담하게 받아들이는 성숙하고 내면적인 베드로의 모습

도판61

〈십자가에 못 박힌 성 베드로〉, 1600~01, 캔버스에 유채, 230×175cm, 로마 산타 마리아 델 포폴로 성당 소장.

을 그리고 있다. 이마가 벗겨진 노인이 힘겹게 몸을 지탱하며 어둠의 사각지대를
응시하고 있는 모습은 미켈란젤로의 베드로보다 훨씬 더 평화로운 모습이다. 못
박힌 손을 움켜쥐고 있는 모습과 십자가를 세우기 위해 힘쓰고 있는 세 인물들의
역동적인 모습 또한 인상적이다. 그들은 금방이라도 십자가를 일으켜 세울 것만
같은 모습이지만, 사방을 둘러싼 짙은 어둠은 작품에 고요함과 신비로움을 더하
고 있다. 아마 이 그림의 구도와 현장감 넘치는 사실주의적 묘사는 17세기 초반
로마에 체재했던 페테르 파울 루벤스Peter Paul Rubens(1577~1640)에게 지대한 영향
을 미치며, 그의 유명한 작품인 〈예수 그리스도의 십자가를 세움〉의 기본 구도와
작품 방향에도 영향을 주었으리라 추정된다.

〈성 마태와 천사〉의 수난, 작품 인수를 거부당하다

벗겨진 머리, 더러운 발의 '성 마태'를 둘러싼 논란

산타 마리아 델 포폴로 성당의 두 작품을 통해 카라바조는 당대 로마의 미술계에서 가장 주목받는 천재 화가로 화려하게 비상했다. 수많은 귀족들과 교회의 지도자들이 그에게 그림을 주문했고, 로마의 수많은 성당 벽은 그의 그림으로 채워질 날을 고대하며 빈 공간으로 남아 있었다. 최전성기의 명성을 누리기 시작한 1602년, 〈성 마태의 순교〉와 〈성 마태의 소명〉을 완성했던 산 루이지 데이 프란체시 성당으로부터 콘타렐리 예배당의 중앙 제단을 장식할 제단화를 주문받게 된다. 1602년 2월 9일, 당시 로마의 실력자 중 한 사람이자 미술 애호가였던 프란체스코 콘타렐리 Francesco Contarelli 추기경은 '성 마태 곁에서 천사가 복음서의 내용을 구술하는 장면'을 그려달라고 주문했다. 카라바조는 17세기 초 〈성 마태의 소명〉과 〈성 마태의 순교〉에 이어 중앙 제단화를 위한 성 마태 주제의 연작連作을 완성할 수 있게 되었다.

베를린의 한 미술관에 보관되어 있다가 아쉽게도 제2차 세계대전 중 전쟁의 포화 속에서 소실된 〈성 마태와 천사〉 혹은 〈성 마태의 감동〉으로 불리는 카라바조의 초판은 처음부터 우여곡절을 겪었다. 카라바조는 신속하게 작품을 완성했지만, 산 루이지 데이 프란체시 성당 측은 카라바조의 작품이 부적절하다는 평가

도판63
〈성 마태와 천사〉의 초판 혹은 〈성 마태의 감동〉, 1602, 캔버스에 유채, 223×183cm,
베를린 카이저 프리드리히 박물관에 소장되었다가 1945년 유실. 현재 소장처 불분명.

를 내렸다. 카라바조의 작품 생애 중 두 번째로 작품 인수가 거부된 것이다. 이것은 그에게 엄청난 수모였다. 자존심 강한 카라바조에게 이 일은 깊은 상처로 남았을 것이다. 만약 이 작품의 후원자였던 빈센초 주스티니아니 후작이 고가로 대신 매입하지 않았다면 카라바조는 큰 곤경에 처했을 것이다.

주스티니아니 후작은 카라바조가 델 몬테 추기경의 화실에 소속되어 있을 때 〈류트 연주자〉를 매입하면서 카라바조와 친숙한 관계를 맺고 있었다. 그는 또한 카라바조의 첫 번째 전면 누드화인 〈승리자 큐피드〉를 주문하기도 했다. 그렇다면 〈성 마태와 천사〉 초판은 왜 인수 거부라는 수모를 겪어야 했을까?

작품이 유실되었기 때문에 남아 있는 흑백 사진으로 작품을 분석해야 하는 아쉬움이 남지만, 일단 〈성 마태와 천사〉의 첫인상은 남루함, 비천함 그 자체다. 완성된 작품을 심사했던 성당 측으로서는 당혹해 하지 않을 수 없었을 것이다. 천사의 거룩한 도움을 받고 있는 마태가 성령이 충만한 모습으로 등장해야 할 텐데, 카라바조의 그림은 그들의 기대를 전적으로 저버렸다. 그림에는 초라하기 짝이 없는 중년 남자가 꾸부정한 자세로 앉아 무엇인가를 열심히 쓰고 있는 모습이 등장한다. 옆에서 천사가 안쓰러운 듯 뭔가를 가르치고 있다. 카라바조가 아니면 상상조차 어려운 「마태복음」 탄생의 순간이다. 또한 중년의 벗겨진 머리와 포개진 다리 사이로 보이는 더러운 맨발은 관객의 코앞에서 마주하게 된다. 게다가 이 무식해 보이는 중년 사내는 히브리어를 처음 배우는 사람처럼 책을 앞에 끼고 쩔쩔매고 있는 게 아닌가.

〈성 마태의 순교〉에서 살해당하는 마태로 등장했던 모델이 여기서도 등장한다. 그러나 이번 작품에서의 마태는 전작에서 느껴졌던 고상함은 찾아볼 수 없다. 이 그림을 주문했던 산 루이지 데이 프란체시 성당의 종교 지도자들과 로마 상류층 인사들이 작품 인수를 거부한 것은 놀랄 만한 일이 아니다. 애초에 카라바조는 성 마태를 성자로 그릴 생각이 없었던 모양이다. 아마도 마태를, 성자로 불릴

도판64
제롤라모 로마니노, 〈성 마태와 천사〉,
1521~24, 캔버스에 유채, 205×98cm,
브레시아 산 조반니 에반젤리스타 성당 소장.

만한 경건함이나 위엄을 갖추지 못한 지극히 세속적인 인간에 불과하다고 생각했을지 모른다. 카라바조는 도대체 이 무식하고 천해 보이는 마태의 모습을 통해 무엇을 말하고 싶었던 것일까.

그런데 이 시점에서 카라바조보다 80년 앞서 화가 제롤라모 로마니노Gerolamo Romanino(1485~1566)가 그린 〈성 마태와 천사〉와 비교해보는 것도 의미 있을 법하다. 그의 작품을 보면 카라바조의 작품과 상통한 점이 있음을 발견할 수 있다. 어둡고 밀폐된 후미진 공간, 차단된 불빛 사이로 초라하고 남루한 모습의 마태가 천사로 보이는 한 인물의 말을 들으며 뭔가를 열심히 적고 있다. 그리고 카라바조의 작품에도 보였던 문제의 맨발이 보이고, 게다가 그의 발톱에 때까지 껴 있다. 아주 사실적인 그림이다. 카라바조는 그의 작품에서 천사에게 날개를 달아주었지만, 여기서 보이는 천사는 평범한 소녀처럼 보인다. 물론 카라바조의 작품과 차이는 있다. 천사의 말을 받아 적고 있는 제롤라모의 마태에게는 비록 초라하지만 보석처럼 빛나는 진지함과 경건함이 그의 눈빛과 몸짓에 깃들어 있다. 반면 카라바조는 무식하고 천박해 보이는 중년 남자를 마태로 등장시켰고, 이로 인해 작품을 주문한 성당 측으로부터 퇴짜를 맞지 않았던가.

도판65
〈성 마태와 천사〉 두 번째 판, 1602~03, 나무판에 유채, 295×195cm,
로마 산 루이지 데이 프란체시 성당 소장.

카라바조는 처음 그린 〈성 마태와 천사〉의 인수가 거부되자 자신의 창조적인 견해를 일보 후퇴시키고, 〈성 마태와 천사〉 두 번째 판을 신속히 완성한다. 이 두 번째 작품이 현재 콘타렐리 예배당의 중앙 제단에 전시되어 있다. 첫 번째 작품은 수평적인 구도를 지니고 있는 반면 두 번째 작품은 수직적 구도를 취함으로써 훨씬 더 성스러운 분위기를 자아낸다. 전작에 없던 성 마태의 후광halo이 두 번째 작품에는 분명히 드러나 있다. 좀 더 성스럽고 고상한 이미지의 성 마태를 탄생시킨 것이다. 전작에 비해서 성 마태의 역할이 좀 더 주체적으로 바뀌었다는 것도 확연히 알 수 있다. 천사를 바라보는 마태의 시각이 이를 입증하고 있다.

천사의 위치가 오른쪽에서 위쪽으로 공간 이동을 했다는 것 외에는 두 번째 작품에 등장하는 마태 역시 평범한 중년 사내의 모습을 하고 있다. 가슴의 일부와 문제의 맨발 또한 그대로 드러나 있다. 마태가 무엇인가 열심히 쓰고 있는 탁자는 로마에서 쉽게 볼 수 있는 평범한 물건이다. 수평에서 수직으로 전체 구도를 바꿈으로써 성스러움을 더욱 강조했지만, 카라바조는 주문자의 요구에 부응하면서 동시에 자신의 메시지를 전달하는 천재성을 발휘한 것이다.

그러나 〈성 바울의 회심〉 이어 〈성 마태와 천사〉 또한 초판의 인수가 거부되자 카라바조는 자존심에 치명적인 상처를 입게 되었다. 작품을 통해 드러내고자 했던 성스러움의 참된 의미는 로마의 종교 지도자들에 의해 비판받았고, 자존심 강한 카라바조는 더 걷잡을 수 없는 광포한 세계로 빠져들게 된다.

카라바조,
미소년 '큐피드'와 사랑에 빠지다?

〈승리자 큐피드〉, 〈성 세례 요한〉에 등장하는 '체코'의 정체

산타 마리아 델 포폴로 성당에서의 대성공 이후, 1602년에 추가로 그려진 카라바조의 작품은 〈승리자 큐피드〉와 〈성 세례 요한〉 초판이다. 이 두 그림은 카라바조가 그린 보기 드문 남성 누드화들이다. 이 두 작품은 또한 카라바조의 그림에서 좀처럼 찾아볼 수 없는, 만면에 웃음을 가득 담고 있는 밝은 표정의 동일한 소년 모델이 등장한다. 마치 산타 마리아 델 포폴로 성당에서의 성공을 자랑하듯, 소년의 밝은 얼굴을 통해 카라바조가 미소 짓고 있다.

〈승리자 큐피드〉는 카라바조의 전체 작품 중 보기 드문 완전 누드화다. 남자 어린아이의 성기가 정면으로 노출되어 있다. 6~7세 정도의 어린 소년 큐피드가 날개를 단 채, 사랑의 화살을 쥐고 서 있다. 정면을 향해 누드 자세를 취하면서 관람자를 뚫어질 듯 바라보는 시선이 매우 섹슈얼하다.

이 작품을 주문한 빈센초 주스티니아니 후작은 17세기 초반에 활동한 로마의 대표적인 예술품 수집가였으며 헬레니즘 시대의 조각 650점을 소장한 것으로 유명하다. 카라바조가 델 몬테 추기경의 화실에 소속되어 있을 때부터 친분 관계를 유지해왔으며, 〈성 마태와 천사〉 초판의 인수가 거부되었을 때 고가로 작품을 매입했던 강력한 후원자였다.

도판66

〈승리자 큐피드〉, 1601~02(?), 캔버스에 유채, 191×148cm, 베를린 국립미술관 소장.

〈승리자 큐피드〉에는 주문자의 학문적 관심이 반영되어 있다. 바닥에 놓여 있는 악보와 두 개의 악기는 음악에 대한 주스티니아니 후작의 관심이 반영되어 있고, 빛을 받아 반짝이고 있는 검은색 갑옷은 군사적 용맹에 대한 관심을, 큐피드의 오른쪽 허벅지 뒤편에 놓여 있는 천체본은 천문학에 대한 관심을, 왕관은 정치적 영광을, 그리고 바닥에 놓여 있는 기역자형 측량 기구는 기하학에 대한 관심을 상징하는 오브제다.

그런데 〈승리자 큐피드〉에 등장하는 소년은 누구일까? 그 소년의 정체에 대한 학자들의 의견은 분분하다. 이 소년은 〈성 세례 요한〉 초판에 동일한 모습으로 등장할 뿐 아니라 〈성 바울의 회심〉 초판에서 천사로 등장했던 모델과 같은 인물로 추정되고 있다. 또한 〈성 세례 요한〉 초판 이후에 그려진 〈이삭의 제사〉에서 희생 제물로 바쳐지는 이삭으로 등장하며, 일부 전문가들은 〈성 마태의 소명〉에서 등을 돌리고 앉아 있는 소년 또한 동일한 인물이라고 주장한다.

카라바조의 작품에 자주 등장하는 이 소년에 대해 일부 학자들은 카라바조의 화실에서 일하던 조수이자 카라바조의 동성연애 상대자였을 것이라는 견해를 제시한다.[18] 이러한 주장의 근거는 1649~1650년 로마를 방문했던 미술역사학자 리차드 시몬드Richard Symonds에게서 출발한다. 시몬드는 화면에 등장하는 소년의 정체를 연구하고, 그가 '체코Cecco'라는 이름을 가진 카라바조 화실의 개인 사환이었으며 "카라바조와 함께 잠자리에 들었던" 인물이라고 소개했다. 이 체코라는 소년은 줄리오 만치니의 기록에도 등장하는데, 카라바조의 조수 프란체스코Francesco이자 카라바조의 열렬한 추종자였다는 설이 설득력 있게 받아들여지고 있다.[19] 또한 소년이 카라바조의 화실 조수였기 때문에 그의 이후 행적으로 추적하는 작업이 진행되기도 했는데, 일부 학자들은 그 소년이 베르가모를 중심으로 활동했던 프란체스코 부오네리Francesco Buoneri라고 제시하기도 한다.

어쨌든 1601~1603년 사이 카라바조 그림에 자주 등장했던 이 소년은 1604

년부터 갑자기 자취를 감춘다. 이러한 소년의 갑작스런 등장과 퇴장은 카라바조가 동성연애자였다는 소문을 낳았다. 카라바조의 성적인 취향에 대한 학계의 결론이 아직 내려져 있지 않지만, 〈승리자 큐피드〉와 〈성 세례 요한〉 초판을 주문했던 사람들의 종교적 위치나 두 작품이 걸려 있던 장소를 고려할 때, 카라바조가 동성연애자였다는 가설에 의문을 제기하는 학자들 또한 많다.[20] 만약 카라바조가 동성연애자였고 작품에 등장하는 체코가 그의 파트너였다면, 1601년에서 1603년 사이 완성된 작품들은 로마에서 전시될 수 없었을 것이다. 당시 로마의 지도자들은 예술가들의 남색男色과 누드화에 대해 매우 부정적인 시각을 갖고 있었기 때문이다.

1602년에 그린 〈성 세례 요한〉 초판은 치리아코 마테이Ciriaco Mattei(1542~1614) 공작이 주문했다. 카라바조의 강력한 후원자였던 마테이 공작은 로마의 전통적인 귀족 집안 출신으로 두 명의 동생 지롤라모Girolamo(1545~1603), 아스드루바레Asdrubale(1554~1638)와 함께 예술에 깊은 조예를 가지고 있던 인물이다. 1586년 추기경으로 임명된 동생 지롤라모 마테이는 로마 교황청의 실력자이기도 했다. 〈성 세례 요한〉을 주문한 치리아코 마테이는 자신의 저택 정원을 이집트의 오벨리스크로 장식할 만큼 예술에 지대한 관심을 가졌던 인물이며, 카라바조에게 〈엠마오에서의 저녁식사〉 초판과 〈배신당하는 예수 그리스도〉를 주문했던 유력한 후원자였다.

〈성 세례 요한〉 초판이 〈승리자 큐피드〉에 이어서 제작된 것으로 추정되는 이유는 등장 모델이 동일하기 때문이다. 또한 소년으로 묘사된 세례 요한의 나이와 표정, 몸을 뒤튼 자세, 그리고 숫양의 목을 안고 있는 포즈에 대해서 많은 분석이 제시되고 있지만 일치된 견해는 없다. 당시 세례 요한을 묘사하는 작품에 자주 등장하던 갈대 십자가나 광야의 황량한 이미지는 전혀 보이지 않는다. 기존의 전통적인 방식으로 묘사되었던 세례 요한과 달리 카라바조 특유의 방식으로 세

도판67
〈성 세례 요한〉 초판, 1602(?), 캔버스에 유채, 129×95cm, 로마 카피톨리나 미술관 소장.

도판68
〈몬시뇰 마페오 바르베리니의 초상〉, 1598(?),
캔버스에 유채, 124×90cm, 개인 소장품.●

례 요한을 표현했기 때문에, 17세기 초반의 미술평론가들은 이 작품의 등장인물이 세례 요한이 아니라 그리스 신화에 나오는 '목동의 신'이라고 결론내리기도 했다.

〈승리자 큐피드〉와 〈성 세례 요한〉 초판에 등장했던 모델은 다시 〈이삭의 제사〉에서 곤경에 처해 있는 모습으로 등장한다. 이 작품 또한 비슷한 시기에 제작된 것으로 보인다. 이 그림을 주문한 사람은 피렌체 출신의 추기경 마페오 바르베리니Maffeo Barberini(1568~1644)였다. 피렌체 출신으로, 메디치 가문의 로마 대리인이었던 델 몬테 추기경의 주선으로 카라바조와 접촉할 수 있었던 것으로 보인다. 바르베리니는 파리의 대주교로 임명되어 로마를 떠나기 전인 1604년에 카라바조에게 〈이삭의 제사〉를 주문한 것으로 추정된다. 1623년 바르베리니는 교황으로 취임해 우르반 8세Urban VIII의 이름으로 17세기 전반의 가톨릭교회를 이끌었던 인물이다. 진품 여부는 확인되고 있지 않지만 일부 학자들은 〈몬시뇰 마페오 바르베리니의 초상〉이 카라바조의 작품일 가능성이 있다고 주장하고 있다.

〈이삭의 제사〉는 「창세기」 22장 1~19절에 등장하는 이삭의 제사 장면을 긴박하게 묘사하고 있다. 아브라함은 하나님의 계시에 따라 아들 이삭과 함께 제사

● 카라바조의 진품 여부에 대한 학술적 결론이 아직 내려지지 않았다.

도판69

〈이삭의 제사〉, 1603, 캔버스에 유채, 104×135cm, 피렌체 우피치 미술관 소장.

지내기 위해 모리아 산에 오른다. 그러나 희생 제물로 바칠 어린 양에 대해 하나님은 계시하지 않으셨다. 결국 모리아 산 정상에서 아브라함은 어린 양 대신 아들 이삭을 희생 제물로 바치기로 한다. 비정한 아버지는 하나님의 말씀에 순종하기 위해, 오른손에 단검을 들고 왼손으로 아들의 목을 붙잡는다. 이때 화면 왼쪽으로부터 천사가 나타나 아브라함의 제사를 중지시키고 수풀 속에 이미 마련되어 있는 숫양을 보여준다. 작품 속에는 아버지의 신성한 폭력 앞에 노출되어 있는 아들 이삭의 겁에 질린 표정이 유난히 시선을 끈다. 불쌍한 희생 제물이 된 이삭의 시선이 관람자의 시선과 일치되고 있기 때문이다. 겁에 질린 이삭이 살려달라는 눈초리로 관람객을 응시하고 있다. 〈이삭의 제사〉에는 주문자의 롬바르디아 취향이 그대로 드러나고 있다. 특히 카라바조의 그림에서 보기 드문 밝은 풍경이 화면 오른쪽 배경을 차지하고 있다.

　〈성 바울의 회심〉과 〈성 마태와 천사〉의 인수 거부로 쓰디쓴 고배를 마셨던 카라바조가 이후 다소 의기소침해 있던 것도 사실일 것이다. 그 후 작업한 〈승리자 큐피드〉, 〈이삭의 제사〉 등을 보면 다분히 주문자의 취향을 고려해서 그린 흔적이 역력하기 때문이다. 아무리 괴팍하고 난폭한 카라바조라지만, 그 또한 자신을 후원하는 주문자에게서 결코 자유로울 수는 없었다. 당시 예술가들은 모두 후원자의 미적 취향을 고려하면서 그림을 그렸다. 일찍이 미켈란젤로 또한 15세기 말 피렌체에서 막강한 세도를 잡고 있던 메디치 가문의 로렌초 일 마니피코 Lorenzo Il Manipico(1449~1492)의 후원을 받아왔다. 바사리의 저서 『가장 뛰어난 화가, 조각가, 건축가의 생애 Le vite de' piu eccellenti pittori, scultori, e architettori』[21]를 보면 미켈란젤로는 로렌초가 죽을 때까지 4년 동안 로렌초가 머물던 메디치 저택에 머물면서 예술활동을 펼친 것으로 기록되어 있다. 이 당시의 작품 속에서 로렌초의 예술적 취향을 쉽게 발견할 수 있다. 르네상스의 천재 예술가 미켈란젤로도 후원자의 미적 취향에 대해 무관심할 수 없었기 때문이다. 르네상스 예술가들의 전기 작가로 알려져 있는 바사리 또한 16세기 말 메디치 가문의 실세를 쥐고 있던 코시모 1세 Cosimo I de' Medici(1519~1574)의 치적을 쌓는 일에 적극 가담하였고, 그의 저술서와 그림 대부분이 메디치 가문의 코시모 1세와 깊은 관련이 있었다. 코시모 1세는 바사리에게 자신을 신격화하는 천장화 〈코시모 1세의 신격화〉를 그리게 했고, 이 그림에는 우주의 통치자처럼 묘사되어 있는 코시모 1세에게 왕관을 씌워주는 천사의 모습이 담겨 있다. 당시의 예술은 대개가 권력자의 권위와 위엄을 높이는 정치적 선전도구로 사용되었으며, 화가는 그들이 원하는 그림을 그려주는 주종관계를 형성하고 있었다.

도판70
조르조 바사리, 〈코시모 1세의 신격화〉, 1555~65,
피렌체 베키오 궁의 친퀘첸토의 방 천장화.

카라바조 또한 메디치 가문과 인연이 깊은 델 몬테 추기경을 만나면서 배고
픈 무명 시절을 벗어날 수 있었지만, 그의 저택에 머물면서 후원자를 위한 그림
을 많이 그려야 했다. 또한 델 몬테 추기경의 화실에서 빈센초 주스티니아니 후
작과 친분을 맺게 되면서 또 한 사람의 절대적 후원자를 얻게 되었다. 앞서도 언
급했지만 초판 〈성 마태와 천사〉가 성당 측으로부터 인수를 거부당하자, 고맙게
도 빈센초 후작은 카라바조의 작품을 고가로 매입해줄 만큼 고비마다 카라바조
의 후원자들은 그의 예술을 지탱하는 데 없어서는 안 될 원동력으로 작용했다.
그리고 카라바조 또한 화가로서의 명예를 안겨준 그들을 위해 기꺼이 자신의 작
품을 바쳤다. 이러한 구조 속에서 주문자의 눈치를 보며 그들의 구미에 맞는 그
림을 그려야 했던 카라바조의 심정은 어떠했을까.

카라바조의 종교화 속에 거침없이 표현된 폭력미학 또한 그 시대 가톨릭교

회의 반종교개혁적인 시대정신을 담고 있지만, 무엇보다 카라바조는 그 폭력적인 장면 요소요소에 그 시대 권력을 휘두르던 종교인, 귀족 들의 적나라한 모습을 그려 넣고 싶었을 것이다. 또한 시대를 앞섰던 자신의 창의적 예술품에 도리질했던 주문자들에게 칼을 휘두르듯, 강한 붓질로 그들에게 욕설을 퍼붓고 싶었는지 모른다.

〈성 바울의 회심〉과 〈성 마태와 천사〉의 인수가 거부되자 뼈아픈 상처를 받은 카라바조는 이후 묵묵히 주문자가 원하는 그림을 그려주고 있었다. 성당 내부를 장식하는 초대형 제단화를 그리면서 그의 명성은 해를 거듭할수록 드높아갔지만, 로마 초기 종교화에서 중기로 접어들기 시작한 그의 그림에는 더욱 어둠이 짙어만 간다. 이제 로마 중기, 화려한 명성 속에 더욱 어두워져가는 그의 종교화 속에서 고뇌하는 카라바조의 어둠의 빛을 따라가보기로 한다.

제 4 장

로마 중기 종교화

사람들은 카라바조의 작품에서
잔인하고 폭력적인 장면이 지나간 다음에 찾아오는
침묵의 의미를 발견했다.
그 순간이 바로 하나님을 영접하는,
한 줄기 빛을 만나는 순간이었다.
하나님의 은총은 어둠 속에 침묵이라는 이름으로 찾아오고 있었다.
카라바조는 속을 버리지도, 떠나지도 않으면서
가장 성스러운 종교화 전통의 한복판에 서 있었다.

예수의 '구원의 손길'을 짙은 어둠으로 표현하다

카라바조

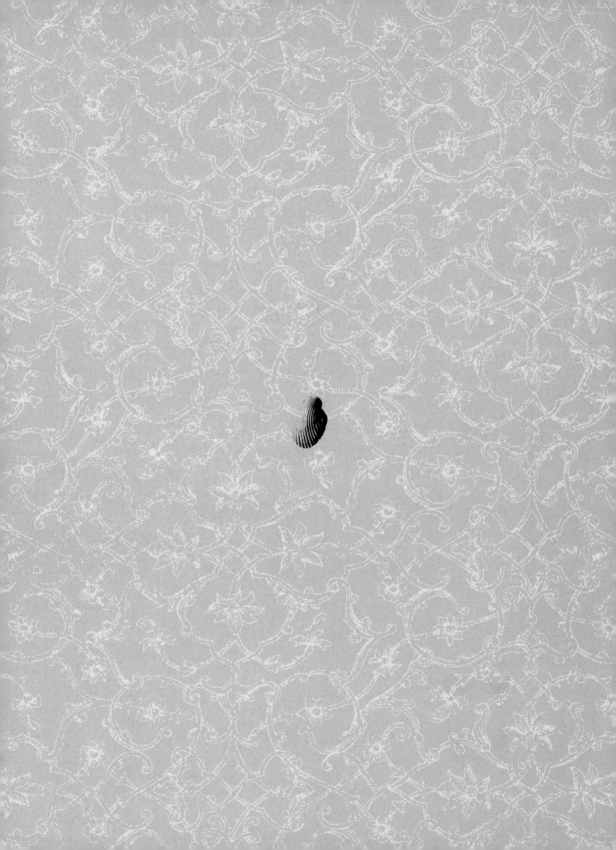

짙은 암흑 속에서
한 줄기 빛으로 임하는 은총을 보여주다

로마 중기 종교화 〈엠마오에서의 저녁식사〉와 〈의심하는 도마〉

〈이삭의 제사〉에서 끔찍한 부자 살해의 장면을 작품 속에 생생히 그려냈던 카라바조는 순결한 성자의 이미지와 살인미학의 오브제를 동시에 사용하면서 화가로서의 명성을 쌓아가고 있었다. 이제 그는 로마의 명사名士가 되어 귀족들이 입는 최상품 옷을 걸치고 거리를 활보하기 시작했다. 당대 최고의 화가답게 부와 명예를 거머쥔 카라바조였지만 그의 괴팍한 성격은 변하지 않았다. 파티나 무도회에 참석할 때를 제외하고는 입고 있던 화려한 의복을 벗는 일이 없었으며, 심지어 잠자리에 들 때도 벗지 않았다. 또한 그림을 그리기 위해 사용했던 천 조각을 식탁보로 그대로 사용할 정도로 일상생활에 무심했다.

그의 즉흥적인 성격과 끊임없는 전통 파괴는 일상생활에서도 반복되었다. 평소 씻기를 싫어하고 입고 있는 옷을 좀처럼 갈아입지 않았던 것처럼 카라바조는 늘 음습하고 불안하기만 했던 로마 뒷골목의 향수를 버리려 하지 않았다. 마치 그 세계에 오래 길들여진 사람처럼 건달들과 함께 로마 뒷골목을 어울려 다녔다. 성스러운 종교화에 속俗의 세계를 표현하고자 했던 그는 현실에서도 늘 속에 천착해 있었다. 그의 '속된 종교화'는 가톨릭교회와 로마의 쇄신이라는 슬로건을 내건 주문자들이 요구하던 성聖의 의미를 충족시켰을 뿐 아니라, 더 나아가서 그들의 속된 의도를 뛰어넘는 성스러운 작품으로 승화되었다. 사람들은 르네상스가 강조하던 장식적인 전통미와 매너리즘이 추구하던 구도상의 우아함이 결여되어 있는 그의 작품을 처음에는 어리둥절해했으며 때론 분노하기도 했다. 그러나 회오리치는 폭풍 뒤에 고요가 찾아오듯, 어떤 사람들은 카라바조의 작품에서 잔인하고 폭력적인 장면이 지나간 다음에 찾아오는 침묵의 의미를 발견했다. 그 순간이 바로 하나님을 영접하는, 한 줄기 빛을 만나는 순간이었다. 하나님의 은총은 그렇게 어둠 속에 침묵이라는 이름으로 찾아오고 있었다. 카라바조는 그렇게 속을 버리지도, 떠나지도 않으면서 가장 성스러운 종교화 전통의 한복판에 서 있었다.

카라바조가 속의 세계에서 거룩함의 미적 표적을 추구했다는 것은 초기 평론가들의 기록에서도 확인할 수 있다. 조반니 벨로리의 기록에 의하면 카라바조는 길거리에 걸어 다니는 사람들, 주위의 이웃들, 속의 세계에 살고 있는 사람들의 일상에 거룩함과 아름다움이 존재함을 역설했다. 한번은 어떤 작품 의뢰인이 카라바조에게 판테온의 설계자이자 그리스 신화 속 인물들의 조각으로 유명한 아테네 출신의 조각가 피디아스Phidias(BC 490?~430)의 조각과 2세기경 그리스에서 태동한 '뱀 신' 글리콘Glykon을 모델로 해 그림을 그려달라고 주문했다. 그러자 카라바조는 지나가는 사람들을 가리키면서 "저 사람들이 모두 나의 스승들이오"라고 말했다고 한다. 작품 의뢰인이 전통적 미의 기준을 그리스 신화에 등장하는 신들에게서 찾고 있을 때, 카라바조는 속의 세계를 오가는 평범한 로마의 이웃들에게서 거룩함과 아름다움의 근원을 찾고 있었던 것이다. 그래서인지 카라바조의 작품 속에서는 상상에 의해 그려진 인물을 찾을 수 없다. 카라바조의 눈에 포착되는 것은 길거리의 거지들, 선술집에서 노름하고 있는 주정뱅이, 물에 빠져 죽은 창녀였으며, 이들은 모두 하나님의 구원의 손길이 필요한 이 세상에서 버려진 사람들이었다. 카라바조에게 길거리에 지나는 모든 사람들이 아름다움과 거룩함의 스승이었다는 말은 결코 지나친 말이 아니었다.

카라바조의 명성이 하늘을 찌르던 1600년대 초반의 로마는 서서히 새로운 도시로 탈바꿈하고 있었다. 종교개혁자들의 신학적 도전을 능동적으로 흡수하면서, 가톨릭교회 내부의 개혁이 가시적인 결과를 낳기 시작했다. 이제 세기말적 불안은 진정 국면으로 접어들었고 로마의 새로운 영적 분위기가 자리 잡기 시작했다.

　　이미 트리엔트 공의회를 통해 새로운 시대를 향한 신학적 점검을 마친 가톨릭교회는 『성서』에 근거한 신앙생활을 강조하며 구원에 대한 하나님의 절대적인 은혜를 주장하던 칼뱅의 신학과 완전한 결별을 선언했다. 가톨릭교회는 트리엔트 공의회에서 자선과 선행을 통해서 하나님을 만나는 것이 여전히 유효한 구원의 길임을 선포했다. 개인적인 신비 체험이나 하나님의 절대적 은혜에 대한 자각이 있다 하더라도 자선과 선행이 동반되지 않으면 그것은 가톨릭교회로부터 구원의 길로 인정받지 못했다. 당시 가톨릭교회는 모험적인 실천주의를 철저히 배격했다. 영성이 없는 신앙행위는 죽은 것이고, 실천이 없는 영성은 공허한 것으로 간주되었다. 결과적으로 가톨릭교회는 자선과 선행을 강조하면서 동시에 그 결과에 대한 종교적 묵상meditation을 요구했던 것이다.

　　로마의 새로운 영적인 분위기는 자선과 묵상을 동시에 추구하던 일단의 수도사들에 의해 로마를 점차 새로운 분위기의 성지聖地로 탈바꿈하고 있었다. 하지만 로마의 삭막하고 황폐한 현실을 외면한 채 거룩한 영성을 좇는 것은 무의미한 일이었다. 당시 로마 거리는 여전히 폭력배들로 들끓었고, 사소한 시비로 패싸움을 하는 다혈질의 청년들을 공개 처형하기도 했다. 또한 일종의 구경거리로 전락한 이단자에 대한 공개 화형 장면도 가뜩이나 대홍수와 기근으로 허덕이는 궁핍한 서민들의 간담을 서늘케 했다. 이와 같은 현실을 직시한 예수회와 카푸친회, 그리고 오라토리오회Oratorium와 같은 평신도 단체 들은 로마의 길거리에서 자선 활동과 종교적 묵상을 동시에 추구했다. 고아와 과부를 돌보고, 병든 자를 치료하며, 죽은 자를 묻어주는 등 거리의 선행이 본격적으로 전개되기 시작한 것이다.

자비와 선행을 전제한 하나님과의 만남을 통해 구원의 길을 추구했던 가톨릭교회의 입장은 로마 중기 시대를 맞고 있는 카라바조의 종교화에도 영향을 끼치게 된다. 여전히 로마의 뒷골목을 서성거렸던 카라바조는 끼니를 때우기 위해 방황하는 거지들, 협잡꾼과 건달, 노름꾼, 호색한 들을 다시 예술의 한복판으로 끌어들였다.

1601년에 그린 것으로 추정되는 〈엠마오에서의 저녁식사〉와 〈의심하는 도마〉, 그리고 비슷한 시기에 그려진 〈배신당하는 예수 그리스도〉는 속에 집착하면서도 동시에 성의 의미를 드러내고자 했던 카라바조의 심중을 잘 대변하는 작품들이다. 1602년 그려진 〈예수 그리스도의 매장〉과 〈성처녀의 죽음 혹은 영면〉에서는 이러한 성과 속의 혼재가 더욱 두드러진다. 카라바조의 로마 중기 성화에 등장하는 모든 작중 인물들은 그와 함께 로마의 길거리를 활보하던 친구들이었다. 이들은 카라바조가 추구하던 테네브리즘에 의해서 상반된 어둠과 빛 사이에 등장하는 긴박한 인물로 표현되어 있다. 어둠 속에 한 줄기 빛으로 다가오는 구원의 손길이 이들에게 바짝 다가가 있다.

〈엠마오에서의 저녁식사〉 초판은 치리아코 마테이 후작이 주문했다. 마테이 후작은 1602년에 그려진 〈성 세례 요한〉 초판의 주문자이기도 하다. 마테이 후작은 〈엠마오에서의 저녁식사〉를 인수하자마자 시피오네 보르게제 추기경에게 매각했기 때문에 오랫동안 이 작품의 주문자가 보르게제 추기경으로 알려져 왔지만, 마테이가 최초의 주문자란 사실이 밝혀졌다. 〈엠마오에서의 저녁식사〉에 등장한 세 사람은 로마의 허드레 식당에서 흔히 볼 수 있는 낡고 초라한 옷차림의 평범한 중년 남자들이다. 일상 속의 성스러움을 추구하던 카라바조의 로마 중기 종교화의 특징이 잘 드러나 있다. 카라바조는 이 당시 로마의 곤고한 일상과 정확한 현실을 종교화로 옮기는 데 몰두하고 있었다. 평범한 사람들을 성자로 변화시키는 작업이 바로 그것이었다.

도판71

〈엠마오에서의 저녁식사〉, 1601(?), 캔버스에 유채, 141×196.2cm, 런던 국립미술관 소장.

    화면 오른쪽에서 두 팔을 벌린 채 놀라움을 표시하고 있는 중년 남자의 가슴에는 조개껍질이 달려 있다. 조개껍질을 단 것은 당시 로마에서 흔히 볼 수 있는 전통적인 성지순례자의 표시였다. 남루해 보이기까지 한 이 세 남자들 사이로, 부활한 예수가 그림 우측 상단에서 내려오는 신비로운 빛을 받으며 실의에 찬 제자들을 위로하고 있다. 평범한 식탁 위에 로마 가정의 저녁상에서 흔히 볼 수 있는 음식이 예수를 중심으로 놓여 있다. 이 음식들은 팔레스타인 지역의 부활절 기간에 수확되는 음식들과는 거리가 멀며, 로마 어디에서든 손쉽게 구할 수 있는 이탈리아 과일과 음식이다. 하얀 식탁보 위로 반사되고 있는 밝은 빛은 이들 네 사람을 감싸고 있는 어둠과 강렬한 대비를 이룬다. 마치 제자들의 비통과 절망을 상징하듯 그들은 사각의 어둠 속에 갇혀 있지만, 부활한 예수의 출현으로 그들에게 새로운 구원의 빛이 다가오고 있음을 표현하고 있다.

〈엠마오에서의 저녁식사〉에서 우리는 중세교회를 장식했던 전통적인 예수의 모습과 다른 예수를 만나게 된다. 수염이 없고 다소 통통한 얼굴의 젊은 청년은 이제 십자가의 고통을 짊어졌던 예수의 모습으로 등장한다. 중세 미술에서 예수의 성스러움을 상징했던 후광도 보이지 않는다. 카라바조의 예수는 자신의 설교에 귀 기울여줄 것을 호소하는 젊은 설교자처럼 진지한 자세로 관람객들을 향해 오른손을 힘차게 내밀고 있다. "그렇게 보고 있지만 말고 그림 속으로 들어오라"고 초대의 손길을 내미는 듯하다. 화면의 오른쪽에서 부활한 예수를 알아보고 놀라는 제자의 왼손 역시 관람자의 손을 금방이라도 잡을 듯 사실적으로 그려져 있다. 카라바조는 〈엠마오에서의 저녁식사〉를 통해서 단순히 부활한 예수를 제자들이 알아보고 감동한 것을 묘사하고 있는 것이 아니라, 그림의 관람자에게 부활한 예수를 알아보고 그가 내밀고 있는 구원의 손길을 좀 잡아보라고 호소하고 있다.

로마 중기 종교화 시대로 접어든 카라바조의 작품은 단순히 감상 차원에 머물러 있지 않다. 지금이라도 당장 그림 속 주인공이 그림 밖으로 튀어나와 관람자에게 손을 내밀 것 같은 한 편의 드라마를 연상시킨다. 그의 그림은 마치 잘 짜인 한 편의 명설교문을 떠올리게 한다. 사람들은 르네상스의 거장들이 남긴 작품 앞에서 감동했지만, 카라바조의 그림 앞에서는 더 이상 자신의 신앙에 회의하지 않겠다는 듯 두 주먹을 불끈 쥐고 신앙의 각오를 새롭게 했을 것이다.

카라바조의 그림은 결코 관람자를 소외시키지 않는다. 그의 작품에는 관람자를 빨아들이는 놀라운 힘이 내재되어 있다. 칠흑처럼 캄캄한 어둠이 바로 카라바조 그림이 지닌 흡입력의 원천이다. 르네상스 거장이자 베네치아 화풍의 대표라고 할 수 있는 티치아노의 〈엠마오에서의 저녁식사〉와 비교해보면, 카라바조의 예술적 특징이 무엇인지 확연히 알 수 있다. 티치아노 그림의 무대는 아늑한

전원 풍경을 뒤로한 어느 고급 저택이다. 부활하신 예수는 근엄한 표정으로 반듯하게 놓여 있는 식탁 앞에 앉아 있다. 예수의 말을 경청하고 있던 사제는 기도하는 자세를 취한다. 예수의 거룩한 이미지는 화면 중앙을 차지하고 있는 위치와 주변의 장식미로 강화되고 있다. 지극히 종교적이다. 이에 비해 카라바조의 〈엠마오에서의 저녁식사〉는 얼마나 사실적인가.

　〈엠마오에서의 저녁식사〉를 감상하는 또 다른 재미도 있다. '지나칠 정도로 극사실주의적'인 그림을 그렸던 카라바조도 때론 실수를 한다는 점이다. 우리 같은 평범한 사람들은 더러 위대한 화가의 실수를 발견하면서 안도의 한숨을 내쉬기도 하는데, 그렇다면 〈엠마오에서의 저녁식사〉에서 발견할 수 있는 카라바조의 실수는 어떤 것일까? 그림을 자세히 살펴보면 화면 오른쪽에 등장하는 제자

도판73

〈의심하는 도마〉, 1602~03(?), 캔버스에 유채, 107×146cm, 포츠담 상수시 궁전 소장.

의 오른손이 필요 이상으로 크게 그려져 있음을 발견할 수 있다. 원근법의 비례 원칙에 어긋나는 것이다. 또한 화면 왼쪽에 서 있는 여관 주인의 왼손도 너무 크게 그려져 있다. 원근법의 원칙이 무시된 카라바조의 이 같은 실수에 대해서 17세기 이후 많은 평론가들은 비판적인 사족을 달고 있다.

　한편 〈엠마오에서의 저녁식사〉에서 보이던 세 사람은 다시 〈의심하는 도마〉에 그 모습을 드러낸다. 여전히 무식하고 천박해 보이는 사람들이 호기심 어린 눈으로 부활한 예수의 상처를 살피고 있다. 부활의 실체를 의심하던 제자 도마는 "당신이 진짜 그 십자가에 못 박혀 죽은 예수인가요?"라고 물으면서 예수의 상처를 더 깊이 찌르고 있는 모습이다. 그 순간 고통스러운 듯 예수가 도마의 팔을 붙잡는다. 이를 지켜보는 관람객들은 숨을 죽일 수밖에 없다. 십자가의 고통과 부활을 의심하던 자신의 모습이 카라바조의 그림 속에서 상처를 찌르고 있는 의심 많은 도마로 표현되고 있기 때문이다.

어둠 속에서 구원의 빛이 〈의심하는 도마〉 상단 오른쪽으로부터 상처 입은 예수의 몸 위로 쏟아지고 있다. 작품 중앙의 예수를 둘러싼 세 사람의 모습은 마치 길거리의 동냥꾼을 연상시킨다. 이들은 곤고한 일상의 반복에 지친 듯, 부활한 예수와 함께 머리를 맞대고 자신의 고통과 십자가의 고통을 비교해보고 있는 모습이다.

도판74
치마 다 코넬리아노, 〈의심하는 도마〉, 1505,
캔버스에 유채, 215×151cm,
베네치아 아카데미아 미술관 소장.

여기서 1500년 초에 활동한 조반니 바티스타 치마 다 코넬리아노 Giovanni Battista Cima da Conegliano(1459~1517)가 그린 같은 주제의 그림과 비교해보면 카라바조의 그림에 등장하는 인물들이 얼마나 사실적으로 묘사되어 있는지 확인할 수 있다. 치마 다 코넬리아노의 〈의심하는 도마〉에는 일단 어둠이 존재하지 않는다. 대리석 같은 흰 피부에 흰색 천을 두르고 있는 예수는 반나체로 등장하는데, 마치 로마의 조각상을 연상시킨다. 도마의 손이 자신의 오른쪽 가슴을 찌르고 있는데도 예수는 아무렇지 않은 듯 거룩하고 초연한 표정을 짓고 있다. 그 어디에도 의심하는 도마의 조급증이나 예수의 고통스런 흔적은 보이지 않는다.

그러나 카라바조의 도마는 다르다. 정말로 예수의 부활을 믿지 못하겠다는 듯 두 눈을 부릅뜨고 상처를 면밀히 살펴보고 있다. 그리고 초라한 옷차림의 예수는 그렇게 깊이 찌르면 너무 아프다는 듯 고통스러운 표정을 지으며 도마의 손을 붙들고 있다. 마치 "너희들이 직접 만져보라"고 하는 것처럼 카라바조는 의심 많은 도마의 시선을 관람객의 시선과 일치시킨다. 하나님은 저 멀리 있는 것이 아니라 우리 가까이에서 상처받은 모습으로 다가와 있음을 손으로, 눈으로 직접 확인시켜주고 있는 것이다.

카라바조의 〈의심하는 도마〉는 단순히 부활의 기적을 믿지 않는 세상 사람들의 나약한 믿음을 비판하는 데 머물러 있지 않다. 카라바조는 의심하는 사람들, 비천한 사람들의 나약한 믿음을 어둠으로 상징화하면서 동시에 그들의 나약한 믿음을 극복할 수 있는 구원의 길을 제시하고 있다. 그 구원의 길은 오로지 예수 그리스도에게 쏟아지고 있는 은혜의 빛줄기에 있다고 말이다. 카라바조의 그림 〈의심하는 도마〉는 바로 '빛을 통한 구원의 계시 Revelation of Salvation in Light'를 상징적으로 드러내고 있는 것이다.

한편 1657년 로마에서 활동하던 아마추어 화가이자 의사, 그리고 미술이론가이던 프란체스코 스카넬리 Francesco Scannelli(1616~1663)는 〈의심하는 도마〉가 루도비시 Ludovisi 가문의 저택에 소장되어 있다는 기록을 남겼다. 이때 루도비시 가문의 저택이란 카시노 본콤파니 루도비시를 말하는데, 사실 이 건물은 1596년부터 실질적으로 델 몬테 추기경의 소유였으므로, 결국 카라바조의 〈의심하는 도마〉는 델 몬테 추기경의 소유로 보인다.

최초이자 최후의 천장화가 탄생하다

프레스코 화법이 아닌 유화 물감으로 그린 천장화
〈주피터, 넵튠, 그리고 플루토〉

델 몬테 추기경의 저택에 머물러 있던 카라바조는 1596년 델 몬테 추기경
이 루도비시 가문의 저택을 매입하면서 새 저택의 서재 천장을 장식하는 일을 맡
게 되었고, 실제 작업은 1599년에 이루어졌다. 그것은 만만한 작업이 아니었다.
지금까지 한번도 시도해본 적 없는 천장 벽화Mural painting로 델 몬테 추기경의 서
재를 장식해야 했기 때문이다. 당시 로마의 귀족들이나 교회의 지도자들은 자신
의 서재를 단순한 공부방이 아닌 귀빈 접견실로 사용하고 있었다. 따라서 서재는
주인의 학문적 관심이나 정치적 역량을 과시할 수 있는 공간이었다. 명작을 걸어
놓거나 최신 작품을 전시함으로써 자신의 정치적 위치와 경제 능력을 드러내고
자 했던 동시대 귀족들의 취향에 따라, 카라바조는 잠시 종교화의 영역에서 탈피
해 신화를 주제로 한 최초이자 최후의 천장 벽화를 그리게 된다.

루도비시 저택의 서재 천장 벽화로 그려진 〈주피터, 넵튠, 그리고 플루토〉는
카라바조가 남긴 유일한 천장 벽화로 유명하다. 요즘도 여행 책자를 보면 로마
를 방문했을 때 빼놓지 말아야 할 관광 명소로 루도비시 저택을 꼽고 있다. 그러
나 루도비시 저택은 일반 관광객들이 쉽게 입장할 수 없고 카라바조의 작품도 건
물의 현 소유주가 동의하지 않으면 관람할 수 없다. 가운데의 회색빛 지구를 중

도판75
〈주피터, 넵튠, 그리고 플루토〉, 1599~1600(?),
석고에 유채, 300×180cm, 로마 카시노 본콤파니 루도비시 소장.

심으로 흰색 천에 둘러싸여 있는 '하늘의 신' 주피터가 독수리를 타고 내려오고 있고, 반대편에서는 '바다의 신' 넵튠이 해마海馬의 목을 잡고 서 있다. 그 옆으로 '하계下界의 왕' 플루토가 그의 애완견 체르베루스Cerberus와 함께 있다. 일부 학자들은 세 명의 그리스 신 가운데 얼굴에 수염을 기른 넵튠의 모습과 카라바조의 얼굴이 흡사하다고 지적하기도 한다.

아마추어 과학자였을 뿐 아니라 갈릴레오와 같은 당대 이탈리아 과학자들과 교류하며 이들의 연구를 지원했던 델 몬테 추기경은 그리스 신화의 신들을 등장시키면서 천문학과 지질학, 그리고 연금술에 대한 자신의 관심을 드러내고자 했다. 주피터와 넵튠과 플루토는 천체의 구성을 설명하는 도구인 동시에 각각 공기, 물, 그리고 대지를 뜻하는 만물의 근원이다. 카라바조는 주문자의 기호와 관심에 따라 제작의 구도와 주제가 결정되었던 16세기의 시대 사조와 작품 경향을 그대로 반영해 작품을 완성했다.

하지만 카라바조는 당시 천장 벽화에 보편적으로 쓰이던 프레스코 기법을 사용하지 않고 천장에 직접 채색을 가하는 유화 기법을 사용해 또 한번 로마 화단에 화제를 뿌린다. 카라바조가 그리스·로마 신화에 문외한이고 프레스코 기법을 사용하지 않았기 때문에, 초기의 평론가들은 이후 델 몬테 추기경과 카라바조가 불편한 관계가 되었다는 기록을 남겼다. 벨로리의 17세기 기록에 의하면 카라바조는 작품을 주문했던 델 몬테 추기경으로부터 주피터, 넵튠, 플루토 등의 "별들에 대해 전혀 아는 것이 없다"는 꾸지람을 들었다고 한다. 벨로리는 카라바조의 유일한 천장 벽화를 두고 "신들은 적절하게 그려지지 않았고, 지붕 회랑에 오일로 그린 그림으로 그려지는 이상한 일이 일어났다"는 부정적인 평가를 내렸다.[1] 17세기 평론가들은 카라바조의 예술성에 부정적인 평가를 내리며 언제나 그의 작품을 홀대했다. 벨로리도 예외는 아니었다.

〈예수 그리스도의 매장〉으로
제단화의 새 시대를 열다

자기 얼굴을 그려 넣음으로써 '자의식'을 표현한 〈배신당하는 예수 그리스도〉

카라바조의 작품 중 그의 '자의식'이 잘 나타나 있는 작품이 있다. 바로 카라바조의 로마 중기 성화에 속하는 걸작 〈배신당하는 예수 그리스도〉다. 이 작품은 치리아코 마테이 후작의 주문 작품으로, 1603년 작품을 완성한 카라바조가 주문자로부터 125스쿠디scudi를 지불받았다는 기록이 발견되면서 카라바조의 진품임이 밝혀졌다. 이 작품의 위치가 확인된 것도 오래되지 않았다. 1990년 아일랜드의 수도 더블린에서 기록으로만 남아 있던 작품이 발견된 것이다.

카라바조가 잠시 조수로 활동했던 주세페 체사리도 같은 제목의 그림을 1596년 혹은 1597년에 그렸다. 체사리의 그림에는 매너리즘 특유의 다소 과장된 남성들의 근육질 몸매와 상황에 어울리지 않는 누드가 등장한다. 카라바조는 자신의 고용주였으며 동시에 라이벌이었던 체사리의 그림과 완전히 대비되는 〈배신당하는 예수 그리스도〉를 그림으로써 체사리와의 차별화를 시도하고 있다. 그는 체사리가 시도했던 빛과 어둠의 대비를 받아들이면서도, 화면을 더욱 압축적으로 구성하고 등장인물의 긴박한 표정을 생동감 있게 살려냄으로써 작품의 긴장감을 높인 것이다.

〈배신당하는 예수 그리스도〉에서 예수는 자신의 결연한 의지를 드러내듯,

도판76

〈배신당하는 예수 그리스도〉, 1602~03, 캔버스에 유채, 133.5×169.5cm, 더블린 아일랜드 국립미술관 소장.

양손을 깍지 낀 채 의연히 버티고 서 있다. 예수께 가증스런 입맞춤을 하는 가롯 유다는 〈의심하는 도마〉에 등장해 예수의 상처를 손가락으로 찔러보던 도마와 같은 모델이 맡았다. 칠흑 같은 어둠 속에서 예수를 배반하는 가롯 유다의 모습이 흉물스럽게 다가온다. 무자비한 무력을 상징하는 두 명의 로마 군사가 폭압적인 장면을 더욱 현실감 있게 만들고 있으며, 로마 군사의 검은 갑옷은 어둠 속에서 반짝이고 있다. 화면 왼쪽 상단에 등장하는 제자로 보이는 인물은 배반과 체포의 현장에서 등을 돌려 황급히 도주하려는 모습이다. 어둠 속의 배반, 그 가슴 아픈 순간의 비열함을 카라바조는 화면에 가득 찬 사람들의 각기 다른 표정을 통

도판77
작자 미상, 〈카라바조의 초상〉, 캔버스에 유채,
80×50cm, 몰타 콜레지오네 교회 소장.

해 정확히 포착하고 있다.

그리고 가롯 유다가 어둠 속에서 배신의 입맞춤을 시도하고 있을 때, 화면의 오른쪽에서 등불을 치켜들고 이를 지켜보는 이가 있다. 그가 바로 카라바조다. "가롯 유다, 지금 무슨 짓을 하고 있는 거지?" 하며 안타까운 표정으로 다그치고 있는 듯하다. 〈성 마태의 순교〉에서처럼 자신의 얼굴을 화면에 그려 넣어 작품의 주제에 대한 자신의 생각을 은밀히 드러내고 있다. 일종의 자의식의 표현이다.

카라바조는 어둠 속에서 등불을 들고 있는 사람이다. 죄악으로 가득 찬 어두운 세상, 암흑과 같은 그 시대에 카라바조는 등불을 들고 빛을 찾아 헤매고 있었다. 그는 배신의 입맞춤을 묵묵히 견디고 있는 예수 그리스도에게 쏟아지는 신비의 빛에서 '구원의 계시'를 찾아낸다. 불량배들과 함께 로마의 어두운 밤거리를 배회하면서도 언젠가 죄악으로 가득한 자신의 본성에 구원의 빛이 비춰지길 바라면서 자신의 모습을 〈배신당하는 예수 그리스도〉에 그려 넣은 것이다. 또한 비탄에 젖어 있는 자신의 모습을 화면에 개입시킴으로써 자신이 누구인지, 무얼 하고 있는지, 즉 자신의 정체성을 묻는 표정을 진지하게 담아내고 있다.

1602년 후반 카라바조는 또 하나의 대형 제단화를 완성한다. 그 작품은 〈예수 그리스도의 매장〉으로, 발리첼라의 산타 마리아 인 발리첼라Santa Maria in Vallicella 성당 정면에 걸릴 대형 제단화였다. 현재 키에사 누오바로 불리는 이 성당은 이

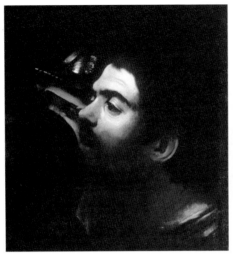

도판78
〈배신당하는 예수 그리스도〉 일부.

도판79
〈성 마태의 순교〉 일부.

미 17세기부터 로마의 중심부에서 가톨릭교회의 새로운 영적 분위기를 대표하는 성당이었다.

1577년 교황 그레고리 13세Gregory XIII(1502~1585)는 성 필립 네리St. Philip Neri(1515~1595)가 창립한 오라토리오 수도회에 이 성당을 헌정했다. 성 필립 네리는 1577년부터 이 성당을 중심으로 활동하기 시작했고, 이때부터 이 성당은 로마의 종교적 명소로 자리 잡기 시작했다.[2] 피렌체 출신의 성자 필립 네리는 이냐시오 로욜라와 함께 16세기 후반 가톨릭 개혁의 상징적인 인물이었다. 당시 네리는 사제 중심의 형식주의에 빠져 있던 가톨릭교회의 분위기를 쇄신하고자, 평신도들에게 감화를 줄 수 있는 감동적인 설교에 주력했다. 더불어 희생적인 선행과 자선을 베풀어 많은 사람들의 존경을 받고 있었다. 성 필립 네리의 정신이 깃들어 있는 키에사 누오바에 당시 최고의 명성을 누리고 있던 카라바조의 작품이 걸리는 것은 어쩌면 당연한 일이었다. 카라바조는 1595년 임종한 오라토리오 수도

〈예수 그리스도의 매장〉, 1602, 캔버스에 유채, 300×203cm, 로마 바티칸 미술관 소장.

빌라도에게 가서 예수의 시체를 달라 하니
이에 빌라도가 내주라 명령하거늘
요셉이 시체를 가져다가 깨끗한 세마포로 싸서
바위 속에 판 자기 새 무덤에 넣어두고
큰 돌을 굴려 무덤 문에 놓고 가니
거기 막달라 마리아와 다른 마리아가
무덤을 향하여 앉았더라.

「마태복음」 27장 58~61절

회의 창립자 필립 네리의 영성을 대변할 수 있는 대작을 이 성당에 남긴 것이다.

캄캄한 어둠이 화면 전체를 감싸고 있다. 십자가에 못 박히는 죽음의 고통을 치른 예수를 무덤에 매장하는 순간이다. 요셉이 빌라도 총독으로부터 인수받은 예수의 사체를 세마포에 싸서 돌무덤에 매장하는 순간의 엄숙한 분위기가 화면 전체를 지배한다.

예수의 식어가는 육체를 바라보며 비통해하고 있는 사람들 사이로, 화면 오른쪽 위에서부터 신비로운 한 줄기 빛이 쏟아지고 있다. 그 빛은 예수의 시신 위에서 신비롭게 빛난다. 그 신비의 빛을 중심으로 좌우가 대칭을 이루듯, 화면 오른쪽에 배치되어 있는 한 여인이 두 손을 들어 올린 채 예수의 죽음을 애통해하고 있다. 여기서도 카라바조의 테네브리즘 기법이 효과적으로 살아나며 화면의 긴장감을 고조시키고 있다.

〈예수 그리스도의 매장〉은 카라바조가 살아생전 그린 작품 중에서 초대형화에 속하는 그림 중 하나다. 동시에 가장 전통적인 방식으로 성화의 구도를 보여준 작품이다. 카라바조는 〈예수 그리스도의 매장〉을 통해 예수의 성스러운 죽음의 순간을 평범하고 가난한 로마 사람들의 시각에서 이야기하고 있다. 이 그림은 원래 주문자였던 오라토리오 수도회뿐만 아니라 당시 로마의 많은 종교지도자들로부터 카라바조의 작품 중 최고 걸작이라는 칭송을 받았다.

그러나 카라바조의 〈예수 그리스도의 매장〉 중 유난히 묘석墓石이 거대하게 표현되었다는 점에 주목할 필요가 있다. 앞서도 잠시 언급했지만, 교황 그레고리 13세는 선행과 자선을 통해 당시 로마 사람들로부터 존경을 받고 있던 오라토리오 수도회의 창립자 성 필립 네리를 위해 키에사 누오바 성당을 헌정했다. 새로운 가톨릭교회의 재건을 꿈꾸던 교황은 성 필립 네리의 사역에서 그 가능성을 발견했다. 오라토리오 수도회가 추구하던 것과 같은 경건한 신앙과 섬기는 자의 헌신 위에 교회는 재건되어야 했다.

그리고 새로운 교회의 기초와 정신을 제시했던 성 필립 네리가 임종하자, 카라바조에게 종교적 임무가 주어진다. 예수의 죽음과 성 필립 네리의 죽음이 오버랩되면서, 진정한 교회의 기초가 무엇인지에 대해 카라바조는 미술적으로 표현해내고 있다.

예수를 매장하기에는 지나치게 큰 묘석, 그 거대한 묘석을 기초로 다섯 사람들이 몰려 있다는 점에서 앞으로 오라토리오 수도회와 성

도판81
미켈란젤로, 〈피에타〉, 1498~99, 대리석, 높이 174cm,
로마 성 베드로 대성당 소장.

필립 네리의 정신이 새로운 교회의 초석이 되어야 한다는 상징적 의미를 담고 있는 것이다. 이 작품이 키에사 누오바 성당의 제단화로 그려졌다는 점에서 새로운 영적 분위기를 조성하려는 가톨릭교회의 종교적 의도를 반영하고 있음은 부인할 수 없는 사실이다.

이러한 〈예수 그리스도의 매장〉의 탁월함에 수많은 사람이 매료되었다. 나폴레옹 또한 이 작품에 매료되어 1797년 파리로 가져갔고, 1815년이 되어서야 다시 로마의 키에사 누오바 성당으로 되돌려질 수 있었다. 사실 이 명작은 제작 초기부터 로마 미술 애호가들의 주목을 받았다. 일부 초기의 미술평론가들은 〈예수 그리스도의 매장〉이 미켈란젤로의 영향을 받았다고 생각했다. 카라바조가 〈예수 그리스도의 매장〉에서 표현한 예수가 미켈란젤로의 〈피에타〉에서 성모 마리아의 품에 안겨 있는 예수의 시신 모습과 비슷해 보였기 때문이다.

그러나 모방과 창조의 엄격한 경계선을 어떻게 가늠할 수 있을까. 모방은 새

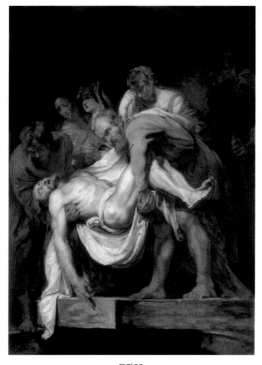

로운 창조의 원천이듯, 카라바조의 작품 또한 후대의 미술가들에게 지대한 영향을 미쳤다. 카라바조의 테네브리즘을 계승한 루벤스 역시 카라바조의 작품 〈예수 그리스도의 매장〉을 그대로 본뜬 모작을 남기기도 했다. 카라바조의 작품에 등장하는 두 팔 벌린 여인이 생략되었지만.

키에사 누오바 성당의 대형 제단화 〈예수 그리스도의 매장〉은 인수를 거부당한 〈성 바울의 회심〉과 〈성 마태와 천사〉로 인해 자존심에 커다란 상처를 입었던 카라바조에게 더없는 위로와 용기를 주었다.

〈성처녀의 죽음 혹은 영면〉으로
끝없이 추락하다
성공 뒤에 찾아온 카라바조의 좌절

그런데 다시 카라바조에게 위기가 닥친다. 그의 일생에서 일어난 어쩌면 가장 심각한 실패로 인해 그의 명성이 끝없이 추락하게 된 것이다. 〈예수 그리스도의 매장〉으로 카라바조는 미켈란젤로에 버금가는 화가로 인정받게 되지만, 그의 격상된 위치는 오래가지 못했다. 그의 다음 작품이 인수를 거부당했을 뿐 아니라 카라바조의 인간됨에 대한 주위 사람들의 분노가 극에 달했기 때문이다.

당시 로마의 대표적 법률가이자 역사가였던 라에르조 케루비니 Laerzio Cherubini(1556?~1626)는 새로 건립된 가르멜 수도회에 소속된 산타 마리아 델라 스카라 성당 정면에 걸릴 대형 제단화를 카라바조에게 주문했다. 당시의 관행대로 주문자는 화가에게 작품의 주제를 계약 조건에 명시했다. 케루비니는 가르멜 수도회의 영성에 걸맞는 성모 마리아의 죽음이나 영면永眠 장면을 그려달라는 조건을 내걸었다.

〈예수 그리스도의 매장〉이 걸려 있는 키에사 누오바 성당과 달리, 산타 마리아 델라 스카라 성당은 로마의 빈민층들이 주로 거주하는 외진 지역에 위치해 있었다. 교황 클레멘트 8세로부터 '맨발의 가르멜 Discalced Carmelites' 수도회의 주 성당을 건축하라는 지시를 받은 케루비니는 가르멜 수도회의 영성을 드러낼 수 있는 대작이 성전 제단화로 걸리기를 고대하고 있었다.

맨발의 가르멜 수도회의 기원은 13세기 이스라엘의 가르멜 산 수도원으로 거슬러 올라간다. 십자군이나 성지순례자 출신의 은둔 수도자들은 예루살렘 성지의 가르멜 산에서 성모 마리아를 수호성자로 모시면서 수도회를 구축한다. 이들은 1206년부터 1214년 사이에 완성된 예루살렘의 성 알베르St. Albert of Jerusalem의 '수도 회칙'을 공식적으로 채택하면서 본격적인 수도회 활동을 시작했다. 이 은둔 수도회는 16세기 스페인의 가르멜 수녀였던 아빌라의 성 테레사와 십자가의 성 요한St. John of the Cross에 의해 맨발의 가르멜 수도회로 발전한다. 스페인 신비주의에 절대적인 영향을 받은 이 수도회는 예수 그리스도에 대한 철저한 순종을 강조하면서 성모 마리아를 신앙의 절대적 모델로 삼고 있었다. 가르멜 수도사들에게 성모 마리아는 기도와 부정否定을 통한 자기 성찰의 모델model of prayer and self-denial이었다. 그러나 카라바조가 로마의 맨발의 가르멜 수도회를 위해 그린 작품 〈성처녀의 죽음 혹은 영면〉은 주문자들을 격분시킬 만한 충격적인 내용을 담고 있었다.

격동의 16세기 동안, 가톨릭교회의 신학자들과 개신교 종교개혁자들은 성모 마리아의 신성神性과 인성人性의 문제를 놓고 첨예하게 대립하고 있었다. 중부 유럽의 개신교 종교개혁자들은 성모 마리아의 신성에 대해 매우 부정적이었다. 성모 마리아는 예수의 탄생이나 신성과 아무런 연관이 없으며, 특히 성모 마리아가 죄를 사해 주기 위해 중보자의 역할을 한다는 가톨릭교회의 교리를 반대했다. 『성서』어디에도 그런 언급이 없기 때문이란 것이 종교개혁자들의 논거였다. 16세기 말 가톨릭교회는 이러한 종교개혁자들의 신학적 도전을 정면으로 반박하지 않았다. 오히려 동시대의 가톨릭 신학자들은 어느 정도 유화적인 신학적 타협을 시도하면서, 중세 시대보다 좀 더 적극적으로 성모 마리아의 인성을 강조하고 있었다. 희생과 자기 성찰의 대표적 상징으로, 성모 마리아를 보다 인간적인 모습으로 그리고 있었던 것이다. 슬픔에 잠겨 눈물을 흘리고 있는 성모 마리아의 표정이나, 아들의 찢겨진 육체를 보듬고 있는 미켈란젤로의 〈피에타〉가 대표적인 16세기 가톨릭교회의 마리아관이다.

카라바조는 성모 마리아에 대한 16세기 후반 가톨릭교회의 신학적 입장을 충분히 이해한 것으로 보인다. 그러나 그는 동시대의 신학적 해석보다 한 걸음 더 나아갔다. '성처녀의 죽음'은 카라바조에게 평범한 여인의 죽음과 조금도 다르지 않았다. 그는 작품에서 무엄하게도 성모 마리아의 마지막 모습에 대한 성스러운 신비감을 과감하게 생략했을 뿐 아니라, 오히려 극단적으로 성모 마리아의 인성을 강조했다. 카라바조의 작품에서 죽은 시체로 표현되고 있는 성모 마리아는 지상에서 고귀한 생을 마감하는 순간 천군천사의 노래도, 하늘을 향해 솟아오르는 기적도 경험하지 못하는 평범한 여인의 모습이다. 안니바레 카라치가 그린 산타 마리아 델 포폴로 성당의 제단화 〈성모 마리아의 승천〉(136쪽)과 비교해보라. 카라바조의 〈성처녀의 죽음 혹은 영면〉은 성모에 대한 '신성모독'이었다!

〈성처녀의 죽음 혹은 영면〉에 등장하는 여인이 성모 마리아란 사실은 시신을 중심으로, 비통에 잠겨 있는 제자들의 암울한 모습을 통해서 겨우 알 수 있을 정도다. 그녀의 머리는 단정치 않고 헝클어져 있으며, 죽음의 침상 아래에는 시신을 씻기 위해 준비된 물그릇 앞에 막달라 마리아로 보이는 여인이 고개를 숙이고 울고 있다. 여기에는 마리아 묘사와 연관된 종교적 신비감이나 초자연적 현상을 설명하는 어떤 장치도 마련되어 있지 않다. 그저 평범한 한 여인의 초라한 죽음만이 덤덤히 묘사되어 있을 뿐이다. 다만 그 죽음의 쓸쓸함과 평범함을 향해 한 줄기 빛이 화면의 왼쪽 위에서부터 쏟아지고 있다. 그 빛은 죽은 여인의 창백한 얼굴을 비추고 있으니, 이것이 성모 마리아의 성스러움을 나타내기 위한 유일한 오브제일 뿐이다. 더욱 충격적인 것은, 죽은 성모 마리아를 그리기 위해 카라바조는 물에 빠져 자살한 로마 매춘부의 시체를 이용했다는 점이다. 게다가 그녀는 자살

도판83
〈성처녀의 죽음 혹은 영면〉, 1601~03(?), 캔버스에 유채, 369×245cm, 파리 루브르 박물관 소장.

할 당시 배 속에 아이를 배고 있었다고 한다. 비교적 초기에 카라바조에 대한 기록을 남긴 만치니는 그 여인이 카라바조의 애인이었을 가능성까지 시사하고 있다.[3]

〈성처녀의 죽음 혹은 영면〉은 수많은 로마의 종교 지도자를 격노케 했다. 로마의 가톨릭교회 지도자들은 카라바조가 과연 성화를 그릴 수 있는 기본 덕목을 갖추고 있는 사람인지 의심하는 데 그치지 않고 급기야 그의 기독교 신앙 자체를 의심할 지경에 이르렀다. 끊임없이 제기되는 후대의 부정적인 평가는 이 작품이 완성되었을 때 맨발의 가르멜 수도회 측이 받았던 충격과는 비교할 수 없다. 카라바조의 작품이 산타 마리아 델라 스카라 성당에 전시되기가 무섭게, 가르멜 수도회의 책임자들은 이 그림에 분노하며 당장 철거할 것을 명했다. 감히 자신들의 수호성자였던 성모 마리아를 모독한 카라바조를 다시 기억하고 싶지 않았던 수도회는 작품을 즉각 철거하고, 카를로 사라체니Carlo Saraceni(1579~1620)의 그림으로 신속히 대체했다.

철거된 작품은 이후에도 우여곡절을 겪는다. 로마에 체류 중이던 루벤스가 〈성처녀의 죽음 혹은 영면〉이 명작임을 먼저 알아보고 자신의 후원자인 만투아 공작Duke of Mantua에게 구입을 권유하기도 했지만, 이 작품은 결국 영국의 찰스 1세의 손을 거쳐 프랑스의 루이 14세에게 매각되었다. 이렇게 해서 카라바조의 로마 중기 성화 중 가장 심각한 논쟁을 일으켰던 〈성처녀의 죽음 혹은 영면〉은 현재 프랑스의 루브르 박술관에 소장되어 있다.

과연 루벤스는 이 작품을 처음 접한 순간 무슨 생각을 했을까. 일단 한 여인의 죽음을 옆에서 생생히 목격하는 느낌이 들었을지 모른다. 물에 빠져 죽은 이름 모를 여인의 슬픔과 한이 그림 속에 제대로 담겨 있다면, 그것은 성모 마리아의 '종교적' 죽음을 거론하지 않더라도 예술적 가치가 있기 때문이다. 일단 종교적 의미를 떠나서 작품 속의 예술세계로 들어가보자. 카라바조에게 그 여인의 죽음은 어떤 예술적 모티브로 작용했을까?

성스러움, 즉 한 줄기 은총의 빛줄기는 크고 화려한 산타 마리아 델라 스카라 성당이나 델 몬테 추기경과 같은 실력자의 화려한 서재에 임하는 것이 아니라 로마의 밤거리를 서성이는 매춘부들에게도 임할 수 있다는 것을 알리기 위해 카라바조가 그 여인을 선택했을 가능성이 있다. 그렇다면 그는 화가인 동시에 진정한 구도자다. "가련한 이 여인에게 구원의 빛을 내리소서!"라고 작품을 통해 기도했다면, 그는 아마 이 세상 어떤 신학자보다 더 철저하게 신앙적이며 동시에 신학적일 수 있었다. 카라바조는 과연 예술작품 이상의 종교적 가치를 추구하는 구도자였는가?

그러나 또 다른 가능성도 있다. 난폭하고 비정한 성격의 소유자였던 카라바조가 그 여인의 죽음을 예술적 도구로만 사용했을 경우이다. 한 여인의 비극을 단순히 자신의 예술적 사실주의를 추구하기 위해, 아니 잔인한 악취미를 충족하기 위해 이용한 것은 아니었을까. 이를테면 주문자의 요구를 충족시키는 하나의 감동적인 예술작품을 탄생시키기 위해서 한 여인의 죽음을, 그것도 물에 퉁퉁 불은 익사체를 종교화 안으로 끌어들였다면 그것은 그 여인의 죽음을 매도한, 일종의 구원의 파괴행위가 아니었을까 생각해볼 수 있다.

과연 예술은 '인간의 구원'을 추구하는 종교 정신을 얼마나 대변할 수 있을까…. 카라바조의 〈성처녀의 죽음 혹은 영면〉은 우리에게 진지한 사색을 요구한다. 우리는 그의 그림을 통해 예술이란, 나약한 인간이 궁극적으로 추구하는 '구원의 길'이라는 종교적 의미를 절대적으로 표현하지 못할 경우 그 시대의 시류를 좇는 종교 표현의 수단으로 전락하거나, 한 시대의 미미한 시각적 표현에 머물 수밖에 없다는 사실을 깨닫게 된다. 카라바조의 문제작 〈성처녀의 죽음 혹은 영면〉은 우리에게 예술은 무엇인가에 대한 근본적인 물음을 던지고 있는 것이다.

그가 추구했던 어둠의 방식, 즉 테네브리즘은 이러한 우리의 고민을 더욱 증폭시켜주는 촉매제다. 우리는 카라바조의 〈성처녀의 죽음 혹은 영면〉에서 두 가지 모습의 카라바조를 발견하게 된다. 구도자 카라바조와 사악한 인간 카라바조. 두 얼굴을 가진 카라바조가 그의 어둠 속에서 걸어 나와 우리에게 말을 건넬 것 같다.

"당신은 나를 누구로 보는가? 나는 구도자인가, 아니면 사악한 인간인가?"

〈성처녀의 죽음 혹은 영면〉에 드리워져 있는 붉은색의 커튼을 걷어 젖히기가 두렵기만 하다. 커튼 뒤에 숨어 있는 어둠 속에서 카라바조가 걸어 나와 이렇게 물을까 두렵기 때문이다.

"그렇다면 당신은 구도자인가, 아니면 사악한 인간인가?"

〈성처녀의 죽음과 영면〉으로 카라바조가 겪어야 했을 심리적 고충은 상상할 만하다. 이때부터 로마의 종교 지도자들은 카라바조를 의심의 눈초리로 바라보기 시작했다. 카라바조가 과연 로마의 종교화를 그릴 만한 기본적인 자격이 있는지에 대해 의심하는 사람들이 생겨났고, 이때를 기점으로 카라바조에게 쇄도하던 그림의 주문도 점차 줄어들기 시작했다. 만치니에 의하면, 카라바조는 〈성처녀의 죽음 혹은 영면〉의 인수가 거부되고 제단에서 철거된 이후 "평생 동안 이를 괴로워했다"고 전한다.[4]

또한 그의 광포한 행동은 작품 주문량에 반비례해서 날로 심해갔다. 예술을 하는 친구들과 함께 술집에 몰려다니며 사소한 일로 시비를 걸고, 길거리의 집단 패싸움에 연루되기 시작한 것도 이 시점이다. 화가로서의 그의 유명세가 로마를 넘어 이미 전 유럽으로 확산되고 있었지만, 그의 감춰져 있던 파괴적인 성향은 점점 더 겉으로 드러나기 시작했다. 자기와 경쟁을 벌이던 동료 화가들의 그림을 공개적으로 조롱하는 것도 모자라, 밤거리에서 그들에게 폭력을 가하는 일까지 서슴없이 저지른다.

일찍이 카라바조의 화풍에 영향을 받고 있던 동료 화가이자 미술사가이기도 한 조반니 발리오네와의 경쟁 관계는 널리 알려져 있다. 당시 예수회 총장신부 클라우디오 아쿠아비바Claudio Acquaviva(1543~1615)가 로마의 예수회 본성당인 제수 성당의 제단 정면을 장식할 제단화를 발리오네에게 주문하자 카라바조는 그를 견제하기 시작했다. 1603년 부활절 아침, 발리오네의 〈부활〉이 예수회 제수 성당에서 일반인에게 공개되었을 때, 카라바조는 이 작품이 자기 그림을 흉내 낸 모사품에 불과하다고 공개적으로 혹평했다. 카라바조로부터 수모를 당한 발리오네는 근거 없는 고의적인 악평에 불과하다며 자신의 명예를 실추시켰다는 혐의로 카라바조를 로마 당국에 고발했다. 결국 현장에 있었던 카라바조와 그의 친구들이 이 사건의 피의자로 체포된다. 계속되는 발리오네의 고소와 혐의 추가에도 불구하고 카라바조는 1603년 9월 25일 출감됐지만, 곧 바로 가택 연금에 들어간다. 그러나 사태는 점점 악화되었다. 카라바조와 함께 체포되었던 친구 오노리오 롱기Onorio Longhi가 같은 해 11월 다시 단검을 사용해 발리오네에게 위해를 가했기 때문이다.

카라바조는 1603년 후반, 경쟁심과 격정에 찬 시기심을 달래기 위해 로마를 떠나 이탈리아 반도의 동부지역인 토렌티노로 향한다. 그는 토렌티노에서의 짧은 체류 기간 중 유명한 가톨릭 순례지인 로레토를 다녀온 것으로 보인다. 1604년 초, 다시 로마로 돌아온 카라바조는 여전히 불안정한 생활을 이어갔다. 그는 로마의 밤거리를 배회하고 다니며 여러 가지 소란을 일으켰으며, 사소한 문제나 별로 심각한 의도가 없는 단순한 비판에도 과민 반응을 보임으로써 로마 미술계에서 "성격이 괴팍하고 종잡을 수 없는 인물"로 알려지게 되었다. 이 같은 소문은 삽시간에 퍼져 나갔다. 이러한 상황에서 그 유명한 폭력 사건이 1604년 4월에 발생한다.

사건의 전말은 이렇다. 로마의 한 식당에서 친구들과 식사를 하고 있던 카라바조는 웨이터 피에트로 델라 카르나치아Pietro della Carnacia에게 아티초크 요리를 주문하면서 어떤 것이 올리브기름에 튀긴 것이고, 어떤 것이 버터로 요리했는지 물었다. 이때 웨이터가 "냄새를 맡아보면 알게 아닙니까?"라고 무성의하게 대답했다. 그러자 카라바조는 불쑥 단검을 꺼내 웨이터를 찔렀다. 갑작스런 공격을 받은 웨이터는 큰 상처를 입었고, 카라바조는 그 자리에서 즉각 폭행 혐의로 체포되었다. 델 몬테 추기경의 보증으로 곧 석방되었지만, 카라바조의 광포한 행태는 여기서 멈추지 않았다. 1604년 10월 카라바조는 다시 체포되어 로마의 감옥에 투옥되기에 이른다. 이번에는 한밤중에 친구들과 함께 로마의 경찰서에 돌을 투척하여 소란을 일으킨 혐의였다.

　이러한 그의 무절제한 행동에 불구하고 그의 인기는 여전했다. 비록 〈성처녀의 죽음 혹은 영면〉이 인수 거부되는 수모를 겪었지만, 비슷한 시기에 그려진 〈예수 그리스도의 매장〉은 당대 최고의 걸작으로 수많은 가톨릭교회의 지도자로부터 찬사를 받았기 때문이다. 여전히 '당대 최고의 화가'를 지원하는 든든한 후원자들도 있었다. 수많은 젊은 화가들이 그의 화법을 배우고 그의 스타일을 모방하기 위해 주위로 몰려들었다. 새로운 것에 열광하는 젊은이들 기질답게, 그들은 동시대 매너리즘 화가들로부터 혹평을 받고 있던 카라바조의 새로운 작품에 흥미를 느꼈으며, 기존의 미학을 파괴하는 인물이란 평가를 받는 카라바조를 추종했다. 전통적인 예술 화법이나 디자인에 대한 기초적 연구 없이 주로 채색에 의존해서 그림을 그리는 카라바조의 사실주의적 화법이 유행처럼 번져나갔다. 그러나 이렇다 할 스승을 둔 적도, 화실을 운영하면서 공식적으로 제자를 키운 적도 없는 카라바조는 그를 중심으로 새로운 화풍이 형성되는 것에 대해 그리 달가워하지 않았다. 예술을 파워 게임으로 본다면 그것은 카라바조의 큰 실수였다. 여기저기서 카라바조의 화풍을 따르는 사람은 많았지만, 그의 진정한 미학을 이해하는 사람은 드물었다. 그는 화가로서의 정치적 입지를 굳히는 데 실패하고 말았던 것이다.

　하지만 자신이 이탈리아 최고의 화가라고 굳게 믿었던 카라바조는 여전히 우쭐대는 성격을 버리지 못했고, 사소한 일에도 쉽게 흥분했다. 그림 주문이 급

격히 줄고 가뜩이나 난폭한 성격이 더욱 포악해져 가면서, 주위 사람들로부터 고립되기 시작했다. 카라바조의 성격을 경험한 사람들은 그를 '극단적으로 미친stravagantissimo' 혹은 '매우 정신병적인 생각을 가진 미친cervello stravagantissimo' 사람으로 받아들였다.

카라바조는 더 이상 자신의 광포함을 숨길 수 없다는 듯, 노골적으로 자신의 작품에 광기를 휘두르기 시작한다. 로마 말기 종교화에서 우리는 카라바조의 그림이 점점 더 폭력적으로 변해가면서 은둔의 세계로 빠져들고 있음을 발견할 수 있다. 그의 종교화 속의 성자는 난도질을 당하거나 지독한 고독의 세계로 점점 더 빠져 들어간다. 누구든 그의 로마 말기 종교화를 접하는 순간, 그의 운명이 마지막을 향해 치닫고 있음을 예감할 수 있을 것이다. 이제 로마 말기를 장식한 그의 마지막 종교화들을 보면서, 우리는 구원의 희망에서 점점 더 멀어져가는 가련한 반항아 카라바조와 만나게 될 것이다.

제 5 장

로마에서의 마지막 작품들

칠흑 같은 짙은 어둠 속

한 줄기 빛으로 구원의 강렬한 이미지를 표현했던 시기를 지나,

어렴풋한 조명으로

실체가 있는 형상들을 조금씩 표현한다.

이는 카라바조가 완전한 어둠의 세계에서 벗어나

빛의 세계로 조금씩 나아가고 있음을 의미하는 것일까.

아니면, 어둠의 혼돈을 뚫고 빛의 세계로 한 걸음 다가서기 위한

그의 처절한 몸부림이었을까.

암흑 속에서의 고독한 성자

카라바조

살아 있는 자들이여,
죽음을 기억하라

라틴어로 『성서』를 번역하는 성 제롬의 메멘토 모리

로마 체류 말기에 그려진 카라바조의 대형 제단화와 패널화는 〈성처녀의 죽음 혹은 영면〉의 참담한 실패 이후부터 주로 고독과 은둔, 절제와 슬픔을 주제로 형상화된다. 그는 주문자의 의도를 따르지 않고 자신이 의도하는 대로 미적 표현을 시도할 만한 자신감으로 가득 차 있었지만, 막상 작품이 인수되지 않고 거부되며 주문이 줄어들자 매우 심각한 심리적 타격을 받았다. 이러한 절망적인 사태는 단순히 길거리에서의 폭력 사건과 같은 일탈 행동만으로 극복될 수 있는 일이 아니었다. 1603년부터 1606년까지 카라바조는 비교적 적은 숫자의 작품을 남겼고, 작품의 주제도 고독과 은둔, 절제와 슬픔에 대한 사실주의적 강조로 전환된다. 〈성처녀의 죽음 혹은 영면〉 사건 이후 로마 교황청으로부터 한 편의 작품도 의뢰받지 못한 사실도 그에게는 큰 부담감으로 작용했다. 이에 대한 분풀이인지, 아니면 자신을 몰라주는 세상을 향한 반항인지, 그는 많은 시간을 로마 뒷골목의 술집에서 보냈다. 게다가 당시 경쟁자이던 피렌체 출신의 화가 도메니코 파시냐노Domenico Passignano(1559~1638)와 루도비코 치골리Ludovico Cigoli(1559~1613)가 성 베드로 대성당 측과 그림 계약을 맺었다는 소식이 전해지자 그의 분노와 좌절감은 극에 달했다. 카라바조는 이들이 자신의 그림을 모사하는 사기꾼 화가들이

도판84
〈성 세례 요한〉. 두 번째 판, 1603~05(?), 캔버스에 유채, 173.4×132.1cm,
캔자스시티 넬슨-앳킨스 미술관 소장.

라며 공개적으로 비난하고 나섰다. 또한 실제 그들의 작업장으로 찾아가 작업하고 있는 그림을 찢어버리는 등 온갖 횡포를 부리기 시작한다. 한때 그와 함께 로마 화단을 양분하며 치열하게 경쟁하던 안니바레 카라치는 우울증에 걸려 재기가 불가능한 상태에 빠져 있었지만, 새로운 젊은 화가들이 로마에 속속 모여들면서 카라바조는 이들의 작품활동에 민감한 반응을 보이곤 했다.

이 시기에 그려진 카라바조의 소수의 그림 중 하나가 로마의 유력한 은행가였던 오타비오 코스타가 주문한 〈성 세례 요한〉두 번째 판이다. 빈센초 주스티니아니와 함께 제노아 출신의 은행가였던 오타비오 코스타는 카라바조의 천재성을 일찍부터 인정했던 로마의 후원자였다. 이 작품은 1602년 또 다른 후원자 치리아코 마테이가 주문한 〈성 세례 요한〉의 개작改作적 성격을 지니고 있다. 완전 누드화였던 전 작품과 달리 〈성 세례 요한〉두 번째 판은 피렌체 풍의 세미누드화였다. 전편과 달리 우울해 보이는 세례 요한의 모습에서 당시 카라바조가 느끼고 있던 비통한 심정을 읽을 수 있다.

1603년부터 1606년 사이에 그려진 카라바조의 또 다른 그림은 상트 아고스티노 성당의 에르메테 카발레티 예배당을 장식하기 위해 그린 〈로레토의 마돈나〉다. 1603년 후반 이탈리아 반도의 동부지역인 토렌티노 지방을 잠시 방문하는 동안 카라바조는 인근의 유명 순례지인 로레토를 다녀왔는데, 로레토는 13세기 말부터 전쟁을 피해 도피해온 성모 마리아의 허름한 돌집이 있다는 중세교회의 전설로 알려진 곳이었다. 16세기 후반에 그 마을은 성모 마리아의 기적이 일어나는 가톨릭교회의 순례지로 각광받고 있었다. 교황 클레멘트 8세도 1598년 이 로레토를 직접 순례한 적이 있을 정도였다.

카라바조의 〈로레토의 마돈나〉는 가톨릭교회의 대표적 성모자상으로, 17세기 초 이탈리아 사회의 일상과 가난을 통해 성모자의 거룩함을 종교적 예술미로 승화시킨 걸작으로 평가받고 있다. 마돈나와 아기 예수가 거주하던 허름한 오두

도판85
〈로레토의 마돈나〉, 1603~04(?), 캔버스에 유채, 260×150cm, 로마 상트 아고스티노 성당 소장.

막 외벽은 오랜 세월의 풍파에 의해 갈라져 있고, 그 앞에 맨발로 꿇어앉아 있는 노부부 순례자의 모습이 초라하지만 진지하게 표현돼 있다. 이탈리아 농부의 평범한 모습이 카라바조 특유의 사실주의적 작품 속에 그대로 드러나 있으며, 마돈나는 노부부 순례자에게 아기 예수를 보여주는 자애로우며 지극히 인간적인 모습으로 그려져 있다. 노쇠한 몸을 이끌고 먼 곳까지 찾아온 늙은 순례자 부부를 맞이하고 있는 마돈나에게서 인간을 초월한 신비한 성자의 모습은 보이지 않는다. 하지만 신비로운 한 줄기 빛과 짙은 어둠이라는 대비 속에서 우리의 일상 곁으로 바짝 다가온 평범하고 친근한 성스러움이 우리의 마음을 따뜻하게 한다. 이 작품은 1606년 살인죄를 저지르고 로마를 떠나기 직전 카라바조가 그린 대형 종교화 중 최고 걸작으로 손꼽히고 있다.

1605년, 가톨릭교회의 종교적 부흥을 선도하면서 도덕적 경건을 강조하던 교황 클레멘트 8세가 임종하고 말았다. 카라바조가 로마로 이주하던 1592년 같은 해에 취임했던 교황이 서거하고, 피렌체 출신의 알레산드로 데 메디치 Alessandro de' Medici가 새로운 교황 레오 11세 Leo XI(1535~1605)로 선출됐다. 또 다시 메디치 가문이 가톨릭교회를 장악하게 된 것이다. 그러나 메디치 가문의 새 교황은 취임한 지 한 달이 못 가서 갑자기 숨을 거두었다. 한 달 만에 두 명의 교황을 잃은 로마는 교황권 계승 문제를 두고 정치종교적인 혼란에 빠져들고 있었다. 당시 예수회 소속으로 신도들에게 존경받던 추기경 로베르토 벨라르미네 Roberto Bellarmine(1542~1621) 등이 교황직을 사양함으로써 새 교황 선출은 지체되고 있었다. 이러한 로마 교황청의 혼란을 불식시키기 위해 프랑스와 스페인 간에 외교적 협상이 진행되었다. 유럽의 가장 강력한 두 가톨릭 국가는 타협을 통해 1605년 5월 16일 추기경 카밀로 보르게제 Camillo Borghese(1550~1621)를 교황 바오로 5세로 새롭게 선출했다. 새로 선출된 교황은 카라바조의 강력한 후원자였던 시피오네 보르게제 추기경의 삼촌이었다. 카라바조는 자신의 그림을 좋아하던 시피

도판86
〈교황 바오로 5세의 초상화〉, 1605~06,
캔버스에 유채, 203×119cm,
로마 카밀로 보르게제 콜렉션 소장.*

오네 보르게제 추기경의 주선으로, 새로 선출된 교황의 초상화를 그리는 영광을 입게 되었다는 설이 있다. 아직 카라바조의 진품 여부가 확인되지 않고 있지만 로마의 카밀로 보르게제 콜렉션이 소장하고 있는 바오로 5세의 초상화가 카라바조의 작품이란 설이 있다. 그러나 강직하고 근엄한 성품을 지녔던 새 교황 바오로 5세는 카라바조의 자연주의적 초상화를 그렇게 좋아하지 않았던 것으로 전해진다. 한 세기에 걸쳐 진행되고 있던 성 베드로 대성당의 건축과 장식을 마무리했던 바오로 5세는 로마와 교황권의 권위를 드러낼 수 있는 장엄한 르네상스식 대형 그림과 밝은 색조와 생동감 넘치는 표현을 더 선호했던 것이다.

이 시기부터 카라바조의 화풍은 서서히 변하기 시작한다. 검소한 등장인물을 최대한으로 절제해 표현한 〈로레토의 마돈나〉 성공 이후 간결하지만 일상적 성스러움에 대한 긍정적인 시각이 두드러졌던 로마 중기 화풍은 말기로 접어들면서 점점 암울하고 고독에 찌든 가난한 성자의 모습으로 변해간다. 이전 그림보다 훨씬 더 짙은 어둠이 성자의 배경으로 자리 잡기 시작하고, 고뇌에 차 있는 성

---

* 카라바조의 진품 여부에 대한 학술적 결론이 아직 내려지지 않았다.

도판87

〈서재에 있는 성 제롬〉, 1605(?), 캔버스에 유채, 112×157cm, 로마 보르게제 미술관 소장.

자의 고독과 좌절감이 침착하게 표현되기 시작한 것도 이 시기부터다.

〈서재에 있는 성 제롬〉이 바로 이 시기에 그린 작품인데, 짙은 어둠 속에서 죽음을 상징하는 해골을 앞에 놓고 무엇인가 몰두하고 있는 성 제롬 St. Jerome(347?~419?, 라틴어로는 히에로니무스 Hieronymus로 표기한다)의 모습에서 고독하고 우울한 성자를 그리고자 했던 카라바조의 의도가 고스란히 드러난다. 참고로 이 그림에 등장하는 모델은 〈성 마태와 천사〉 두 번째 판과 〈이삭의 제사〉에서 아브라함으로 분했던 인물과 같은 사람이다.

16세기 이전의 성 제롬은 히브리어와 그리스어로 쓰인 『성서』를 라틴어로 번역한 대학자의 이미지로 묘사되어 왔다. 중세교회에서 공식적인 성서로 사용되었던『불가타 성서』의 번역자로서 이는 당연한 대접이었을 것이다. 그러나 르네상스 말기에 이르러 성 제롬은 학자의 이미지보다 은둔 고행자의 모습으로 더 빈번히 묘사되었다. 학자에서 수도자의 모습으로 도상학적 주안점이 변경된 것이다. 카라바조의 작품에서도 성 제롬은 고독 속에서 은둔하며『성서』번역에 열중하고 있는 평범하고 초라한 수도자로 그려져 있다. 카라바조에게 성 제롬은 중세교회의 영웅이 아니라 그저 고뇌하는 수도승, 은둔 속에서 초췌하게 늙어가는 노인네의 모습일 뿐이었다. 책상 앞에 놓여 있는 해골은 중세교회의 사생관死生觀의 핵심이라고 할 수 있는 '메멘토 모리Memento mori(죽음을 잊지 마라)'를 표현하고 있다.

17세기 초반까지 가톨릭교회는 중세교회의 사생관, 즉 '메멘토 모리'를 강조하고 있었다. 카라바조와 동시대의 인물로서 카라바조가 로마에서 활동할 당시 중국 명나라의 수도 베이징에서 선교활동을 펼쳤던 마테오 리치의 최후 저술도 다름 아닌 '메멘토 모리'에 관한 내용이었다. 1608년에 중국어로 저술된 마테오 리치의『기인십편畸人十篇』은 "항상 죽을 때를 생각하면서 사후의 심판에 대비하라 常念死候 備死後審"는 내용을 담고 있다.[1] 중국 명나라 말기의 지식인들과 고급관리들과 대화하면서 마테오 리치는 "인생의 가장 시급한 일實人生最急事"인 죽음을 늘 생각하고 천주의 심판을 대비하라고 권고한다. 또한 마테오 리치는 죽음을 기억하지 않는 자의 형벌에 대해 "마치 목재를 삼을 수 없는 시든 나무처럼 지옥에 버려져서 땔감으로 타버려서 영원히 불을 지피는 데 공급될 뿐이다. 그 고통의 온갖 실마리들은 말로 언급할 수 없다如不材枯木, 葉之地獄, 爲薪燎, 以供其永 熱爨火耳, 其苦痛萬端, 非言所及也."고 설명하고 있다.[2]

'죽음을 기억하라'는 메멘토 모리의 시대정신은 마테오 리치와 같은 창의적인 선교사나 광포한 천재성을 지녔던 카라바조에게도 예외가 될 수 없는 문제였다. 마테오 리치는 비록 지리적으로는 카라바조의 세계와 멀리 떨어져 있었지만 죽음과 연관된 종교적 이해는 크게 다르지 않았다.『불가타 성서』의 번역자이자 중세교회의 대학자인 은둔 수도사 제롬은 죽음을 상징하는 해골을 책상 위에 올려놓고, 자신의 일에 몰두하고 있다. 이 '해골'은 대학자로서의 삶도 성서 번역자로서의 명성도 결국 죽음 앞에서는 허망하다는 것을 암시하는 것이 아닐까! 아무도 죽음의 그림자를 외면할 수 없거늘!

공교롭게도 카라바조와 마테오 리치는 같은 해인 1610년 숨을 거두었다. 한 사람은 베이징에서, 그리고 또 한 사람은 로마로 돌아가는 길에서!

1606년 5월 28일의 참극,
카라바조가 살인을 저지르다

체포, 석방, 다시 체포…

앞서 소개한 〈서재에 있는 성 제롬〉은 시피오네 보르게제 추기경의 주문에 의해 제작된 것으로, 카라바조가 로마에서 그린 마지막 작품으로 추정되고 있다. 비슷한 시기에 그린 〈엠마오에서의 저녁식사〉 두 번째 판은 로마 외곽에 위치한 콜론나Colonna 가문의 저택에서 그린 것으로 추정되고 있기 때문이다.

시피오네 보르게제 추기경은 자신의 삼촌이 1605년 교황으로 취임하면서 로마의 막강한 실세로 등극했다. 보르게제 추기경은 카라바조가 1606년 로마에서 살인죄를 저지르고 나폴리와 몰타, 시칠리아 섬으로 도주하면서 마지막으로 사면의 희망을 걸었던 강력한 후원자였다. 1610년 마지막 사면을 위해 카라바조가 로마로 돌아올 때, 추기경에게 기증할 작품을 가지고 있었다는 사실이 이를 뒷받침한다.

보르게제 추기경은 〈서재에 있는 성 제롬〉 외에도 1610년 카라바조가 임종하던 해에 그린 작품인 〈성 세례 요한〉 세 번째 판(302쪽)과 카라바조 최후의 걸작으로 간주되는 〈골리앗의 머리를 들고 있는 다윗〉(304쪽)과도 직접적인 관련이 있다. 보르게제 가문은 이밖에도 17세기 이탈리아 바로크 회화 작품을 다수 소장하고 있는데, 이는 모두 교황 바오로 5세와 시피오네 보르게제 추기경의 적극적인 미술품 수집에서 비롯되었다. 현재 로마의 핀초 언덕에 있는 보르게제 저택은 이탈리아 정부에 의해 보르게제 미술관으로 운영되고 있으며, 카라바조의 이 세 작품은 다른 작품과 함께 그곳에 소장되어 있다.

1605년 3월, 카라바조는 그동안 자신의 재정적인 후원자이자 문제를 일으킬 때마다 법률적인 보호막이 되어주던 델 몬테 추기경의 저택에서 나와 독립적인 생활을 시작하게 된다. 어떤 이유로 둘 사이의 관계가 멀어지기 시작했는지 추정해볼 만한 역사적 자료는 남아 있지 않다. 델 몬테 추기경이 카라바조를 더 이상 감당하기 어려웠을 것이란 추측만이 가능하다. 추기경은 〈성처녀의 죽음 혹은 영면〉의 실패 이후 계속해서 문제를 일으키는 화가를 더 이상 두고 볼 수만은 없었을 것이다. 어쨌든 든든한 후원자를 잃어버린 카라바조의 심기가 편치 않았을 것임에 틀림없다. 이 시기부터 길거리에서 방황하는 횟수가 늘어갔고, 폭력과 소란 혐의로 로마 경찰에 수시로 체포되는 등 카라바조의 로마 생활도 말기로 치닫고 있었다.

그의 광포한 생활은 심각한 수준에 이르렀다. 카라바조의 새 거주지였던 지금의 비콜로 델 디비노 아모레 지역은 16세기 말과 17세기 초 폭력과 싸움이 난무하던 거리로 유명한 곳이었다. 새 교황 바오로 5세의 취임식이 있던 1605년 5월, 카라바조는 이곳에서 불법 무기 소지 혐의로 체포되었다. 카라바조의 체포 소식은 델 몬테 추기경에게 제일 먼저 전해졌고, 델 몬테 추기경을 위시한 로마 고위층의 보증과 주선으로 그는 곧 석방되었다. 그러나 같은 해 7월에는 한 모녀의 집에서 소란을 피운 혐의로 다시 체포되었다. 이번에는 친구들의 도움으로 가석방된다. 폭력과 소란 혐의로 체포되었던 당시의 기록은 지금까지 고스란히 남아 있어, 점점 더 파국을 향해 내리막길을 걷고 있던 카라바조의 모습을 증명해주고 있다.

또한 카라바조는 〈로레토의 마돈나〉에 등장했던 여자 모델과 연관된 치정 문제로 다시 법의 심판을 받게 된다. 〈로레토의 마돈나〉에서 마돈나의 모델이었던 레나Lena는 당시 로마의 화가들로부터 상당한 금액의 모델비를 받던 미모의 여인이었다. 그런데 카라바조가 레나를 모델로 〈로레토의 마돈나〉를 그리고 있을 당시 그녀는 마리아노 다 파스콰로네Mariano da Pasqualone라는 남자와 약혼한 상태였다.[3] 자기와 결혼하기로 되어 있는 레나가 카라바조의 화실에 자주 출입하는 것에 질투심을 느낀 파스콰로네는 카라바조를 풍속을 해치는 비도덕적인 사람으로 몰아 로마 당국에 고소했다. 카라바조는 다행히 무혐의 처분을 받고 석방됐지만, 자신을 고발했던 파스콰로네에 대한 분노를 주체할 수 없었다. 복수를 다짐하던 카라바조는 피아차 나노바 거리에서 우연히 파스콰로네를 목격하고 그에게 공격을 가했다. 파스콰로네는 큰 상처를 입었고 카라바조는 로마 당국의 추적을 피해 제노아로 도피한다.

그러나 제노아의 귀족들은 범죄를 저지르고 도피해온 카라바조의 사법적인 책임을 묻는 데는 전혀 관심이 없었다. 17세기 초, 이탈리아 경제의 중심도시 중 하나였던 제노아에는 많은 귀족 미술 애호가들이 있었고, 그들은 로마에서 제노아로 도피해온 도망자 카라바조를 대대적으로 환영했다. 1605년 6월 25일, 제노아에 도피해 있던 당대 최고의 화가에게 작품 주문이 들어온 것은 어쩌면 당연한 일이었다. 광포한 성격으로 비참하게 망가져 가던 카라바조였지만 제노아 사람들은 그를 범죄자로 보지 않았다.

그중에서 특별히 제노아의 경제권을 쥐고 있던 실력자이자 자선가이기도 했던 마르칸토니오 도리아Marcantonio Doria(1570?~?)는 카라바조의 작품을 소장하기 위해 백방으로 노력했다. 그는 자신의 저택을 장식할 프레스코화를 그려줄 것을 부탁하면서 카라바조에게 6000스쿠디라는 상당한 사례금을 약속했다. 그러나 카라바조는 자신이 프레스코화를 한 번도 그려본 적이 없다는 이유로 이 제안을 정중히 사양했다. 로마 사법부의 추적을 피해 도망 다니고 있던 카라바조는 당시 경제적으로 쪼들리는 형편이었는데, 이런 상황에서 거액의 사례금을 제시한 주문을 사양해 주위 사람들을 놀라게 했다.

또한 몬시뇰 마시모 마시미Monsignor Massimo Massimi는 카라바조와 두 달 안에 작품을 완성하는 조건의 계약을 맺었다. 제노아에서 도피자 신분으로 이때 그린 작품이 〈이 사람을 보라〉라는 설이 있다. 일부 학자들은 이 작품이 다른 그림과 비교할 때 등장인물들을 다소 거칠게 표현하고 있기 때문에 카라바조의 진품이라는 주장에 의문을 표하고 있고, 또 다른 학자들은 단지 보관 상태가 불량해 복원 과정에서 원작이 손상된 상태라고 주장하고 있다. 또한 카라바조가 마시미와의 계약에 따라 〈이 사람을 보라〉를 그렸지만 현존하는 작품은 후대의 모작이란 설도 함께 제기되고 있다.

체포와 석방을 거듭하던 카라바조는 이 작품에서 죄인을 심판하는 빌라도의 모습으로 등장한다. 그림은 화면 오른쪽에 17세기 이탈리아 귀족의 복장을 한 빌라도가 머리에 가시관을 쓰고 있는 예수를 가리키며 "이 사람을 보라!"고 말하는 장면을 포착하고 있다. 많은 사람들이 화면에 등장하는 빌라도를 카라바조의 작중作中 분신이라고 말한다.

그렇다면 일상생활에서 늘 피의자 신분이었던 카라바조는 빌라도라는 심판관이 되어 무슨 이야기를 하려는 것일까? 죄 없이 고통당하는 예수를 보여주면서 자신의 억울함을 항변하려는 것일까? 아니면, 변명하지 않는 예수의 모습을 보여주면서 마치 빌라도처럼 사람들에게 변명하지 않는 자신의 무죄를 선포하려는 것일까? 아니면 자신을 고소한 파스콰로네에게 그 억울함을 호소하고 있는 것일까?

그림 속의 빌라도는 마치 관람객을 향해 의심하는 너희가 더 문제라는 듯, 죄 없이 고통당하고 있는 예수를 보여준다. 반면 예수는 고통과 슬픔을 삼키는 고뇌의 얼굴을 하고 있다. 승리를 상징하는 부러진 종려나무 가지만이 그에 대한 진실과 최후 승리를 암시해주고 있다.

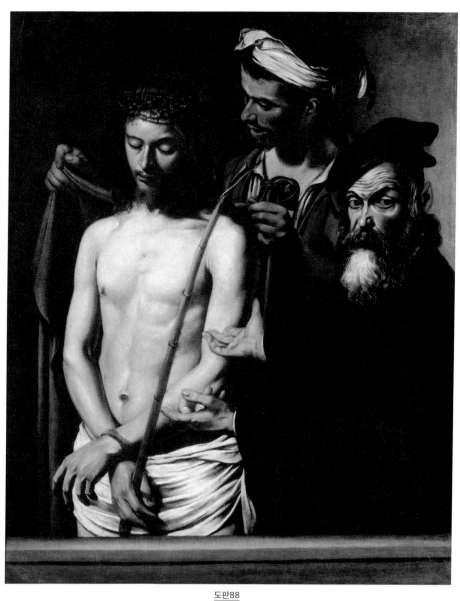

도판88

〈이 사람을 보라〉, 1605, 캔버스에 유채, 128×103cm, 제노아 팔라조 비앙코 갤러리 소장.

이에 빌라도가 예수를 데려다가 채찍질하더라.

군인들이 가시나무로 관을 엮어

그의 머리에 씌우고 자색 옷을 입히고 (중략)

손으로 때리더라. (중략)

보라 이 사람을 데리고 너희에게 나오나니

이는 내가 그에게서 아무 죄도 찾지 못한 것을

너희로 알게 하려 함이로라 하더라.

이에 예수께서 가시관을 쓰고 자색 옷을 입고 나오시니

빌라도가 그들에게 말하되

보라 이 사람이로다 하매.

「요한복음」 19장 1~5절

비슷한 시기인 1607년에 그려진 루도비코 치골리의 〈이 사람을 보라〉와 비교하는 것도 흥미롭다. 루도비코는 이 상황을 좀 더 화려한 원색으로 현란하게 표현하고 있다. 테네브리즘을 기본으로 하면서 극도로 절제된 색깔만 쓰고 있는 카라바조의 작품과는 큰 대조를 이룬다. 그래서일까. 그 어떤 강요도 억압도 없이 단순한 구도 속에서 어둠과 빛으로 표현되는 카라바조의 그림이 더욱 호소력 있고 솔직하게 다가온다.

1605년 8월 26일, 〈이 사람을 보라〉를 완성한 카라바조는 파스콰로네에게 공개적으로 용서를 빌고, 로마 사법부의 사면을 받아낸다. 이 사면의 배후에는 교황 바오로 5세의 조카이자 추기경인 시피오네 보르게제의 주선이 있었던 것으로 추정되고 있다.

파스콰로네와 겨우 법률적인 화해를 하고 로마로 돌아온 카라바조는 사면되던 바로 그날 오후에 다시 문제를 일으킨다. 제노아에 도피하는 동안 밀려 있던 하숙비 문제로 집주인 프루덴지아 브루나Prudenzia Bruna와 법적인 싸움에 휘말리게 된 것이다. 제노아에서 로마로 돌아온 카라바조에게 집주인이 그동안 밀린 방값을 요구하자 격분한 카라바조는 큰 돌을 집어던져 주인집 창문을 부숴버렸다. 집주인은 6개월간 밀린 방값과 부서진 창문 등에 대해 피해 보상을 요구하는 고발장을 접수했고, 또 다시 카라바조의 친구들과 보르게제 추기경이 나서서 이 문제를 수습해야 했다.

1605년부터 1606년까지 로마에 체류해 있는 동안 무절제하고 폭력적인 생활을 일삼던 카라바조에게 다시 큰 시련이 닥쳤다. 성 베드로 대성당과 겨우 맺었던 작품 계약이 파기됨으로써 또 다시 그의 자존심에 크나큰 상처를 입게 된 것이다. 1605년 교황으로 선출된 바오로 5세는 성 베드로 대성당의 회중석 일부를 보수할 것을 지시했고, 새롭게 단장할 대성당의 빈 공간에 카라바조의 작품을 걸기를 희망했다. 틀림없이 조카 시피오네 보르게제 추기경의 추천이 있었을 것이다. 가톨릭교회 전체를 대표하는 성 베드로 대성당에 자신

도판90
조반니 잔 로렌초 베르니니,
〈시피오네 보르게제의 흉상〉,
로마 보르게제 미술관 소장.

의 작품을 걸겠다는 야심에 들떠 있던 카라바조는 단기간에 작품을 완성했지만, 그는 또 다시 참담한 실패를 맛보아야 했다. 그의 야심작 〈마돈나와 아기 예수와 함께 있는 성 안나〉가 한 달을 넘기지 못하고 철거되고 말았기 때문이다. 작품의 내용이 담고 있는 도상학적 표현이 가톨릭교회의 신학과 상충한다는 결론이 내려졌고, 성스러움이라고는 그 흔적도 찾아볼 수 없다는 비판이 여기저기서 쏟아졌다. 결국 철거된 이 작품은 상트 안나 성당으로 잠시 옮겨졌다가, 다시 시피오네 보르게제 추기경의 손을 거쳐 교황 바오로 5세의 보르게제 가문 소장품으로 넘어가게 되었다.

〈로레토의 마돈나〉에서 성모 마리아의 모델로 등장했던 레나가 다시 그 관능적인 아름다움을 드러내고 있는 〈마돈나와 아기 예수와 함께 있는 성 안나〉는 중세 시대부터 전수되어 오던 『성서』의 신학적 논쟁이 17세기 초에 어떤 식으로

내가 너로 여자와 원수가 되게 하고
네 후손도 여자의 후손과 원수가 되게 하리니
여자의 후손은 네 머리를 상하게 할 것이요
너는 그의 발꿈치를 상하게 할 것이니라 하시고.

「창세기」 3장 15절

전개되고 있는지 보여주고 있다. 전통적인 가톨릭교회의 마리아 신앙에 따르면, 「창세기」 3장 15절의 "내가 너로 여자와 원수가 되게 하고 네 후손도 여자의 후손과 원수가 되게 하리니 여자의 후손은 네 머리를 상하게 할 것이요 너는 그의 발꿈치를 상하게 할 것이니라"는 기록에서 뱀으로 상징되는 사탄의 머리를 상하게 한 사람은 예수가 아니라 마돈나였다. 비잔틴 성화에 자주 등장하는 '테오토코스 Theotokos(예수가 하나님이기 때문에 예수를 낳은 마리아는 하나님의 어머니라는 설)'를 언급하지 않더라도 중세 가톨릭교회는 죄의 용서에 관한 한 성모 마리아의 주체적 역할을 강조해왔다. 이러한 마리아 신앙의 전통에 대해서 종교개혁자들은 가톨릭교회의 이 같은 해석이 지극히 비성서적이라고 비판하면서, 예수가 바로 사탄의 머리를 상하게 한 분이고, 따라서 죄의 용서 또한 전적으로 예수의 주체적인 은총이라고 반박했다.

　이 논쟁은 결국 1569년 교황청의 신학적 결정에 따라 "예수의 도움을 받아 마돈나가 뱀의 머리를 상하게 했다"는 내용으로 타협점을 찾게 된다. 이는 성모 마리아의 중요성을 그대로 지켜나가면서 동시에 죄의 용서에 대한 예수의 주체적 은총을 강조한 것으로, 일종의 신학적 절충안이라고 할 수 있겠다. 카라바조는 이러한 16세기 후반의 타협적인 신학 기조를 충실히 따르며 뱀의 머리를 밟고 있는 마돈나의 발 위에 아기 예수의 발을 위치시켰다. "예수의 도움을 받아 마돈나가 뱀의 머리를 상하게 했다"는 신학적 타협안이 도상학적으로 완벽하게 표현된 셈이다.

　그러나 교황청의 심기를 건드린 문제는 그림 자체의 표현에 있었다. 지나칠 정도로 짙은 어둠이 화면 전체를 압도하고 있었다. 뿐만 아니라 예수 그리스도의 가족이 보여주고 있는 빈곤한 모습은 당시 장엄하고 위대한 이미지를 추구하던 교황 바오로 5세의 취향이나 웅장하고 화려했던 성 베드로 대성당의 전체 분위기와 전혀 맞지 않았다. 거룩한 아기 예수는 무례하게도 나신裸身을 드러내고 있으며, 남루한 옷차림의 늙은 노파로 묘사된 마리아의 어머니 성 안나는 로마의 도시 빈민가에서 흔히 볼 수 있는 노파의 모습이다. 이 그림이 성 베드로 대성당에 잠시 전시되는 동안 사람들의 평가는 완전히 양분되었다. 이미 카라바조의 특징으로 자리 잡은 테네브리즘과 사실주의적 묘사에 열광하는 사람들은 성가족을 평범하다 못해 궁핍에 시달리는 모습으로 표현했다는 점에서 극단적인 찬사를 보내는가 하면, 이것은 엄연히 신성모독이라며 그를 극렬히 비난하는 사람도 있었다.

카라바조의 그림에 대한 찬사와 비난이 로마 귀족사회의 저녁 만찬장에서 격돌하고 있을 동안, 카라바조는 여전히 불량배 건달 친구들과 로마의 밤거리를 어울려 다니면서 문제를 일으키고 있었다. 1606년 5월 28일은 바오로 5세의 교황 취임 1주년 기념일이었다. 그날 밤 카라바조는 친구들과 함께 비아 델라 스크로파의 테니스장에서 평소에 사이가 좋지 않던 라누치오 토마소니Ranuccio Tomassoni와 사소한 내기 게임을 하는 중에 판돈 문제로 패싸움을 벌였다. 싸움은 격렬해지면서 그와 일대일 격투를 벌이는 사태로 번졌고, 카라바조는 토마소니의 하복부를 단검으로 찌르고 만다. 문제는 심각했다. 카라바조 자신도 이 대결로 인해 머리에 큰 상처를 입었지만, 칼에 찔린 토마소니는 그 자리에서 숨을 거둔다. 일부 역사 자료들은 카라바조와 토마소니 간의 격투는 즉흥적인 흥분 상태에서 일어난 것이 아니라, 토마소니의 결투 신청을 카라바조가 받아들임으로써 벌어진 일이었다고 기록하고 있다.

토마소니는 그날 밤 살해되었지만, 이 사건에 대한 당국의 공식적인 조사나 체포 시도는 약 한 달 정도 미루어졌다. 혐의자인 카라바조를 포함한 사건에 연루된 사람들이 이미 도피한 이후에 수사가 시작되는 이상한 일이 벌어진 것이다. 시피오네 보르게제 추기경을 비롯한 카라바조의 강력한 후원자들이 사건의 축소를 시도한 흔적이 여러 곳에서 발견되고 있다. 어쨌든 카라바조는 살인자가 되어 다시 도피길에 오를 수밖에 없는 처지에 놓이게 되었다. 1592년 밀라노를 황급히 떠나 마치 도망자처럼 로마로 흘러들어 왔던 카라바조는 당대 최고 화가의 대접을 받으며 승승장구했지만, 그의 화려했던 로마 생활은 1606년의 살인 사건으로 갑자기 중단되고 다시 도망자의 모습으로 로마를 떠나야만 했다. 도망자 카라바조는 다시는 로마로 돌아올 수 없었다. 여전히 모든 길은 로마로 통하고 있었지만 카라바조에게는 도망자의 길만 남아 있었다.

1606년 카라바조가 살인을 저지르고 도망자로 전락했을 때, 제일 먼저 카라바조를 비호하며 그를 도피시키고자 했던 인물은 자가롤로의 공작 돈 마르지오 콜론나Don Marzio Colonna였다. 만치니의 기록에 의하면, 로마에서 살인을 저지르고 도피한 카라바조는 콜론나 공작의 저택에 은신하며 〈예수 그리스도가 엠마오로 가다〉를 그렸다. 〈예수 그리스도가 엠마오로 가다〉는 현재 밀라노의 브레라 미술관에 소장되어 있는 〈엠마오에서의 저녁식사〉의 두 번째 판을 말하는데, 이 작품에는 당시 카라바조가 도망자로서 느꼈던 불안감과 살인자로서의 죄책감이 화면을 가득 메우고 있다.

〈엠마오에서의 저녁식사〉 두 번째 판은 같은 주제와 제목으로 치리아코 마테이를 위해 그린 〈엠마오에서의 저녁식사〉 초판과는 조금 다른 구도를 가지고 있다. 전작과는 달리 〈엠마오에서의 저녁식사〉 두 번째 판에서는 부활한 예수 그리스도가 등장하고 있음에도 불구하고, 어둠 속에서 실의와 두려움에 차 있는 제자들의 모습이 더 강조되어 있다. 부활한 예수를 중심으로 제자들을 좌우로 배치했다는 점에서 전작과는 다른 구도상의 차이도 보인다. 빛의 각도가 그전과 달라졌다는 점도 관심거리지만, 전작보다 등장인물의 표정이나 화면 전체의 배경이 더 어두워졌다는 점을 쉽게 발견할 수 있다.

로마에서의 전성기 때 그려진 전작이 구원의 참된 의미를 발견하는 순간을 포착한 동적 이미지였다면, 도망자 신분에서 그려진 〈엠마오에서의 저녁식사〉 두

도판92
〈엠마오에서의 저녁식사〉 두 번째 판, 1606(?), 141×175cm, 밀라노 브레라 미술관 소장.

1606년 5월 28일
살인을 저지르다.
절망과 어둠 속에서
점점 멀어져가는 빛.
진정, 저 카라바조 같은 죄인은
구원받을 수 없는 건가요….

번째 판은 절망의 현실과 가느다란 희망의 갈림길에서 방황하고 있는 사람들을 어둠 속 정적인 존재로 표현하고 있다. 자신을 버리고 도망갔던 제자들에게 홀연히 나타나 진정한 구원의 의미를 자신의 임재로 설명하고 있는 예수 그리스도의 모습에서 카라바조는 도망자의 회환과 실낱 같은 희망을 표현하고 있다. 어둠 속에서 반쯤 가려 있는 예수 그리스도의 얼굴은 카라바조가 절망과 후회 속에서 바라보고자 했던 멀어져 가는 구원자의 모습이었는지 모른다.

나폴리로 도주한 카라바조,
예수의 고난을 묵상하다

나폴리의 빈민층 사람들을
〈일곱 가지의 선행〉과 〈로자리오의 마돈나〉에 등장시키다

카라바조는 자신에게 구원의 손길을 내미는 사람의 손을 붙들어야 했다. 그의 신분은 이제 도망자다. 자신의 그림을 원하는 사람들에게 작품을 파는 대신, 그들에게 법적인 보호막이 되어줄 것을 요청해야만 했다. 그는 자신이 저지른 죗값을 치르기보다는 도피생활을 위해 현실적인 도움을 주는 사람들에게 의존할 수밖에 없었다. 로마에서 도피를 시작한 카라바조는 콜론나 공작의 저택을 거쳐 1606년 9월부터 1607년 7월까지 나폴리에 몸을 숨겼다. 살인 사건 직후부터 콜론나 가문의 보호를 받던 카라바조는 필리포 콜론나Filippo Colonna(1578~1639)의 지원을 받아 나폴리로 도피한 것이다. 그리고 카라바조는 나폴리—몰타—시라쿠사—메시나—팔레르모—나폴리—로마로 이어지는 4년간의 도피생활을 하면서, 머물렀던 각 지역에 최후의 명작을 남겼다.

카라바조의 첫 도피처였던 나폴리는 당시 스페인의 정치경제적 통치를 받고 있었다. 당시에 스페인 총독으로 파견되어 있던 후안 알론소 피멘텔 에레라Juan Alonso Pimentel y Herrera는 미술 애호가였으며, 일찍부터 카라바조의 작품을 흠모하던 사람이었다. 1603년부터 1610년까지 스페인 총독으로 나폴리를 통치했던 그는 카라바조가 몰타와 시칠리아를 거쳐 1609년 다시 나폴리로 돌아왔을 때, 카라바조의 후기 대작 중의 하나인 〈성 앤드류의 십자가〉를 입수해 스페인 발라돌리드의 저택에 소장했다.

스페인 총독과 나폴리의 귀족들은 카라바조가 로마에서 살인을 저지르고 도피 중인 범죄자임을 알고 있었지만, 오히려 카라바조가 자신들의 도시로 도피해온 것을 환영했다. 나폴리에 도착하자마자 카라바조는 피오 몬테 델라 미세리코르디아에 새로 건축된 성당의 대형 걸개그림을 그려줄 것을 주문받았다. 1606년 여름 로마를 떠난 카라바조에게 나폴리의 미

도판93
카라바조가 살인을 저지르고,
도피생활을 했던 도시들을 나타낸 지도.

술 애호가들은 10월 6일 이미 작품의뢰서를 제시하고 있었던 것이다. 이 작품을 의뢰한 사람은 보스니아 출신의 비단무역상이자 은행가였던 니콜로 라둘로비치 Niccolo Radulovici였다. 1606년 10월 6일자 계약서에 의하면 주문자 라둘로비치는 카라바조에게 '성모 마리아가 아기 예수를 안고 있고 천사들의 합창이 묘사되어 있는 그림'을 주문했다. 그러나 이 그림이 전시될 장소에 적합한 주제가 아니라는 의견에 주제가 변경되었고, 완성된 작품이 바로 〈일곱 가지의 선행〉이다.

나폴리에서의 첫 작품이자 대표작인 〈일곱 가지의 선행〉이 걸려 있는 피오 몬테 델라 미세리코르디아는 1601년 나폴리 귀족들에 의해 설립된 대표적인 공립 빈민 구제소였다. 당시 창궐하던 전염병과 지속적인 경제난으로 고통받고 있던 빈민층 '라차로니 Lazzaroni'를 위한 가톨릭교회의 구호활동은 단순히 반종교개혁적인 자선행위 수준을 넘어서는 실제적이며 구체적인 신앙 운동이었다. 이런

도판94
〈일곱 가지의 선행〉, 1606~07, 캔버스에 유채, 390×260cm, 나폴리 피오 몬테 델라 미세리코르디아 성당 소장.

가톨릭교회의 공립 자선단체에 소속된 성당인 만큼 카라바조에게 주문한 그림은 병자를 돌보고, 죽은 사람을 묻어주고, 갇힌 자를 풀어주고, 노예를 해방시켜주며, 가난한 사람들을 먹이며, 순례자를 돌보고, 이런 선행을 돕는 행정적 지원을 하는 것을 의미하는 '일곱 가지의 선행'으로 구체화되었다. 카라바조는 그림의 대가로 400듀카트Ducats를 받았는데, 이는 카라바조가 그때까지 받은 작품료 중 최고의 금액이었다.

그러나 카라바조가 피오 몬테 성당을 위해 그린 〈일곱 가지의 선행〉은 나폴리의 귀족들이나 종교 지도자들이 원했던 그림이 아니었다. 카라바조의 작품은 종교적 자선행위에 대해 진부한 생각을 가지고 있던 나폴리 귀족들에게 충격을 주었다. 그는 로마 후기 작품에서 줄기차게 시도했던 평범한 일상을 모티브로 사용하면서 나폴리의 평범한 길거리의 모습과 천상의 마돈나와 아기 예수의 모습을 상하로 극명하게 대비시키고 있다.

카라바조의 이 그림은 "내가 주릴 때에 너희가 먹을 것을 주었고 목마를 때에 마시게 하였고 나그네 되었을 때에 영접하였고 헐벗었을 때 옷을 입혔고 병들었을 때에 돌보았고 옥에 갇혔을 때에 와서 보았느니라"라는 「마태복음」 25장 35~36절의 내용을 화폭에 옮긴 것이다. 그러나 카라바조는 『성서』가 말하고 있는 자선행위를 신비화하거나 르네상스 스타일에 따라 장엄한 종교적 행위로 묘사하지 않았다. 그저 평범한 나폴리의 거리에서 만날 수 있는 범부凡夫들의 모습에서 진정한 자선의 의미를 되새겼고, 이를 자비의 눈길로 내려다보고 있는 작은 성모자의 모습에서 다시 한번 구원의 손길이 저 멀리 있는 게 아니라 일상 현장에 다가와 있음을 강조하고 있다. 이 그림을 엑스레이를 통해 분석한 자료에 의하면, 카라바조의 첫 완성작에는 성모자가 그려져 있지 않았다. 거룩한 성모자의 모습은 작품이 완성된 다음 다시 추가된 부분이다. 아마 이 작품을 주문했던 피오 몬테 성당 측의 요구에 의해 성모자가 첨가된 것으로 추정되는데, 이러한 외부 요구에도 카라바조는 자신의 기본적 구도를 오히려 강화시키는 방향으로 그림을 완성해갔던 것이다.

그림을 보면 누구든 충격적인 장면을 발견하게 될 것이다. 화면의 오른쪽에 노인에게 자신의 젖을 물리고 있는 젊은 여인이 보인다. 카라바조는 '일곱 가지 선행'을 생각하면서 불현듯 예부터 전해 내려오는 로마의 전설을 떠올렸다. 발레리우스 막시무스Valerius Maximus(BC 20?~AD 50?)의『기억할 만한 언행에 관한 아홉 권의 책』중 '자기 아버지에게 자비를 베푼 딸의 동정심에 대하여'에 나오는 이야기를 그림으로 묘사한 것이다.⁴ 어느 늙은 아버지가 투옥생활에 지쳐 자연사나 처형을 기다리고 있는 신세였는데, 이런 아버지를 가엾게 여긴 딸이 자신의 젖을 몰래 먹여 아버지의 생명을 연장시켰다는 이야기다. 언제 죽을지 모르는 아버지가 쇠창살 사이로 고개를 내밀며 딸의 젖을 물고 있는 장면이라니. 선행을 설명하는 카라바조의 특이한 표현은 그 당시 나폴리 사람들을 당혹케 하기에 충분했을 것이다.

카라바조가 생각하는 선행이란 가톨릭교회의 지도자들이 요구하던 전통적인 일곱 가지 선행에 머물러 있지 않았다. 진정한 선행이 과연 무엇인지 자문하고 있으며, 진지하게 그것을 관람객에게 다시 묻고 있다. 진정한 선행이란 우리가 규정지은 윤리와 도덕, 규범 등을 훨씬 뛰어넘는 진정한 '사랑'에 있음을 카라바조는 그림을 통해 보여주고 싶었던 것은 아니었을까. 신앙faith과 자선merits을 구원의 두 축으로 보았던 가톨릭교회의 신학이 다시 한번 카라바조의 그림을 통해서 새롭게 해석된 것이다.

성聖과 속俗이 만나는 순간, 하늘에서 종말론적 긴박성을 알리는 천사들의 모습 뒤로 성모자가 조용히 땅 아래를 내려다보고 있다. 땅에서는 하나님이 진정으로 기뻐하시는 자선이 여러 모습으로 나타나고 있다. 그러나 관점을 땅에서 하늘로 옮긴다면, 나폴리 거리의 분주한 사람들 중 어느 누구도 하늘을 향해 관심을 두지 않는다는 점을 눈여겨 보아야 한다. 거리의 사람들은 하늘의 신비나 성스러움에 관심이 없는 모습이다. 아버지에게 젖을 물리는 딸, 바닥을 나뒹굴고 있는 나신의 거지, 목이 말라 숨도 쉬지 않고 물을 들이마시고 있는 순례자의 모습만이 나폴리의 일상으로 포착되고 있을 뿐이다. 아무도 하늘을 향해 고개를 들지 않는다. 트리엔트 공의회는 자선행위를 구원의 중요 방편으로 인정했지만, 카라바조는 그 구원의 의미를 가톨릭교회 지도자들이나 나폴리 귀족들의 의무감으로 환치하지 않았다. 카라바조에게 자선행위는 나폴리의 평범한 사람들이 지상에서 풀어야 할 일상의 문제였던 것이다.

〈일곱 가지의 선행〉 이후 카라바조의 명성은 나폴리에서도 그 위세를 떨치기 시작했다. 나폴리의 귀족들과 미술 애호가들은 그의 작품에 열광했다. 그림 주문이 쇄도한 것은 당연한 일이다. 이번에는 산 도메니코 수도원 안에 새로 건축된 성당을 위해 나폴리 신흥 귀족 가문의 수장이었던 로렌초 데 프란치스Lorenzo de Franchis가 카라바조에게 작품을 주문했다. 1607년 5월, 그는 도망 중인 카라바조의 마음이 변할까 두렵다는 듯 선금 290듀카트를 전달하고 계약을 체결했다.

산 도메니코 수도원 성당을 위해 그려진 〈예수 그리스도의 태형〉은 빌라도의 법정에서 고문당하고 있는 예수 그리스도의 모습을 사실주의적으로 묘사한 작품이다. 사실 태형을 당하는 예수 그리스도는 르네상스 화가들의 단골 주제였다. 카라바조는 세바스티아노 델 피옴보가 1524~1525년에 제작한 같은 제목의 그림을 염두에 두고 작업한 것으로 보인다. 그러나 카라바조는 세바스티아노 델 피옴보의 르네상스 형식주의에서 벗어나 등장인물과 배경을 최소화시킨 다음, 어둠 속에서 몸을 뒤틀고 있는 그리스도의 육체를 강조하고 있다. 이 그림을 압도하고 있는 예수의 몸으로 빛줄기가 쏟아진다. 고문하는 사람들의 폭력이 시작되기 직전의 순간이므로, 아직 예수의 몸에 그 어떤 상흔은 없다. 거칠어 보이는 두 사람이 난폭하게 예수의 몸을 비틀고 있다. 그러자 참을 수 없는 고통으로 왼

〈예수 그리스도의 태형〉, 1607, 캔버스에 유채, 266×213cm, 나폴리 카피디몬테 국립미술관 소장.

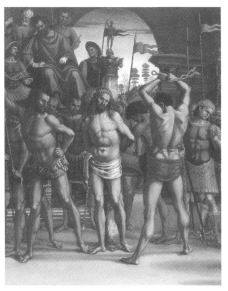

도판96
세바스티아노 델 피옴보, 〈예수 그리스도의 태형〉,
1524~25, 석고에 유채,
로마 몬토리오의 성 피에트로 성당 소장.

도판97
루카 시뇨렐리, 〈예수 그리스도의 태형〉,
패널, 42×34cm,
프란체티 카 디오레 미술관 소장.

발이 앞으로 휘어져 나오고 있는 예수의 모습이 보인다. 그 어디에도 고통을 초월한 신의 모습은 존재하지 않는다. 왼발을 힘겹게 내딛고 있는 예수의 모습은 관람객들의 마음을 동요시킨다. 그림에서 짙은 어둠은 절망적인 예수의 고통을 상징한다. 카라바조는 화려한 색채를 사용하지 않고도 어둠과 한 줄기 빛으로 예술성과 종교성, 두 가지를 모두 충족시키는 명작을 완성했다.

그렇다면 루카 시뇨렐리Luca Signorelli(1450?~1523)는 〈예수 그리스도의 태형〉을 어떻게 표현했을까. 시뇨렐리의 그림이 화려한 컬러사진이라면, 카라바조의 그림은 빛과 어둠으로 고통을 호소하는 흑백사진을 연상시킨다. 시뇨렐리의 작품에서 예수의 고통은 가시 면류관에서 뚝뚝 떨어지고 있는 붉은 피로 상징되고 있지만, 카라바조의 예수는 뒤틀린 자세를 취하며 관람객에게 육체적 고통을 호소하고 있다. 카라바조는 신이 아닌, 인간 예수의 고난과 아픔에 중점을 두고 표현하고 있음을 알 수 있다.

카라바조의 〈예수 그리스도의 태형〉이 완성된 다음, 같은 주제의 그림이 소형으로 제작되었다. 이전 작품에 나왔던 모델들이 이 작품에서도 동일하게 고난받는 예수로 등장한다. 가로로 짜여진 이젤화로 그려졌지만 전 작품과 비슷한 공간 배치를 이루고 있고, 역시 짙은 어둠이 배경으로 깔려 있다. 전작을 본 사람이라면 누구든 이 작품이 연작임을 쉽게 발견할 수 있을 것이다. 그러나 채찍으로 고문당하기 직전을 묘사한 첫 〈예수 그리스도의 태형〉과 달리, 두 번째 판은 좀 더 깊은 종교적 의미를 지니고 있다. 전작이 그리스도의 고통을 통한 '인성'을 강조하고 있다면, 후작은 고통 속에서 더욱 빛나고 있는 예수 그리스도의 '신성'을 강조하고 있다. 임박한 고난 가운데서도 고개를 들고 어둠을 응시하고 있는 예수 그리스도의 결연한 모습을 통해 육신의 고통이 영혼의 세계를 장악할 수 없음을 말없이 표현하고 있다.

1607년 가을, 카라바조가 다시 나폴리를 떠나기 전에 그린 〈로자리오의 마돈나〉역시 그림의 구도와 등장인물만 다를 뿐 〈일곱 가지의 선행〉에서처럼 평범한 나폴리 사람들을 그림에 등장시키면서 그들에게 임한 구원의 메시지를 담고 있다. 나폴리의 산 도메니코 수도회 성당을 위해 제작된 것으로 추정되는 이 그림은 주문자의 신앙적 취향과 맞지 않아 교회당 벽에 걸리지 못한 것으로 학자들은 보고 있다. 그 주문자가 누구인지 아직 밝혀지지 않고 있지만, 캐서린 풀리시와 같은 학자들은 카라바조가 로마에서 탈출하도록 도왔던 콜론나 가문이었을 것으로 추정하고 있다.[5] 어쨌든 주문자의 인수 거부로 카라바조의 마지막 나폴리 작품은 그림 시장을 통해 1607년 9월 25일 일반에게 매각되는 처지에 놓이게 되었다. 카라바조가 나폴리를 떠난 지 두 달이 지난 후였다.

그렇다면 왜 카라바조의 작품이 또다시 인수 거부되고 일반 미술품 시장에

매물로 나오는 수난을 겪게 된 것일까? 원인을 설명할 수 있는 구체적인 문헌 증거는 아직 발견되지 않고 있다. 단지 그림의 주제나 표현 방식을 통해 여러 가능성을 짐작해볼 수 있을 뿐이다.

그의 작품에는 나폴리 거리에서 흔히 볼 수 있던 빈민층의 모습이 너무 강조되어 있다는 점에 주목할 필요가 있다. 일반적으로 16세기 이탈리아 미술작품에서 성모자는 종교적 권위의 상징이었으며, 화려한 배경과 천상의 합창 가운데 등장하는 것이 일반적인 경향이었다. 그러나 카라바조의 성모자는 평범한 성당의 한 모퉁이에서 평범한 사람들에게 둘러싸여 있을 뿐이다. 그들은 무엄하게도 맨

〈로자리오의 마돈나〉, 1606~07, 캔버스에 유채, 364.5×249.5cm, 비엔나 미술사 박물관 소장.

발로 성모자를 경배하고 있다. 또한 이 무엄한 빈민층들을 떨떠름한 눈초리로 바라보고 있는 귀족들의 모습에서 성당에 걸릴 그림이 지녀야 할 명확한 의미 전달과 신학적 투명성이 결여되어 있다고 판단했을 것이다.

카라바조의 그림은 한때 폭동을 야기하리만치 빈궁과 가난으로 고통받고 있던 나폴리 빈민층의 정서를 잘 대변했지만, 그들의 생활고와 아무런 상관없이 풍요로운 사치를 누리고 있던 귀족들과 종교 지도자들에게는 환영받지 못하는 그림의 내용이었을 것으로 추정된다. 카라바조에게 그림을 주문한 사람들은 사치와 풍요에 익숙한 귀족들과 종교 지도자들이었지만 그의 그림에 등장하는 사람들은 이와 정반대로 생활고에 찌들고 길거리의 폭력과 소란 속에서 하루하루를 살아가고 있는 평범하고 가난한 사람들의 초라한 모습이었다.

살인죄를 저지르고도
몰타의 기사가 되다
몰타의 영주 알로프 데 비냐코트의 환심을 사는 카라바조

카라바조가 나폴리에 남긴 네 작품에서, 카라바조의 후기 작품의 특징인 테네브리즘에 기초한 사실주의와 등장인물의 남루한 모습은 당시 나폴리 귀족들의 최대 논쟁거리이자 화젯거리였다. 나폴리 미술 애호가들의 칭송과 끊임없이 밀려오는 그림 주문에도 불구하고 카라바조는 갑자기 나폴리에서 종적을 감춘다. 1607년 7월 초, 카라바조는 성공과 안전이 보장되어 있던 나폴리를 떠나 이탈리아의 최남단 섬 몰타에 돌연 그 모습을 드러냈다. 로마나 나폴리와 비교할 때 몰타는 카라바조의 명성과는 어울리지 않는 외진 섬이었지만, 카라바조가 그곳을 선택할 수밖에 없었던 이유가 있었다. 로마 사법부의 추적을 받고 있던 카라바조는 몰타에서 기사 작위를 받으면 사면 기회를 얻을 수 있다고 판단했기 때문이다. 이미 로마에서는 카라바조의 천재성을 인정하면서 보르게제 추기경을 중심으로 사면 가능성에 대한 논의가 진행되고 있는 상태였다. 그럼에도 불구하고 카라바조는 스스로 상황을 조급하게 몰아가 몰타에서의 기사 작위에 관심을 보였고, 이런 이유로 성공이 보장되어 있던 나폴리를 갑자기 떠나게 된 것이다. 시칠리아 출신의 한 기사와 동행했다고 알려져 있지만 누구에게서 직접적인 후원을 받았는지는 알려져 있지 않다.

몰타는 비록 지중해의 작은 섬에 지나지 않지만, 초대교회 역사에도 등장하는 유서 깊은 섬이다. 로마로 압송되어가던 사도 바울과 그의 일행이 탄 배가 이탈리아 남단에서 난파당해 가까스로 뭍으로 올라가는데 그곳이 바로 몰타 섬이었다. 「사도행전」 28장 1~2절에 따르면, 몰타 사람들은 바울과 그의 일행을 따뜻하게 맞아주었다. 뿐만 아니라 몰타 섬은 성 요한 기사단의 찬란한 전통이 자랑스럽게 남아 있는 곳이기도 했다. 지리적 위치로 볼 때, 지중해 동쪽과 아나톨리아 지방 동쪽을 차지하고 있던 오스만 투르크의 침입에 언제나 노출되어 있던 몰타는 십자군 시대 이후로 남성적이며 군사적인 문화가 주류를 이루고 있던 기사들의 섬이었다. 1565년에 있었던 유명한 사건인 '몰타의 대함락'에서 약 120명의 충성스러운 기사들이 오스만 투르크의 술탄 술레이만 대제Suleiman the Magnificent(1494~1566)에게 목숨을 잃었던 곳으로도 유명했다. 이때 이교도들의 공격을 막기 위해 장렬히 목숨을 바친 기사들의 순교 영웅담은 남부 유럽 귀족 청년들의 종교적 열정을 자극했고, 늘 무공에 열광하던 카라바조도 그중 한 사람이었다. 수많은 유럽의 젊은 귀족들이 몰타에서 군사적인 영웅으로 명성을 떨치길 바랐으므로, 자연히 몰타의 길거리에는 폭력적인 분위기가 지배적이었고 기사들의 결투가 끊이지 않았다. 싸움과 결투를 좋아하던 카라바조의 과격한 성격에 몰타는 어쩌면 최적의 거주지였는지 모른다.

당시 몰타는 프랑스의 피카디 가문 출신의 귀족 알로프 데 비냐코트Alof de Wignacourt(15147~1622)에 의해 통치되고 있었다. 그는 카라바조가 몰타로 갑자기 이주했던 바로 그해에 신성로마제국으로부터 왕족Prince의 칭호를 하사받았다. 새로운 왕족 작위를 받고 기세가 등등해진 그는 1607년 7월 14일 몰타에 도착한 카라바조를 환영하는 대대적인 잔치를 베풀었을 뿐 아니라 카라바조에게 자신의 군사적 이미지를 강화시킬 수 있는 초상화를 주문했다. 카라바조는 그를 위해 유일한 전신상 초상화 〈알로프 데 비냐코트의 초상〉을 그렸다.

도판100

〈알로프 데 비냐코트의 초상〉, 1607~08, 캔버스에 유채, 194×134cm, 파리 루브르 박물관 소장.

이 그림에 등장하는 몰타 대영주의 모습은 카라바조 자신이 꿈꾸어왔던 명예로운 '성 요한 기사단'의 장엄한 포즈다. 두꺼운 갑옷 속에 감춰져 있는 군사적 위엄과 화면 오른쪽을 향해 먼 곳을 응시하는 영주의 모습에서 기사단을 이끌고 있는 지도자의 이상적 모습이 세밀하게 묘사되어 있음을 알 수 있다. 특히 카라바조가 요구한 포즈는 대영주의 마음을 흡족케 했다. 왼쪽을 향해 몸을 틀고 있는 자세를 취하게 함으로써 대영주의 왼쪽 뺨에 있던 큰 사마귀가 자연히 가려질 수 있었기 때문이다. 피렌체 우피치 박

도판101
피에로 델라 프란체스카,
〈페데리코 다 몬테펠트로의 초상〉, 1474년 이후,
피렌체 우피치 미술관 소장.

물관에 소장되어 있는 피에로 델라 프란체스카Piero della Francesca(1416?~1492)의 〈페데리코 다 몬테펠트로의 초상〉이 모델의 왼쪽 얼굴만 보이도록 인물의 방향을 조절함으로써 오른쪽 눈에 난 흉측한 상처가 가려질 수 있었다는 얘기는 널리 알려져 있는 사실이다. 이탈리아 중부 동쪽 우르비노의 공작 페데리코 다 몬테펠트로Federico da Montefeltro(1420~1482)의 초상화는 르네상스 시대를 대표하는 초상화인데, 여기서 우리는 화가가 그림을 주문한 귀족이나 영주의 요구에 따르거나 인물을 더 멋있고 아름답게 그렸던 당대의 유행을 발견할 수 있다.[6]

〈알로프 데 비냐코트의 초상〉에는 철갑옷으로 무장한 대영주 옆으로 어린 기사 후보생이 천으로 된 옷을 입고 등장한다. 소년의 표정은 대영주의 모습과 명백한 대조를 이루고 있다. 대영주는 왼쪽 상단을 향해 시선을 주고 있는 반면,

소년은 정면으로 관람객을 쏘아보면서 무엇인가 말을 거는 모습이다. 또한 얼마 남지 않은 여생을 생각하는 노년의 눈빛은 허공을 향하고 있는 반면, 어린 소년은 현실세계 안으로 바짝 다가서 있는 느낌을 준다.

대영주는 카라바조가 그려준 자신의 초상화에 매우 만족해했다. 그리고 카라바조의 소원대로 카라바조에게 기사 작위를 부여하겠다고 약속했다. 이는 실로 파격적인 보답이었다. 왜냐하면 당시 몰타의 기사 작위를 받으려면 직계 4촌이 200년 동안 귀족 신분이어야 한다는 문헌적 증명이 있어야 했고, 이혼을 했거나 살인을 저질렀을 경우 자격심사에서 탈락되는 규정이 있었기 때문이다. 또한 몰타의 기사 작위를 받기 위해서는 교황청으로부터 공식적인 심사와 허락이 있어야 하므로 몰타에서 카라바조가 기사 작위를 받는다는 것은 곧 로마의 법률적 사면을 의미하는 것이었다. 몰타의 영주는 외교적 물밑 작업을 통해 교황 바오로 5세에게 사면과 기사 작위에 대한 공식적인 허락을 받은 다음, 1608년 7월 14일 카라바조에게 기사 작위를 수여했다.

기사단과 로마 교황청 간의 서신 교환 그리고 사면에 관한 물밑 협상에 관한 기록은 아직도 문서로 남아 있다. 1608년 7월 2일자로 발송된 알로프 데 비냐코트의 공식 서한에 의하면 성 요한 기사단 측에서는 당시 카라바조가 살인죄를 저지르고 도피 중이며 이미 사형 선고가 내려져 있음을 잘 알고 있었음을 보여준다.

"교황성하, 성 요한 기사단의 대영주께서는 덕망 있고 존엄한 가치를 지닌 사람들에게 기사 작위를 부여하고자 원하고 있습니다. 그 사람들은 이미 기사단의 명예를 위해 헌신할 각오를 다지고 있습니다. 그들은 당시 상황에서는 다른 어떤 해결책이 없었기 때문에 저질러진 일이라고 호소하면서 교황성하의 은총을 기다리고 있습니다. 교황성하께서 윤허해주시면, 대영주께서는 그중에서 두 사람만을 선택해 기사 작위를 부여하길 원하고 있습니다. 그중 한 명은 결투 중에 사람을 죽인 살인자가 되었음을 알고 있습니다. 비록 성 요한 기사단의 헌장에 살인죄를 저지른 자에게는 기사 작위를 수여할 수 없다고 규정되어 있는 것도 사실이지만, 대영주께서는 그에게 작위를 수여하길 원하고 있습니다. 대영주께서는 교황성하께서 은총을 베푸시어 덕망 있고 존엄한 가치를 지닌 그들에게 작위를 수여할 수 있도록 윤허하여주시길 간절히 원하고 있습니다. 교황성하의 만수무강을 기원합니다."[7]

알로프 데 비냐코트 대영주의 공식 서한에 대한 교황청의 응답은 2월 15일에 내려졌다. 대영주의 서한과 함께 "기사단의 요구에 따라 윤허하기로 결정함. 두 명 중의 한 명은 결투 중 살인죄를 저지른 인물이지만 윤허하는 것으로 결정됨. 교황성하는 이에 기뻐하며 만족감을 표시함"이라는 교황청의 대응 서한이 기록으로 남아 있다. 교황청의 신속한 결정과 함께 카라바조에게 '순종의 기사Knight of Ubbidienza'라는 작위가 주어졌다. 카라바조가 부여받은 기사 작위는 자신의 전문 직종에 종사하면서 일반 기사들의 군사적 의무에서 제외될 수 있는 종류였다. 일반적으로 기사 작위를 수여받은 사람은 거액의 희사금을 기사단에 헌정해야 하는 '파사지오Passaggio'라는 관례가 있었지만, 도피 중이었던 카라바조는 자신의 작품으로 이러한 파사지오의 의무를 대신했다. 카라바조는 〈목 잘린 세례 요한〉을 그렸고, 이 그림은 카라바조의 기사 작위에 대한 재정적인 기여품으로 몰타의 산 조반니 대성당에 걸리게 되었다. 카라바조 후기 작품 중에서도 걸작으로 평가되는 이 유명한 그림은 카라바조가 남긴 작품 중에서 가장 큰 크기의 작품이며, 유일하게 그의 이름이 서명되어 있는 그림이기도 하다.

순교자 요한의 피로
'f. michel'이라는 자신의 이름을 새겨 넣다

〈목 잘린 세례 요한〉을 통해 '죄의식'을 표출

로마에서 살인죄를 저지르고 나폴리로, 다시 몰타로 도피 중에 있던 카라바조. 그는 사형 선고를 받았음에도 불구하고 귀족들의 보호를 받으면서 여전히 창작에 몰두할 수 있었다. 그러나 그렇다고 그의 마음속에 꿈틀대고 있는 죄의식과 양심의 가책까지 지울 수는 없었을 것이다. 카라바조가 나폴리에서의 보장된 성공과 안전을 포기하고 몰타로 이주했던 이유는 기사 작위를 통한 사면의 가능성 때문이었다. 자신의 과거에 대해 아무런 죄의식이 없었다면 그토록 사면을 갈망하지도, 몰타로 황급히 이주하지도 않았을 것이다.

파사지오 관례에 따라 성 요한 기사단에 그림을 헌정해야 했던 카라바조로서는 〈목 잘린 세례 요한〉을 통해서 인생의 새로운 전기轉機를 마련하고 싶었을 것이다. 몰타의 귀족들과 대영주는 카라바조의 어두운 과거에 대해 잘 알고 있었다. 카라바조는 새롭게 자신의 삶을 펼치겠다는 각오로, 그리고 그들의 기대에 부응하는 명작을 남기겠다는 의도에서 〈목 잘린 세례 요한〉에 '피의 서명'을 한 것으로 추정된다. 카라바조는 아마 순교자 세례 요한의 피로 자신이 로마에서 저지른 과오를 씻어버리고 싶었을 것이다.

〈목 잘린 세례 요한〉은 몰타에서 벌어진 1565년의 대전투에서 장렬하게 목

숨을 잃은 120명의 성 요한 기사단 소속 기사들의 영웅적인 죽음을 추모하기 위해 제작된 작품이다. 이교도의 침공을 막다가 장렬하게 전사했던 영웅들의 시신은 수습되어, 지금도 카라바조의 그림이 전시되어 있는 산 조반니 대성당의 성전 바닥에 매장되어 있다. 선배 영웅 기사들의 무덤을 밟고 서서, 카라바조의 작품 〈목 잘린 세례 요한〉을 바라보는 후배 기사들의 심정이 어떠했으리라는 것은 충분히 짐작할 수 있다. 현재 박물관으로 사용되고 있는 산 조반니 대성당은 후대로 내려오면서 화려한 장식을 추가로 설치했는데, 이것이 카라바조의 그림이 처음 걸렸을 때의 감동을 저해하고 있는 것이 사실이다. 그러나 여전히 〈목 잘린 세례 요한〉은 몰타 최고의 예술품으로 인정받고 있다.

도판103
〈목 잘린 세례 요한〉의 하단에 보이는 카라바조의 사인.

카라바조는 선배 화가들이 전통적인 화법을 통해 표현하던 세례 요한의 순교 장면에서 과감히 탈피한다. 그는 「마태복음」 14장 3~11절에 나오는 세례 요한의 죽음을 몰타 감옥의 뒷골목에서 벌어진 참혹한 살인의 장면으로 그려내고 있다. 그림 어디에도 하늘 문이 열리고 천군천사가 등장하는, 거룩한 순교의 순간을 알리는 전통적인 오브제는 등장하지 않는다. 감옥의 뒷골목에서 벌어지고 있는 끔찍한 살인의 순간만이 어둠 속에서 은밀히 재현되고 있을 뿐이다.

카라바조는 이 그림의 하단, 바닥에 흥건히 고인 성 요한의 붉은 피를 찍어 'f. michel'이란 자신의 이름을 새겨 넣었다. 그는 자신의 작품 중 유일하게 이 작품에 자신의 서명을 남겼다. 이는 'Frater of Michelangelo'의 약자로, 성 요한 기사가 된 자신의 격상된 위치를 강조하기 위해 의도적으로 기록한 듯하다. 카라바조의 이 같은 서명에 대해서 학자들 간에 다양한 추측과 이론이 제시되고 있다. 세례 요한의 피로 자기 이름을 적었다는 점에서 기괴한 추측까지 나돌고 있다. 일부 학자들은 프로이드 심리학까지 인용하면서 로마에서 저지른 살인죄에 대한 카인 콤플렉스Cain complex나 자살 심리가 작용했을 것이라는 해석까지 내놓고 있다. 그러나 피로 자신의 신앙을 표현하는 것은 그 당시 낯선 회화 기법이 아니었다. 롬바르디아 전통을 따르는 화가들은 이런 기법을 자주 사용해왔다. 빈센초 포파Vincenzo Foppa(1430?~1515?)의 프레스코화에는 베드로가 죽임을 당하기 직전의 장면이 나오는데, 베드로는 자신의 피로 "credo in unum deum(나는 한 하나님을 믿는다)"라는 글을 땅바닥에 쓴다.

카라바조는 〈목 잘린 세례 요한〉에서 처음으로 배경을 단순히 어둡게 처리하는 데 그치지 않고 어두운 성벽과 대문을 그 배경 안에 그려 넣었다. 몰타의 성벽을 그대로 배경으로 처리하면서 동시에 비어 있던 화면 오른쪽을 감옥에 갇혀 있는 죄수로 채워 넣었다. 짙은 어둠으로 배경을 처리하던 테네브리즘 기법에 약간의 변화를 주기 시작한 것이다.

카라바조는 땅바닥에 엎드려 목이 잘린 채 죽어가고 있는 세례 요한을 중앙에 배치하고, 화면 정면에 등장하는 주요 등장인물들을 화면 왼쪽에 배치했다. 비례적으로 불완전한 대칭을 이루고 있던 화면 오른쪽 공간에 처형 장면을 바라보고 있는 두 명의 죄수들을 등장시켜 이를 조정했다. 바닥에 엎드려 피 흘리며 죽어가고 있는 세례 요한의 두 손은 뒤로 결박되어 있다. 처형하는 사람은 세례 요한의 머리채를 잡고 목을 자르기 위해 뒷짐에서 칼을 꺼내고 있다. 이미 세례 요한의 목은 일부 절단되어 피를 흘리고 있음에도 불구하고 땅바닥에 놓여 있는 칼이나 처형하는 사람의 단검에는 피가 묻어 있지 않다. 세례 요한이 깔고 엎드린 양털 가죽은 예수 그리스도의 고난과 죽음을 예시하는 오브제다. 전통적으로 세례 요한의 죽음은 예수 그리스도의 고난과 죽음에 대한 전주곡으로 이해되어 왔기 때문이다.

카라바조는 몰타 섬에 〈알로프 데 비냐코트의 초상화〉와 〈목 잘린 세례 요한〉을 선사했다. 남성적인 군사 문화가 일상의 전부를 차지하고 있던 몰타 섬에

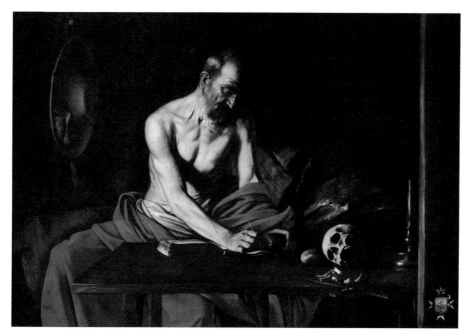

도판104

〈성 제롬〉두 번째 판, 1607~08(?), 캔버스에 유채, 117×157cm, 발레타 산 조반니 대성당 소장.

당대 최고의 화가가 갑자기 나타나서 그 시대 최고의 예술작품을 선물한 것이다.

카라바조는 이어 〈성 제롬〉두 번째 판(〈성 제롬〉초판은 〈서재에 있는 성 제롬〉을 지칭함)을 몰타에 선사함으로써 자신에게 기사 작위를 수여한 대영주의 기대에 부응했다.

〈성 제롬〉두 번째 판은 성 요한 기사단의 이탈리아 성당을 위해 주문되었다. 성 요한 기사단은 유럽의 각 나라를 대표하는 성당을 몰타에 건립하고 출신 나라별로 친목과 결속을 다졌는데, 〈성 제롬〉두 번째 판은 이탈리아 출신 성 요한 기사단을 위해 그려진 것이다. 보르게제 박물관에 소장되어 있는 1605년 초판 〈서재에 있는 성 제롬〉은 책상 오른쪽에 배치된 제롬이 라틴어『성서』를 번역하고 있는 장면을 담고 있다. 여기서 성 제롬은 중세의 전통적 학자적 이미지에서 죽음을 기억하는 메멘토 모리의 은둔 수도자로 전환되었다.

〈성 제롬〉 두 번째 판은 책상 뒤로 배치된 제롬이 전작과 같은 자세를 취하면서 『성서』에 무엇인가 메모를 하고 있는 장면을 담고 있다. 책상 위에 놓여 있는 십자가상, 해골, 작은 돌멩이, 그리고 불 꺼져 있는 촛대 등은 성 제롬의 은둔과 고난의 삶을 상징하는 오브제인 동시에 메멘토 모리를 위한 상징물로 표현되고 있다.

흥미로운 것은 〈성 제롬〉 두 번째 판에 등장하는 성자의 모습이 알로프 데 비냐코트 대영주의 모습과 흡사하다는 점이다. 성화의 주인공을 작품 주문자의 모습으로 그리는 경향은 르네상스 시대의 보편적인 현상이었다. 특히 피렌체의 절대군주였던 메디치 가문은 수많은 성화에 자기 가족의 모습을 그려 넣도록 주문한 것으로 유명하다.[8] 카라바조 역시 알로프 데 비냐코트 대영주의 모습으로 성 제롬을 표현함으로써 자신에게 사면의 가능성을 제시한 은인에게 감사를 표현하고 있는 것이다.

학자들의 연구에 의해 카라바조의 또 다른 몰타 작품이 발굴되기도 했다. 현재 피렌체의 피티 궁전 박물관에 소장되어 있는 〈잠자는 큐피드〉가 카라바조의 진품이란 사실이 확인된 것이다. 이 작품은 카라바조가 몰타에 체류하고 있을 당시 그린 작품으로, 완성된 작품은 곧바로 피렌체로 옮겨졌다.

사건의 전말은 이렇다. 1609년, 몰타의 기사 프란체스코 부오나로티 Francesco Buonarroti가 그의 형이자 피렌체의 문예작가였던 미켈란젤로 부오나로티 Michelangelo Buonarroti에게 쓴 편지에 카라바조의 작품에 대한 언급이 나온다. 몰타에 체류하던 동생 프란체스코는 형에게 보낸 편지에 〈잠자는 큐피드〉가 몰타의 또 다른 기사인 프란체스코 델란텔라 Francesco dell'Antella(1567~1624)의 주문을 받고 그려진 카라바조의 작품이며, 곧 몰타에서 피렌체로 이송될 것이라고 언급하

도판105

〈잠자는 큐피드〉, 1608, 캔버스에 유채, 71×105cm, 피렌체 피티 궁전 박물관 소장.

고 있다. 또한 프란체스코는 편지 내용 중에 이 그림에 대해서 소네트 형식의 찬사를 썼으며, 피렌체에서 이 그림이 전시될 때에 일어날 일에 대한 흥분을 감추지 않았다. 여기서 언급되는 〈잠자는 큐피드〉가 피렌체의 피티 궁전 박물관에서 발견됨으로써, 우리는 몰타에서 그려진 또 다른 카라바조의 작품을 확인할 수 있게 된 것이다.

천사의 날개를 달고 있는 전신 누드화인 전작 〈승리자 큐피드〉와 달리, 몰타에서 그려진 네 번째 작품 〈잠자는 큐피드〉에서 큐피드는 마치 죽어 있는 듯한 자세를 취하고 있다. 잠자고 있는 큐피드란 인상을 전혀 주지 않는다. 전작 〈승리자 큐피드〉보다 훨씬 어둠이 짙어졌고, 그림에 등장하는 큐피드는 자기 날개를 베개 삼아 곤히 잠들어 있다. 겉으론 평범해 보이지만, 이 작품에는 르네상스 거장들과 견주고 싶어 했던 카라바조의 은밀한 야심이 숨어 있다. 카라바조는 이 작품을 통해서 다시 르네상스의 거장 미켈란젤로와 경쟁하고 있었던 것이다. 진정한 미적 표현을 위해 회

도판106
작자 미상, 〈잠자는 큐피드〉, 2세기 로마에서 발견, 대리석, 135cm, 피렌체 우피치 미술관 소장.

화 대 조각으로 한판 승부를 걸어보겠다는 심산이 작품에 그대로 드러나 있다.

'피렌체의 아들' 미켈란젤로는 〈잠자는 큐피드〉를 조각으로 남겼는데, 아쉽게도 이 작품은 17세기 이후에 실종되고 말았다. 그러나 당시의 기록에 의하면 그 조각품이 "여섯 살 혹은 일곱 살쯤 되어 보이는 어린 아기가 자기 팔을 베고 잠들어 있는 모습이었으며, 메디치 가문이 소장하고 있는 헬레니즘 시대의 조각품과 매우 흡사했다"고 한다.

미켈란젤로의 〈잠자는 큐피드〉는 실종되었지만 메디치 가문이 소장하고 있던, 2세기경에 제작된 헬레니즘 시대의 조각품은 현존해 있다. 그런데 문제는 메디치 가문이 소장하고 있는 헬레니즘 시대의 조각 〈잠자는 큐피드〉가 카라바조의 회화 작품인 〈잠자는 큐피드〉와 매우 흡사한 모습을 하고 있다는 점이다. 결국 카라바조는 지금은 실종된 미켈란젤로의 〈잠자는 큐피드〉와 자신의 그림을 비교·경쟁하려는 의도를 가지고 있었던 것이다.

앞서 프란체스코의 편지에서 프란체스코는 〈잠자는 큐피드〉가 피렌체에 전시되었을 때 일어날 일에 대한 흥분을 감추지 못했다. 왜 프란체스코는 카라바조의 〈잠자는 큐피드〉가 피렌체에서 전시되길 간절히 바랐고, 또 무슨 일이 일어날 것이라고 예상했던 것일까?

그림의 주문자였던 프란체스코 델란텔라는 미켈란젤로의 명성이 여전히 위세를 떨치고 있던 피렌체에서 메디치 가문이 소장하고 있는 〈잠자는 큐피드〉와 신예 작가 카라바조의 〈잠자는 큐피드〉가 함께 전시되리란 것을 이미 알고 있었던 것이다. 카라바조 역시 사전에 자신의 그림이 미켈란젤로의 조각품 혹은 그 조각품과 흡사한 헬레니즘 양식의 〈잠자는 큐피드〉와 함께 전시될 것이란 사실을 알고 있었을 가능성이 높다. 카라바조는 미켈란젤로의 명성에 도전하고 싶은 자신의 의도를 숨기지 않았던 것으로 보인다. 조각과 회화의 차이와 우열에 대한 논의는 미켈란젤로가 전성기를 누리고 있던 때부터 널리 회자되던 논쟁거리였다. 〈잠자는 큐피드〉를 통해 카라바조 회화의 우수성을 널리 알리면서 회화와 조각의 우위 논쟁을 종식시키려 한 델란텔라의 의도가 있었던 것으로 보인다. 실제로 카라바조의 〈잠자는 큐피드〉는 신화적 존재의 회화적 묘사에만 머무르지 않고 섬세한 조각미까지 가미된 인상을 풍기고 있다.

카라바조는 몰타에서 〈알로프 데 비냐코트의 초상〉, 〈목 잘린 세례 요한〉, 〈성 제롬〉, 그리고 〈잠자는 큐피드〉를 그렸다.[9] 이탈리아 남단의 외딴 섬은 당대 최고의 명성을 자랑하는 화가의 그림을 선사받는 호사를 누렸다. 카라바조 또한 몰타에서 많은 것을 얻었다. 그는 준사면을 전제로 한 몰타의 기사 작위를 받았고, 몰타에 남긴 작품들은 주문자들과 관람자들의 넘치는 찬사를 받았다.

그러나 몰타에서의 명예로운 생활도 잠시뿐, 다시 그는 도망자의 길로 돌아서야 했다. 몰타에서 동료 기사와 싸움을 벌인 혐의로 앙젤로 성의 지하 감옥에 수감되었다가 야밤을 틈타 감옥의 벽을 타고 인근 시칠리아 섬으로 도주하는 사건이 벌어졌기 때문이다. 1608년 10월 6일에 일어난 일이었다.

카라바조가 철저한 감시를 뚫고 몰타 감옥을 탈출할 수 있었던 배경에는 몰타의 대영주와 후원자들의 숨은 도움이 있었다는 설도 있고, 실제로 감옥에 갇히지 않았다는 견해도 제기되고 있지만, 어쨌든 몰타 기사의 명예에 먹칠을 하면서

그는 다시 도망자의 모습으로 시칠리아를 향해 도주할 수밖에 없었다. 당시 모든 몰타의 기사들은 대영주의 공식적인 허락 없이는 몰타를 떠날 수 없다는 의무를 지고 있었는데, 이를 어김으로써 카라바조의 기사 작위는 1608년 12월 1일자 기사단 회의에서 취소되고 만다. 그러나 단순히 그의 기사 작위만 취소된 것이 아니었다. 성 요한 기사단의 명예를 실추시킨 그의 그림 〈목 잘린 세례 요한〉은 더 이상 전시될 수 없게 되었다. 그가 몰타를 떠난 다음, 이 작품은 산 조반니 대성당에서 장기간 철거되는 비운을 맞았다. 지금은 이 성당도 카라바조의 명작을 자랑스럽게 전시하고 있다.

'성 루치아'가 카라바조에 의해 재해석되다

시칠리아 섬으로의 도피, 그러나 그는 여전히 환영받는다

로마에서의 살인 사건에 이어 몰타에서도 범죄를 저지르고 사법부와 기사단의 추적을 피해 시칠리아로 도주할 수밖에 없었던 카라바조. 그러나 시칠리아로 피신한 카라바조는 그곳에서 도망자처럼 행세하지 않았다. 그는 다시 당당하게 시칠리아의 귀족들과 미술 애호가들의 환영과 찬사를 받으며 거리를 활보하고 다녔고, 몰타의 대영주에게 다시 환심을 사고자 그림 선물을 보내려고 시도했다. 자신의 기사 작위를 박탈한 대영주의 마음을 돌리기 위해 그린 그림은 〈세례 요한의 목을 쟁반에 들고 있는 살로메〉(289~290쪽)로, 〈목 잘린 세례 요한〉의 후속편이었다.[10] 사실 몰타와 시칠리아는 지리적으로 매우 가까웠고, 몰타의 기사들이 시칠리아 섬을 자주 왕래했다는 점을 고려할 때, 성 요한 기사단이 카라바조를 체포하기 위해 공식적으로 수사관을 파견했다면 체포는 어려운 문제가 아니었을 것이다. 그러나 몰타의 대영주와 성 요한 기사단은 카라바조가 시칠리아에서 활동하는 것을 방조했다. 오히려 그의 작품에 관심을 보이는 몰타 출신의 귀족들이 많았다.

1608년 10월경 시칠리아로 도주한 카라바조는 이 섬에서 약 9개월간 체류했다. 시칠리아는 당시 스페인 영주에 의해 통치되고 있었는데, 거의 매년 반복되는 가뭄과 흉년 등의 자연 재앙으로 흡사 '시련의 땅'을 방불케 했다. 시칠리아 사람들의 삶은 점점 피폐해갔다. 뿐만 아니라 몰타와 마찬가지로, 이곳 시칠리아도 이탈리아 남단이라는 지역적 특성으로 인해 항상 오스만 투르크의 군사적 위협에 시달리고 있었다. 카라바조가 시칠리아에서 남긴 작품 속에서도 헐벗고 굶주린 사람들의 삶이 솔직하게 표현되어 있다. 이전에 그렸던 작품에 등장하던 어둠의 그림자가 시칠리아의 작품에서도 반복되고 있지만 등장인물들의 고통과 가난은 이전보다 더 절실하게 표현되어 있다.

작품의 표현에 미묘한 변화를 보이는 동시에, 시칠리아로 도주해온 카라바조는 더욱 광포해진 성격으로 주위 사람들과 마찰을 빚기 시작한다. 이제 그의 광기 어린 폭력성은 위험 수위를 넘어서기 시작했다. 언제나 무엇인가에 쫓기는 생활을 했던 카라바조는 주위 사람들을 늘 불안케 했다. 그는 시칠리아 귀족들의 보호를 받고 있었지만, 극도의 공포감에 사로잡혀 있었다. 낯선 사람들과의 만남을 피하기 위해 혼자 시간을 보내는 날들이 점점 많아졌다. 시칠리아의 역사가 프란체스코 수시노Francesco Susinno는 기록에서 "시칠리아에 머물러 있던 카라바조는 잠을 잘 때도 언제나 평상복을 입고 신발을 신은 채, 한 손에 단검을 쥐고 잠자리에 들었다"고 술회하고 있다.[11]

시칠리아의 귀족들은 오직 카라바조의 작품을 얻는 데만 정신을 쏟았을 뿐, 아무도 도망자인 범법자 카라바조를 체포하려 들지 않았다. 그러나 그는 늘 심리적 불안감과 죄책감에 시달렸던 것으로 보인다. 시칠리아에서 체류한 9개월 남짓 동안 카라바조는 한 도시에 머무르지 않고 시라쿠사, 메시나, 그리고 팔레르모로 계속 이동했다. 이것은 카라바조가 무엇인가로부터 쫓기고 있었다는 것을 반증하는 것이기도 하다. 일부 학자들은 몰타 대영주의 공식 채널이 아닌, 카라바조에게 원한이 있는 기사단의 일원 혹은 몇 명의 기사들에 의해 개인적으로 추격을 받고 있었던 것으로 추정하기도 한다.[12] 심지어 일부 학자들은 카라바조의 죽음을 몰타 섬에서 복수를 노리고 파견된 자객들의 소행으로까지 보기도 한다.

카라바조가 몰타를 몰래 탈출해 시칠리아에 도착했을 때 제일 먼저 찾아간 도시는 시라쿠사였다. 다시 시라쿠사의 귀족들은 도망자 카라바조를 환영했다. 마침 시라쿠사의 성 루치아 대성당의 공사가 완성되면서 그의 작품을 이 성당에 걸기 위해 시라쿠사 의회 귀족들과 교회 지도자들이 카라바조와 접촉했다. 조수이자 절친한 여행 동반자였던 마리오 미니티의 주선으로 카라바조는 시라쿠사에 도착한 지 한 달 만에 대작 〈성 루치아의 매장〉을 단숨에 완성했다.

시칠리아 섬의 동남부 거점도시인 시라쿠사의 수호성자인 성 루치아 St. Lucia 는 초대 기독교의 박해자로 유명한 디오클레티아누스 Diocletianus* 로마 황제에 의해 303년 순교당한 성자였다. 초대교회의 순교자 성 루치아의 시신이 시라쿠사에 매장된 것으로 알려진 이후 성 루치아는 시라쿠사의 수호성자가 되었다.** 이태리 가곡을 대표하는 〈산타 루치아〉도 성 루치아에 대한 전설을 바탕으로 작곡된 곡이다.

이야기의 전말은 이렇다. 성 루치아는 시칠리아 섬의 도시 시라쿠사의 독실한 기독교 집안에서 태어났다. 루치아가 '광명'을 뜻하듯, 그녀는 맑고 아름다운 눈빛을 가진 소녀였다. 그녀에게는 홀어머니가 계셨고, 가이오라는 귀족 청년과 결혼을 앞두고 있었다. 그러나 아버지를 일찍 여의고 어머니마저 혈우병에 걸려 있어 루치아는 괴로운 나날들을 보낼 수밖에 없었다. 이때 루치아 앞에 50년 전 순교한 성 아가타 St. Agatha가 나타나 어머니의 병을 기적적으로 고쳐준다. 이 기적

---

* 이탈리아의 평민 출신으로 로마의 일반 군인에서 시작해 284년 황제가 되어 308년까지 재위했다. 즉위 후 공화정을 일소하고, 전제군주정을 수립했다. 286년에는 부제(副帝) 막시미아누스를 정식 황제로 승격시키고, 제국 분할통치의 기초를 세워, 293년에는 2명의 정식 황제 및 2명의 부황제에 의해 분할 통치하는 4분통치제를 시작했다. 자신의 권위와 신성성을 강조하며, 전통 수호의 뜻에서 옛 로마 종교를 회복하는 많은 신전을 세웠다. 치세 말기 303년에는 기독교에 대한 대규모 박해를 가했다가 실패해 퇴위하게 된다.

** 성 루치아 전설은 성 그레고리(St. Gregory)와 알드헤임(Aldheim)의 기록에 의해 중세교회 순교 설화(Martyrology)로 전수되었다.

을 체험한 루치아는 자신의 모든 것을 하나님께 바치기로 약속하고, 가이오와의 약혼도 파기한다. 그러나 파혼당한 가이오는 분한 마음을 주체하지 못하고 루치아가 기독교인임을 당국에 고발하기에 이른다. 디오클레티아누스 황제의 기독교 박해가 극에 달했을 때였다. 그러자 루치아는 자신의 아름다운 두 눈이 가이오의 이성을 눈멀게 하였다고 생각해 스스로 자신의 눈알을 뽑아 가이오에게 보냈다. 그리고 루치아는 체포되었다. 그러나 그녀의 굳은 신앙을 그 누가 막을 수 있겠는가. 당국은 여러 마리 소에 온몸을 묶은 다음 사지를 찢는 능지처참형으로 그녀를 죽이려 했으나 그녀의 몸은 아무런 해를 입지 않았고, 불 속에 던져졌으나 불길이 오히려 그녀를 피해갔다. 결국 루치아는 단검에 찔려 목숨을 잃게 된다. 그녀가 순교를 당한 뒤 가이오도 그녀의 용기와 믿음에 감동하여 기독교인으로 개종했다. 성 루치아가 '시력의 성자Saint of Sight'로 불리는 이유가 바로 여기에 있다.

그러나 중세 시대에 발굴된 성 루치아의 시신이 스포레토의 공작 파로알드Faroald에 의해 이탈리아 북부 베네치아 인근의 코르피니움으로 이장된 이후, 성 루치아와 연관된 성물 숭배 신앙은 이탈리아 북부로 이전되는 일이 벌어졌다. 카라바조가 도착했을 당시 시칠리아 사람들은 성 루치아 신앙을 베네치아에서 원래의 고향인 시칠리아로 되돌리고 싶어 했고, 그 종교적 정통성을 회복하기 위해 여러 가지 노력을 펴고 있었다. 이런 목적으로 시라쿠사 의회의 귀족들은 새로 건축된 성 루치아 대성당에 당대 이탈리아 최고의 화가였던 카라바조의 그림이 전시되기를 학수고대하고 있었다.

카라바조의 작품 〈성 루치아의 매장〉에서 분위기를 압도하는 인물은 성 루치아가 아니라 그녀를 묻기 위해 무덤을 파고 있는 근육질 몸매를 가진 두 일꾼이다. 이는 성 루치아 신앙의 원조인 시칠리아 사람의 노력과 건강미를 더 강조함으로써 베네치아에게 빼앗긴 성 루치아 신앙을 되돌리겠다는 의도를 드러내고 있다. 그림 전체의 구도로 볼 때, 성 루치아의 시신을 묻기 위해 땅을 파고 있는

도판108

〈성 루치아의 매장〉, 1608, 408×300cm, 산타 루치아 알라 바디아 성당 소장.

두 사람과 가운데 놓여 있는 성 루치아의 시신, 그리고 이를 둘러싸고 있는 사람들은 그림 하단부만을 차지하고 있을 뿐이다. 화폭의 절반 이상을 차지하는 상단부가 빈 공간으로 황량하게 남아 있는 것은 당시 일반적인 종교화나 성자를 묘사한 그림에서 쉽게 찾아볼 수 없는 구도였다. 전통적인 제단화에서는 나폴리에서 그렸던 〈일곱 가지의 선행〉의 경우처럼 그 빈 공간에 천사가 등장하거나 성모자가 구원의 눈길로 지상을 내려다보는 장면 등과 같은 초월적인 장면들이 그려지는 것이 일반적인 경향이었다. 그러나 〈성 루치아의 매장〉 윗부분을 차지하고 있는 낡은 벽에는 성스러움을 나타내는 그 어떤 흔적도 찾아볼 수 없다. 오히려 작가는 우리의 시선을 낡고 갈라진 성벽으로 유도한다. 성스러움은 오히려 남루함과 초라함으로 표현되고 있다. 화면 하단을 자세히 관찰하면 죽어 있는 성 루치아의 뽑혀진 눈이 땅바닥에 나뒹구는 것을 희미하게 발견할 수 있다. 카라바조는 아름다운 눈을 가진 성 루치아가 눈알을 뽑아 그녀의 약혼자인 가이오에게 주었다는 중세 전설을 그대로 표현하고 있다.

시칠리아의 시라쿠사에서 그린 〈성 루치아의 매장〉은 다시 한번 카라바조의 명성과 재능을 확인시켜주었다. 작품을 감상한 사람들은 카라바조의 화풍에서 발견되는 미묘한 변화에 관심을 가지기 시작했다. 몰타의 〈목 잘린 세례 요한〉에서부터 서서히 드러나기 시작한 새로운 경향은 카라바조의 배경 처리와 연관되어 있다. 로마에서 활동할 당시 카라바조는 언제나 칠흑 같은 어둠으로 배경을 처리해왔다. 그런데 몰타와 시칠리아의 여러 도시, 그리고 다시 나폴리로 유랑하면서 카라바조는 새로운 배경 처리를 시도한다. 칠흑 같은 짙은 어둠 속 한 줄기 빛으로 구원의 강렬한 이미지를 표현했던 시기를 지나, 어렴풋한 조명으로 작품의 배경을 구체화하면서 실체가 있는 형상들을 조금씩 표현하기 시작한 것이다. 가령 몰타에서 그려진 〈목 잘린 세례 요한〉을 보면, 그 흐릿한 배경 안에 몰타 감옥의 벽면과 옥에 갇혀 있는 죄수들의 모습이 담겨 있음을 알 수 있다. 시칠리아에

도판109
야코벨로 델 피오레, 〈성 루치아의 매장〉,
1410, 나무에 템페라, 70×52cm,
페로마 피나코테카 시비카 소장.

서 방랑하며 머물던 첫 도시인 시라쿠사에서 그려진 〈성 루치아의 매장〉에도 그림의 배경이 어렴풋이 드러난다. 이는 카라바조가 완전한 어둠의 세계에서 벗어나 빛의 세계로 조금씩 나아가고 있음을 의미하는 것일까. 아니면, 어둠의 혼돈을 뚫고 빛의 세계로 한 걸음 다가서기 위한 그의 처절한 몸부림이었을까.

달라진 배경 처리와 함께 여백의 활용이 두드러지기 시작했다는 점도 주목할 만한 변화였다. 보통 화가라면 텅 비어 있는 그림의 상단에 의욕적으로 무엇인가를 채워 넣었을 텐데 카라바조는 그것을 여백으로 처리해버렸다. 그림 속에 무엇인가 빠져 있는 듯한 느낌, 혹은 카라바조가 무엇인가를 의도적으로 생략하고 있다는 느낌을 받게 된다. 어렴풋이 밝아오는 화면과 함께 공간의 여백이 강조되면서, 초월적 성스러움의 실체를 생략하는 새로운 기법이 몰타와 시칠리아의 그림에서 나타나기 시작한 것이다.

'성 루치아의 매장'은 중세 시대의 화가들에 의해 자주 그려진 주제다. 예를 들면 카라바조의 〈성 루치아의 매장〉과 동일한 제목을 가진 야코벨로 델 피오레 Jacobello del Fiore(?~1439)의 작품이 있다. 하지만 카라바조의 〈성 루치아의 매장〉은 표현의 출발점부터 중세 화가들과 달랐다. 야코벨로 델 피오레의 작품을 보는 관람객은 붉은 노을 빛깔을 연상시키는 현란한 황금색이 성 루치아의 순교를 찬양하는 오브제로 작용하고 있음을 단박에 알아볼 수 있다. 중세 화가들의 의도는 오로지 성 루치아의 순교 후에 격조 있게 치러지는 기독교적 장례식을 화려하게 재연하는 데 있었다. 그들에게서는 카라바조의 작품에서 보이는 작가주의, 즉 죽음의 고통을 바라보는 사람들의 시각과 땀 흘리며 시신을 매장하고 있는 보통 사람의 관점과 시각이 보이지 않는다. 중세 시대에 〈성 루치아의 매장〉이 가톨릭교회의 권위를 드러내기 위해 그려졌다면, 카라바조의 작품은 한 여인의 고통과 죽음, 그리고 그것을 바라보는 우리들의 비통한 마음을 그리고 있는 것이다.

카라바조가 그린 종교화의 공통점은 성자의 죽음과 순교를 미화하지 않는다는 점에 있다. 종교화 초기 작품인 〈유디트와 홀로페르네스〉(117쪽)에서 유디트는 유대의 적장 홀로페르네스의 목을 치면서 비정하고도 찡그린 얼굴 표정을 짓고 있다. 같은 주제로 유디트를 표현했던 다른 화가들은 그녀를 홀로페르네스를 죽인 암살자이지만 온화한 미소를 띠고 있는 성녀로 그려왔다. 카라바조의 작품 속에 등장하는 성 바울, 성 베드로, 성 세례 요한, 성 프란체스코, 성 제롬 등 성자의 얼굴 어디에도 이 세상을 초월한 신비의 모습은 발견되지 않는다. 그의 작품에 등장하는 예수 또한 고통스런 세상을 초월해 저 멀리 있는 신의 모습으로 그려져 있지 않다. 지극히 인간적인 고통을 느끼고 있는 '인간 예수'가 어둠 속에서 조용히 그 아픔을 받아들이고 있다. 카라바조는 성자와 예수의 얼굴에 우리 평범한 인간들이 가지고 있는 고통, 배반, 슬픔, 속임수, 환희, 체험 등을 매우 사실적으로 담아내고 있다. 그래서 우리는 카라바조의 그림에서 눈을 떼지 못하는지 모른다. 짙은 어둠의 저편에서 불쑥 모습을 드러낸 카라바조가 우리에게 대뜸 다음과 같은 질문을 던지는 것 같다.

"당신이 믿는 하나님이 과연 저 먼 하늘에서 우리 인간을 심판하기 위해 아래로 굽어보고 있다고 생각하십니까? 아닙니다. 지금 하나님은 비참하고, 더럽고, 버려진 이 세상에서 우리 인간의 모습을 불쌍히 지켜보고 있습니다."

테네브리즘의 퇴조,
'여백의 미'가 강조되기 시작하다

뒷배경이 보이는 작품
〈목 잘린 세례 요한〉, 〈성 루치아의 매장〉, 〈나사로의 부활〉…

카라바조는 시라쿠사에서 오래 체류하지 않았다. 그칠 줄 모르는 시라쿠사 사람들의 칭송에도 불구하고, 그는 다시 1608년 12월 6일 이전에 메시나로 거처를 갑자기 옮기고, 그곳에서 겨울을 보내게 된다. 메시나는 시라쿠사보다 규모가 큰 시칠리아 동북부 중심도시면서, 최초로 예수회대학이 설립된 곳으로 유명한 교육의 명소이자, 이탈리아 남단의 국제무역도시였다. 그는 메시나에 도착하자마자 제노아 출신의 거상인 조반니 바티스타 데 라차리Giovanni Battista de' Lazzari로부터 〈나사로의 부활〉을 그려달라는 주문을 받는다. 시칠리아의 역사가인 프란체스코 수시노의 기록에 의하면, 라차리의 주문을 받고 처음 그린 그림에는 '성모자상과 세례 요한'이 등장했는데, 주문자가 마음에 들어 하지 않자 바로 그 자리에서 단검으로 그림을 찢어버리고 '보다 아름다운' 작품을 그리겠다고 약속했다고 한다.[13] 〈나사로의 부활〉은 이때 다시 제작된 작품이다.

파드리 크로치페리 성당에 걸릴 예정이었던 대형 걸개그림 〈나사로의 부활〉은 카라바조 화풍의 미묘한 변화를 다시 보여주고 있다. 짙은 그림자가 드리워져 있지만 황량한 벽면이 그림의 배경으로 흐릿하게 처리되어 있고, 무엇인가 생략되어 있는 듯 등장인물들이 화면 아래쪽에 몰려 있다. 빈 공간으로 남겨진 그림

상단의 여백 아래에 죽은 지 사흘이 지난 나사로의 썩어가는 시신이 사실적으로 묘사되어 있고, 나사로를 향해 구원의 손길을 내밀고 있는 예수 그리스도의 어깨 위로 신비로운 빛이 쏟아지고 있다. 그 구원과 생명의 한 줄기 빛은 이미 썩기 시작한 나사로의 시신 위로 연장된다. 이 그림은 가뭄과 기근, 그리고 반복되는 지진의 엄습으로 곤궁에 처해 있던 메시나 사람들에게 진정한 생명과 구원의 빛이 어디에서 오고 있는지 다시 생각하게 하는 카라바조 후기의 명작이다.

도판110
세바스티아노 델 피옴보, 〈나사로의 부활〉,
캔버스에 유채, 381×289.6cm, 런던 국립미술관 소장.

〈나사로의 부활〉은 수많은 화가들에 의해 그려졌다. 16세기 초반에 그려진 세바스티아노 델 피옴보의 작품 〈나사로의 부활〉과 16세기 후반에 그려진 주세페 체사리의 동명 작품을 카라바조의 그림과 비교해보는 것도 흥미로운 일이다. 카라바조가 한때 주세페 체사리의 로마 화실에서 일했던 것을 기억한다면, 틀림없이 카라바조가 체사리의 〈나사로의 부활〉(51쪽)을 염두에 두고 그림을 그렸을 것이라는 추측이 가능하다. 배경이나 등장인물의 숫자에서 차이는 있지만, 실제로 나사로의 포즈나 예수 그리스도의 손짓 등에서 두 작품 사이에 유사점이 발견된다.

카라바조의 작품에서 예수 그리스도는 쏟아지는 한 줄기 빛을 받고 있고, 나사로는 손을 펴 들고 있으며, 두 명의 여인 마리아와 마르다가 오빠의 시신을 붙잡은 채 울부짖고 있다. 예수 그리스도의 손짓을 받고 있는 죽은 나사로의 포즈

〈나사로의 부활〉, 1608~09, 캔버스에 유채, 380×275cm, 메시나 지역박물관 소장.

어떤 병든 자가 있으니

이는 마리아와 그 자매 마르다의 마을 베다니에 사는 나사로라. (중략)

예수께서 와서 보시니 나사로가 무덤에 있은 지 이미 나흘이라. (중략)

예수께서 이르시되 돌을 옮겨놓으라 하시니

그 죽은 자의 누이 마르다가 이르되

주여 죽은 지가 나흘이 되었으매 벌써 냄새가 나나이다. (중략)

돌을 옮겨 놓으니 (중략)

큰 소리로 나사로야 나오라 부르시니

죽은 자가 수족手足을 베로 동인 채로 나오는데

그 얼굴은 수건에 싸였더라.

예수께서 이르시되 풀어놓아 다니게 하라 하시니라.

「요한복음」 11장 1~44절

도판112
〈나사로의 부활〉일부. 예수 그리스도가 내뻗은 오른손 위로
남자가 빛이 비치는 곳을 향해 고개를 들고 있는데, 그 남자가 바로 카라바조다.

는 앞으로 예수 자신이 당할 십자가형을 상징하는 듯하다. 죽어 있는 나사로의 모습이 바로 십자가의 모양과 유사하기 때문이다. 또한 생명의 근원되신 예수 그리스도와 생명을 잃은 나사로 사이에 여섯 명의 남자가 좁은 공간에 밀집해 있다. 그중 세 명은 나사로를 향해 있고, 나머지 세 명은 빛이 쏟아져 들어오는 예수 그리스도를 향해 있다. 나사로로 표현된 죽음과 예수 그리스도로 표현된 생명의 갈림길에서 사람들은 정확하게 상반된 반응을 보이고 있는 것이다.

예수 그리스도가 내뻗은 오른손 위로 한 남자가 빛이 비치는 곳을 향해 고개를 들고 있다. 그 어둠 속의 남자는 바로 카라바조다. 이미 몇 차례에 걸쳐 카라바조는 자신의 얼굴을 작품 속에 그려왔다. 어둠 속에서 빛을 향해 얼굴을 돌리고 있는 자신의 모습을 작게 그려 넣음으로써 카라바조는 다시 생명과 구원을 향한 자신의 의지와 갈망을 표출한다. 빛과 구원의 원천을 향해 고개를 쳐든 모습에서 죄악과 저주의 굴레에서 몸부림치며 벗어나고자 하는 카라바조의 탄원을 짐작해 볼 수 있다.

〈나사로의 부활〉을 보고 메시나의 귀족들과 미술 애호가들은 또 다시 열광했다. 바탕 그림이나 기초 도안도 없이 곧바로 걸작을 그려내는 카라바조의 천재성에 사람들은 감탄하지 않을 수 없었다. 당대 최고의 화가 카라바조로부터 더 많은 작품을 얻기 위해서 이번에는 카푸친 수도회 소속 산타 마리아 라 콘체지오네 수도원이 나섰다. 카푸친 수도회는 카라바조에게 성당에 걸릴 대형 걸개그림을 주문했다. 이때 르네상스 초기부터 중요한 예술적 모티브가 되어준 '아기 예수의 탄생nativity'과 연관된 성화가 연속으로 두 편 그려지게 된다. 카푸친 수도회를 위해서 메시나에서 그린 〈목자들의 경배〉와 팔레르모에서 그린 〈성 로렌스와 성 프란체스코가 성모자를 경배함〉이 그것이다.

아기 예수의 탄생과 연관된 르네상스 시대의 그림과 조각에는 단순히 예수 그리스도의 탄생을 알리는 종교적 의미를 넘어서 정치적인 의도가 숨겨져 있을

도판113
베노초 고촐리, 〈동방박사들의 행렬〉 일부, 1459~61, 프레스코, 피렌체 메디치 궁 소장.

때가 많았다. 아기 예수에 대한 단순한 경배의 차원을 넘어 동방박사들의 모습과
바쳐지는 예물 종류에 따라 작품 주문자의 정치적 위상이나 경제력을 과시하기
위한 도상학적 오브제들이 공공연하게 사용되었다. 아기 예수의 탄생을 축하하는
그림을 통해 작품 주문자를 위한 '홍보'가 노골적으로 진행된 것이다. 이러한 홍
보 의도를 가장 여실히 드러내고 있는 르네상스 작품으로는 베노초 고촐리Benezzo
Gozzoli(1420~1497)가 그린 〈동방박사들의 행렬〉이 있다. 메디치 가문의 전용 성당
에 연작 프레스코화로 그려진 이 그림은 말구유에서 태어난 아기 예수에게 경배
드리기 위해 동방으로부터 화려한 예물을 지고 가는 메디치 가문의 행렬을 담고

도판114

레오나르도 다 빈치, 〈동방박사들의 경배〉, 1481~82(?), 캔버스에 유채, 246×243cm,
피렌체 우피치 미술관 소장.

있다. 베노초 고촐리는 이를 〈동방박사들의 행렬〉이라고 명명했다. 세 명의 동방
박사 행렬에서 제일 왼쪽에 그려져 있는 사람이 바로 메디치 가문의 영원한 리더
였던 코시모 데 메디치이고, 오른쪽에서 관람객을 응시하고 있는 있는 인물이 코
시모의 손자인 로렌초다. 화폭에 작품 주문자의 초상을 그려 넣음으로써 주문자
의 정치경제적 위상을 드러내는 르네상스 시대의 홍보 방식이 적용된 것이다.

　　〈동방박사들의 경배〉는 몇 작품 남아 있지 않는 레오나르도 다 빈치의 1480
년대 작품의 모티브이기도 하다. 레오나르도 다 빈치의 현존하고 있는 작품 중
가장 오래된 것으로 추정되고 있는 이 작품은 다른 많은 다 빈치의 작품처럼 미

완성으로 남아 있다. 다 빈치는 그의 작품에서 동방박사를 세 명의 신비적인 현자로 한정하지 않고, 그 그림을 감상하는 모든 사람들로 확대시킴으로써, 르네상스 정신에 충실한 작품을 남겼다.

　　동방박사들이 아기 예수를 경배하는 장면은 마구간이라는 제한된 공간에서 일어난 개인적인 사건이 아니었다. 다 빈치에 의해 표현된 동방박사와 아기 예수의 만남은 로마의 건물과 이탈리아 중부의 전원 풍경이 함께 묘사된 열린 공간에서 이루어졌다. 아기 예수의 탄생과 이 땅에 오신 메시아를 영접하는 동방박사들은 모두 공인公人의 모습으로 등장한다. 아기 예수를 안고 있는 성모를 중심으로 수많은 군중들이 이 놀라운 광경을 목격하고 있다. 사건을 바라보는 관람자의 시선을 화면 안으로 끌어당기겠다는 듯, 화면에 등장하는 사람들이 짓고 있는 각양각색의 표정은 인간 군상의 파노라마를 연출하고 있다. 르네상스의 시대정신이 추구했던 만능인의 실제적 모델이기도 했던 레오나르도 다 빈치는 아기 예수와 동방박사의 만남을 개인적 사건에서 공적인 사건으로 확대했을 뿐 아니라 작품을 바라보는 관람객까지도 그림 속으로 끌어들여, 메시아의 탄생을 범인류적 사건으로 탈바꿈시킨다.

　　〈비너스의 탄생〉으로 르네상스 화풍의 이상적 모범을 제시한 바 있는 산드로 보티첼리Sandro Botticelli(1444~1510)도 1500년경에 〈신비로운 아기 예수의 탄생〉이라는 작품을 남겼다. 날개 달린 아름다운 여인의 모습을 한 천사들이 하늘의 구름을 뚫고 춤추며 지상으로 내려오고, 아기 예수의 탄생이 우주적 사건임을 알리기 위해 마구간의 지붕과 지상 위로 천사들이 내려와 메시아의 탄생을 축하하고 있다. 동굴과 같은 마구간의 어둠은 이제 이 세상에서 사라질 것이며, 아기 예수의 탄생과 더불어 새로운 우주가 탄생되고 있음을 선포하고 있는 것처럼 보인다.

　　1580년 무렵에 그려진 틴토레토의 〈동방박사들의 경배〉에서도 아기 예수의 탄생은 우주적 사건으로 등장한다. 좁은 마구간의 공간 위로 여섯 명의 천사들이

도판115

산드로 보티첼리, 〈신비로운 아기 예수의 탄생〉, 1500~01(?),
캔버스에 유채, 108.6×74.9cm, 영국 국립박물관 소장.

날고 있고, 무너진 천장 너머 하늘에서 쏟아지는 신비로운 별의 광선은 무엇인가
를 지시하는 듯한 포즈를 취하고 있는 아기 예수의 몸과 연결된다.

그러나 카라바조에게 아기 예수의 탄생은 은밀한 개인의 사건이었다. 메시
나의 외곽에 세워진 카푸친 수도회에서 그린 카라바조의 〈목자들의 경배〉에서
우리는 폐쇄된 공간 안에 있는 지친 표정의 한 여인과 배고파 칭얼거리며 엄마의
뺨에 얼굴을 갖다 대고 있는 한 아기를 만난다. 예수의 탄생을 경배하기 위해 찾
아온 목자들의 모습도 남루하기는 마찬가지다. 벗겨진 머리, 어깨가 다 드러난 앙

도판116
틴토레토, 〈동방박사들의 경배〉, 1578~81, 캔버스에 유채,
542×455cm, 베네치아 스쿠올라 그란데 디 산 로코 소장.

상하고 주름 가득한 얼굴에서 우리는 시칠리아의 가난과 카라바조의 착잡한 심경을 함께 목격한다.

　카라바조의 〈목자들의 경배〉에는 그 어디에도 천군천사가 등장하지 않는다. 하늘의 신비도, 우주적 선포도 없다. 카라바조는 구름 탄 천군천사의 등장을 과감히 생략하고 그 자리에 소와 당나귀를 그려 넣었다. 아기 예수가 산고의 고통에 지쳐 있는 엄마의 가련한 뺨에 얼굴을 대고 있는 공간은 협소한 마구간에 불과하고, 긴 여행과 출산의 아픔을 견뎌낸 성모는 초라한 시골 아낙네의 모습이다. 초라하게 드러난 어깨와 맨발의 목자들을 통해 우리는 그들의 비천한 사회적 신분을 헤아릴 수 있다. 그저 녹슨 농기구 옆에 성가족이 가지고 온 것으로 보이는 허름한 여행용 가방만이 놓여 있을 뿐이다. 목자들이 바라보고 있는 '인간이 되신 하나님'은 평범하다 못해 불쌍해 보이는 갓난아기의 측은한 모습이다. 르네상스를 대표하는 다 빈치와 보티첼리, 그리고 매너리즘을 대표하는 틴토레토에게 성육신Incarnation의 사건은 우주적이며 범인류적 사건이었지만, 카라바조의 〈목자들의 경배〉에 나타난 성육신의 신비는 몇몇 초라한 개인들이 만들어낸 개인적 사건이었다.

〈나사로의 부활〉과 〈목자들의 경배〉를 완성한 이후에도 카라바조는 메시나에서 활발한 창작활동을 계속했다. 메시나의 귀족들은 그 기회를 놓치지 않고 그에게 계속해서 그림을 주문했다. 지금은 분실되었지만 1609년 8월 니콜로 디 자코모Nicolo di Giacomo의 주문을 받아 '예수 그리스도의 수난'을 주제로 한 작품을 완성하기도 했다. 이 그림은 현재 분실되었지만, 당시 기록에 따르면 "예수 그리스도가 십자가를 지고 있고, 성모가 곁에서 슬픔을 견디고 서 있으며, 두 명의 군사가 나팔을 불고 있는 장면"을 담고 있다고 한다. 원래 4편의 연작으로 계약되었지만, 카라바조는 첫 작품만을 완성하고 메시나를 떠났다.

많은 사람들로부터 그림을 주문받으며 인기 절정에 있었던 카라바조는 왜 갑자기 종적을 감춘 것일까. 1609년 8월의 작품 계약서가 남아 있으므로 그 이후에 메시나를 갑자기 떠난 것이다. 시칠리아의 역사가 프란체스코 수시노의 기록에 의하면, 그가 갑작스럽게 메시나에서 종적을 감춘 이유는 메시나의 한 초등학교에서 일어났던 어느 교사와의 싸움 때문이었다. 그 교사는 카라바조에게 특별한 이유도 없이 학교로 찾아와 어린 남자아이들과 놀면서 주변을 배회하는 이유가 무엇인지에 대해서 캐물었다. 그러자 카라바조는 그 교사의 질문에 격분한 나머지 그를 무작정 구타했던 것이다. 그 교사가 자신을 동성연애자로 몰고 있다며 격분했던 카라바조는 다시 폭행 사건을 일으켜 도주해야 할 형편에 이르게 된 것으로 추정된다.

갑자기 메시나를 떠날 수밖에 없었던 카라바조는 다음 도피처로 시칠리아의 수도 격인 팔레르모를 선택했다. 지인이었던 당시 팔레르모의 추기경 잔네티노 도리아Giannettino Doria(1573~1642)의 후광과 법률적인 보호가 필요했기 때문이다. 팔레르모의 추기경은 로마, 몰타, 그리고 메시나에서 살인과 폭행을 일삼다가 자기의 교구로 흘러들어온 카라바조를 환영했다. 여전히 카라바조는 범죄자이기 이전에 당대 최고의 화가였다.

카라바조는 이곳에서 프란체스코 수도회를 위해서 〈성 로렌스와 성 프란체스코가 성모자를 경배함〉을 그렸다. 이 그림은 팔레르모에서 그린 그의 유일한 작품이다. 메시나에서 그렸던 같은 주제의 그림 〈목자들의 경배〉보다 훨씬 생동감 넘치고 인물들이 좀 더 크게 그려진 이 그림에서, 그는 보기 드물게 "Gloria in excelsis Deo"라는 찬미가의 일부를 휘장으로 들고 있는 천사를 그려 넣었지만, 이 작품에서도 그의 특징인 '어둠'은 강조되고 있다. 프란체스코 수도회의 이상에 따라 성모자는 초라한 모습으로 땅바닥에 앉아 있는 가난한 행색이다. 방금 수유를 마친 듯, 성모의 옷자락은 어깨 아래로 흘러내리고 있으며, 아기 예수는 땅바닥에 누워 있다. 어느 누구의 머리 위에도 전통적 신성을 암시하는 후광이 그려져 있지 않다. 지극히 인간적이고 가난한 성 가족과 이를 경배하는 두 성인의 모습이 담담하게 그려져 있다. 다시 한번, 거룩한 성육신의 사건이 두 성자의 개인적 체험으로 표현된 것이다.

몰타와 시칠리아에서 태동하기 시작한 카라바조의 새로운 예술혼과 실험정신은 그의 예술세계를 새로운 방향으로 이끌어나갔다. 이러한 카라바조의 시도는 17세기 초반 이후의 유럽 화단에 지대한 영향을 미쳤다. 렘브란트를 위시한 바로크 화가들에게 큰 영향을 미친 그의 새로운 실험정신은 다음 세 가지로 정리할 수 있다.

첫째, 앞에서 잠시 언급한 대로 몰타와 시칠리아의 작품에서부터 여백이 강조되기 시작했다. 몰타에서 그려진 〈목 잘린 세례 요한〉, 시라쿠사에서 그려진 〈성 루치아의 매장〉, 메시나에서 그려진 〈나사로의 부활〉과 〈목자들의 경배〉, 그리고 팔레르모에서 그려진 〈성 로렌스와 성 프란체스코가 성모자를 경배함〉은 한결같이 배경을 여백으로 처리하거나 과감히 생략해 화면의 구도를 비대칭으로 조절하고 있다. 짙은 어둠을 배경으로 등장인물의 내면적 상태를 엄밀한 사실주의로 표현하고, 등장인물을 압도적으로 크게 표현함으로써 장면의 스토리를 강조하던 초기의 표현에서 여백의 미를 강조하는 경향으로 흐르기 시작한 것이다.

둘째, 역시 앞에서 잠시 언급한 대로 '어둠의 양식'인 테네브리즘이 다소 퇴조하면서 희미한 불빛 아래 배경이 드러나는 새로운 시도를 감행했다. 〈목 잘린 세례 요한〉과 〈성 루치아의 매장〉, 그리고 〈나사로의 부활〉에서는 감옥 혹은 성벽의 벽면이 희미한 조명 아래에서 그 모습을 어렴풋이 드러냈으며, 〈목자들의 경배〉와 〈성 로렌스와 성 프란체스코가 성모자를 경배함〉에서는 마구간의 배경이 낡고 허름한 벽이나 마구간의 동물로 채워졌다.

몰타와 시칠리아에서 나타나기 시작한 마지막 세 번째 특징은 등장인물들의 위치와 연관되어 있다. 종전의 그림들과 비교할 때 몰타와 시칠리아의 그림에 등장하는 사람들은 관람자의 위치에서 멀리 떨어져 배치되어 있음을 볼 수 있다. 관람자를 정면에서 뚫어지게 바라보거나 마치 말을 건네는 듯한 표정으로 화면을 크게 차지하고 있던 종래의 경향에서 벗어나 화면 안쪽으로 인물을 깊숙이 배치하는 경향을 보이는 작품이 등장하기 시작한 것이다.

그렇다면 카라바조는 왜 이런 시도를 했을까? 단지 주문자들의 요구에 충실한 결과인가? 카라바조의 변화를 학문적으로 조명해볼 역사적 자료는 남아 있지 않다. 그의 말기 그림을 바라보는 우리들의 시각에 따라 몇 가지 '가설'만이 가능할 뿐이다. 사실 가설이라는 학문적 용어를 사용해보지만 그것은 카라바조의 작

도판117
〈목자들의 경배〉, 1608~09, 캔버스에 유채, 314×211cm,
메시나 지역박물관 소장.

도판118

〈성 로렌스와 성 프란체스코가 성모자를 경배함〉, 1609, 캔버스에 유채, 268×197cm,
팔레르모 산 로렌초 소성당에 전시되어 있다가 1969년 도난당함. 현재 소장처 불분명.

품을 바라보는 사람의 편견일 뿐이다. 카라바조의 그림이 기호로서 상징하는 것은 결국 바라보는 사람의 시각과 이해를 통해서 판단되기 때문이다.

왜 카라바조는 등장인물을 화폭의 안쪽 구석으로 몰아넣고, 강렬한 테네브리즘의 일부를 양보하기 시작했을까? 카라바조는 더 이상 관람자를 똑바로 응시할 수 없었던 것일까? 끊임없이 반복되는 자신의 폭력성 앞에서 죄의식은 더 이상 치유될 수 없는 지경에 이른 것이었을까? 그래서 그는 관람객을 향해 말을 건넬 용기를 잃고, 거룩함에 의지할 공간을 포기하고, 스스로를 단죄의 극단으로 몰고 간 것일까?

카라바조의 작품에 은밀하게 등장하던 내면의 갈등도 이제 클라이맥스를 향해 치닫고 있다. 한 줄기 구원의 빛은 그에게서 영영 멀어지고 있었다. 이제 그는 짙은 어둠 속에서 목 잘린 골리앗이 되기도 하고, 자신의 목을 자른 또 다른 자화상을 다윗으로 표현하기도 한다. 이제 우리는 카라바조의 마지막 작품 속에서 벌어지는 참혹한 자책의 형벌을 목격하게 될 것이다.

제 6 장

마지막 예술혼을 불태우는
카라바조의 작품들

1610년 7월 18일.
르네상스 시대의 흐름에 마침표를 찍고,
바로크 양식이라는 새로운 시대정신을 예견했던
천재 화가 카라바조는 그렇게 조용히 사라졌다.
서른아홉의 젊은 나이였다.
그림 속에서 자주 자신의 운명을 예고하였던 카라바조는
그렇게 순식간에,
그리고 쓸쓸하게 죽음을 맞이했다.

꺼져가는 등불

카라바조

최후의 죽음을 기다리는 성자의 모습에 '나'를 담아내다

죽음을 예감하는 그림들, 〈성 앤드류의 십자가〉와 〈성 우르술라의 순교〉

팔레르모에서 다시 종적을 감춘 카라바조는 나폴리로의 귀향을 결정했다. 그는 더 이상 시칠리아 섬에서 체류하는 것이 안전하지 못하다고 판단했는지, 미련 없이 이탈리아 반도의 남부 중심도시인 나폴리로 돌아왔다. 로마에서 살인을 저지르고 1606년 9월에서 1607년 7월까지 나폴리에서 몸을 숨겼었고, 팔레르모에서 나폴리로 돌아온 것이 1609년 10월 말의 일이었으니, 3년 만의 귀향이었다. 이전처럼 나폴리의 귀족들은 다시 돌아온 카라바조를 열렬히 환영했다. 세계 3대 미항美港인 나폴리에 거주하는 귀족들은 한결같이 그의 그림을 한 점 얻고자 도망자 신분에 있는 카라바조를 자신의 만찬에 초대하려고 했다.

그러나 이때부터 카라바조는 특이한 행동을 보이기 시작했다. 시칠리아 여정의 마지막 종착지이던 팔레르모에서부터 그는 어떤 사람들로부터 추격을 당하고 있다는 강박관념에 시달리고 있었다. 정체를 알 수 없는 괴한들이 카라바조의 행방을 수소문하고 다닌다는 소문이 팔레르모에 퍼져 있었다. 팔레르모에서 갑자기 나폴리로 옮긴 이유도 이러한 소문과 연관이 있는 것으로 보인다. 카라바조의 생애에 대한 초기 기록을 남긴 조반니 발리오네는 카라바조가 몰타에 체재할 동안 '은총의 기사단'의 일원이 되었는데, 이들과의 불화 문제로 몰타 감옥에 투옥되었다고 기록하고 있다.[1] 만약 발리오네의 기록이 정확하다면 아마 카라바조의 강박관념이나 두려움은 이들의 추적과 연관이 있을 것으로 추정된다.

정체불명의 괴한들에게 추적을 당하면서 카라바조의 성격은 변해갔다. 이 시기 카라바조의 생애에 대해 기록한 사람들은 그를 "미친 사람"으로 부르고 있다. 그러나 나폴리 귀족들은 이 미친 살인자의 귀환을 환영했다. 3년 만에 나폴리로 돌아온 카라바조는 여전히 당대 최고의 화가였기 때문이다. 나폴리 귀족들은 앞다퉈 카라바조를 자신들의 저택에 머물도록 주선했고, 카라바조는 그중에서 콘스탄차 스포르자 콜론나Costanza Sforza Colonna(1555~1626)의 저택인 리비에라 디 키아이아를 작업실 겸 도피처로 선택했다.

자신을 다시 환영해주고 따뜻하게 맞아준 나폴리에서 카라바조는 기벽과 광포한 행동을 일삼았다. 엄청난 시련도 겪었다. 그는 오스테리아 델 체리리오로 알려진 나폴리의 유명 술집에서 4명의 정체불명의 사람들에게 집단 폭행을 당해 거의 죽을 뻔한 위기를 겪었다. 이때 입은 얼굴의 자상이 심히 깊어, 다른 사람들이 그의 얼굴을 알아보지 못할 정도였다. 카라바조는 심한 자괴감과 충격에 빠져들었다. 얼굴에 입은 상처를 남에게 보여주길 극도로 싫어했던 그는 주위 사람들과의 접촉을 삼가는 대신 마지막 예술혼의 불꽃을 태우겠다고 작심한 듯 작품활동에 전적으로 매달렸다. 그가 쓸쓸하게 죽음을 맞이했던 로마로의 귀환길에 올랐던 1610년 7월까지 그는 나폴리에서 약 9개월 동안 자신의 자괴감과 내적 회한을 새로운 작품에 쏟아부었다. 결국 나폴리에서의 마지막 작품들의 주제는 자기 앞으로 가까이 다가와 있는 죽음의 그림자와 비참한 죽음으로 마감될 수밖에 없는 인간의 나약한 본성에 대한 고뇌의 성찰로 채워졌다.

나폴리에서의 두 번째 체류기간 동안 카라바조는 두 개의 대형 제단화를 그렸고, 또 최대 여덟 개의 캔버스화를 남겼다. 상상을 초월하는 집중력을 발휘해 짧은 기간에 많은 작품을 남길 수 있었던 이유는 얼굴의 상처와 연관이 깊다. 상

〈세례 요한의 목을 쟁반에 들고 있는 살로메〉, 1609~10, 캔버스에 유채, 91.5×106.7cm, 런던 국립미술관 소장.

처를 숨기기 위해 두문불출하며 나폴리에서 마지막 예술혼을 불태운 것이다.

그러나 아쉽게도 카라바조가 이 시기 동안 그린 두 개의 대형 제단화 중 〈성 앤드류의 십자가〉만이 남아 있다. 페나로리 예배당을 위해 그린 또 다른 대형 제 단화 〈예수 그리스도의 부활〉은 19세기에 발생한 나폴리 대지진으로 유실되고 말 았다. 캔버스에 그린 작품은 〈성 우르술라의 순교〉, 〈골리앗의 머리를 들고 있는 다윗〉, 〈세례 요한의 목을 쟁반에 들고 있는 살로메〉 두 편, 〈베드로의 부인〉, 〈성

도판120
〈세례 요한의 목을 쟁반에 들고 있는 살로메〉, 1609~10, 캔버스에 유채, 116×140cm, 마드리드 왕궁 소장.

세례 요한〉 두 편, 그리고 〈환상 중의 막달라 마리아〉다. 이 작품들은 카라바조가 생애 마지막으로 그린 그림으로 기록되어 있다. 이 작품들 중 〈성 세례 요한〉 한 작품과 〈환상 중의 막달라 마리아〉는 현재까지 그 소재가 확인되고 있지 않다. 또한 〈세례 요한의 목을 쟁반에 들고 있는 살로메〉는 마드리드와 런던에 각각 다른 두 가지 판본이 남아 있다.

나폴리에서 마지막으로 머무는 동안 제작된 대부분의 작품에는 죽음의 그림자가 길게 드리워져 있다. 〈세례 요한의 목을 쟁반에 들고 있는 살로메〉 두 편은 카라바조의 마지막 관심사가 무엇이었는지를 여실히 보여주고 있다. 몰타의 대영주 알로프 데 비냐코트에게 헌정할 작품으로 제작된 이 작품들은 〈목 잘린 세례 요한〉과 연속성을 가진 작품으로, 주제는 '죽음'이다. 카라바조는 쟁반 위에 담겨 있는 성자의 머리에 죽음의 의미를 묵상하고 있는 노파의 모습을 담았다. 그리고 화면의 좌측을 내려다보고 있는 살로메의 얼굴에도 피할 수 없는 죽음에 대한 고뇌를 담고 있다.

〈성 앤드류의 십자가〉는 당시 나폴리를 통치하고 있던 스페인 총독 후안 알론소 피멘텔 에레라의 주문에 의해 제작된 것으로 보인다. 총독의 고향이었던 스페인 발라돌리드의 저택이 소장하고 있던 17세기의 작품 목록에 이 그림이 포함되어 있기 때문이다. 이 작품은 마치 카라바조 자신의 마지막 모습을 염두에 두고 그린 것처럼 보인다. 십자가에 달려 최후의 죽음을 기다리고 있는 성 앤드류의 모습을 담고 있는 이 그림은 죽음을 회피하지 않고 오히려 십자가에 달려서 죽고 싶어 했던 성자의 모습이 생동감 있게 표현되어 있다. 나폴리에서 그린 두 개의 대형 제단화 중 현존하고 있는 〈성 앤드류의 십자가〉는 현재 미국 클리블랜드 예술박물관에 소장되어 있다.

이 작품에는 몰타와 시칠리아 섬에서 태동하기 시작했던 새로운 실험정신이 다시 자취를 감추고 카라바조 작품의 특징이라고 할 수 있는 테네브리즘과 등장인물의 근접묘사, 그리고 쏟아지는 찬란한 빛이 다시 강렬하게 표현되고 있다. 〈성 앤드류의 십자가〉를 이해하기 위해서는 성 앤드류의 기적에 관한 중세의 전설을 먼저 살펴보아야 한다. 성 앤드류는 로마의 귀부인을 기독교로 개종시키려는 혐의로 체포되었다가 십자가 처형을 받게 된다. 화면은 십자가 주위로 몰려든 사람들의 간청에 의해 성 앤드류의 십자가 처형이 취소되고, 사형 집행관이 성 앤드류의 십자가에 묶여진 노끈을 풀려고 하는 장면을 포착하고 있다. 그러나 그 석방의 순간, 성 앤드류는 자기가 믿고 있는 구세주 예수 그리스도처럼 십자가에

〈성 앤드류의 십자가〉, 1609~10, 캔버스에 유채, 202.5×152.7cm, 미국 클리블랜드 예술박물관 소장.

달려 죽기를 간청하는 기도를 간절히 드린다. 늙은 성자의 간절한 기도가 응답되었고 놀라운 기적이 일어난다. 십자가 틀에 묶인 노끈을 풀려고 성 앤드류에게 다가갔던 사형 집행관의 손이 마비되면서 성 앤드류는 기도한 대로 십자가에서 최후를 맞이하게 된 것이다. 카라바조의 〈성 앤드류의 십자가〉는 바로 이러한 성 앤드류의 최후에 대한 중세 전설을 그대로 재현하고 있다.

카라바조는 자신에게 임박하고 있는 죽음을 예측이라도 하듯, 십자가에 초라하게 달려 마지막 임종을 기다리고 있는 성 앤드류의 모습에서 자신에게 다가올 죽음을 사색하고 있는 것처럼 보인다. 카라바조에게 이제 그림은 더 이상 주문자를 위한 예술이 아니었다. 작품의 주제는 주문자에 의해 결정되었지만 표현과 상징은 모두 카라바조의 몫이었다. 스스로 십자가에 달려 예수 그리스도처럼 죽기를 바라는 노老 성자의 마지막 모습에서 카라바조는 자신의 심리 상태를 유감없이 표현했다. 그의 그림은 단순히 사실의 재연에만 머무르지 않았다. 그는 작품을 통해 신앙고백을 드리고 있으며, 참회의 기도를 올리고 있었던 것이다. 카라바조의 위대함은 관람자로 하여금 화면에 나타나고 있는 종교적 결단에 참여하도록 촉구하는 힘에 있다. 십자가 위에서 죽어가는 성자 앤드류의 모습을 바라보는 사람은 작품 속에 등장하는 군인이나 노파만이 아니었다. 카라바조는 이 그림을 관람하고 있는 우리 모두를 십자가 아래로 불러 모은다. 짙은 어둠을 배경으로 한 줄기 빛이 죽어가는 늙은 성자의 몸으로 쏟아지고 있다. 우리는 그 빛을 바라보면서 그 순간, '앤드류'가 되길 갈망한다. 아니, 어둠 속에서 그 모습을 드러낼 것만 같은 카라바조가 되기를 갈망한다. 한 줄기 구원의 빛이 우리에게도 임했으면!

〈베드로의 부인否認〉 역시 성자의 고뇌를 표현하고 있는 카라바조의 말기 작품이다. 예수가 체포된 날 밤, 제자 베드로는 고초를 당하고 있는 예수를 멀찍이서 따라간다. 달려가 그를 얼싸안고 "이분이야말로 우리들의 메시아다"라고 소리칠

베드로가 바깥뜰에 앉았더니

한 여종이 나아와 이르되

너도 갈릴리 사람 예수와 함께 있었도다 하거늘

베드로가 모든 사람 앞에서 부인하여 이르되

나는 네가 무슨 말을 하는지 알지 못하겠노라 하며 (중략)

베드로가 맹세하고 또 부인하여 이르되

내가 그 사람을 알지 못하노라 하더라. (중략)

저주하며 맹세하여 이르되,

나는 그 사람을 알지 못하노라 하니

곧 닭이 울더라.

이에 베드로가 예수의 말씀에

닭 울기 전에 네가 세 번 나를 부인하리라

하심이 생각나서 밖에 나가서 심히 통곡하니라.

「마태복음」 26장 69～75절

용기가 그에게는 없다. 목숨은 지켜야겠고, 그렇다고 나 몰라라 돌아설 수 없는 것이 베드로의 고뇌이자 한계였다. 그저 끌려가는 예수를 멀찍이서 따라갈 뿐이었다.

어스름 새벽녘, 모닥불 가에서 추위에 언 몸을 녹이고 있던 베드로를 한 하녀가 알아본다. "당신도 저 갈릴리 사람, 예수와 함께 다닌 사람 아닙니까?" 그러나 베드로는 저주하며 맹세하듯 "나는 그 사람을 알지 못하오"라고 대답한다. 카라바조의 작품은 하녀의 말을 부인하고 있는 베드로의 모습을 포착하고 있다. 이 그림에서는 다시 배경이 짙어지고 등장인물이 확대되어 나타나고 있다. 카라바조의 주된 관심은 긴박한 상황을 접하고 있는 베드로와 하녀의 얼굴에 쏠려 있다. 한 줄기 빛이 쏟아지는 곳도 그녀의 얼굴이다. 하녀는 베드로를 손가락으로 가리키고, 베드로는 자신과 예수의 관계를 애써 부인하고 있다. 살아남기 위해 하녀에게 거짓말을 해야 했던 성자 베드로의 짙은 회한이 묻어나는 작품이다.

초대교회에서 성 베드로의 배신 설화는 수많은 초기 기독교인들의 심금을 울렸던 이야기다. 자신들도 로마의 압제를 받고 예수를 부인해야만 했던 아픈 경험이 있었기 때문이다. 초기 기독교인들은 성 베드로의 배신 설화를 통해 자신의 초라한 모습을 발견했다. 살아남기 위해서 예수 그리스도를 배신해야 했던 그들은 성 베드로의 배신 설화를 들으며 함께 울었다. "닭이 울기 전에 나를 세 번 부인하리라"고 한 예수의 말씀을 기억하며 베드로가 비통하게 울음을 터트렸듯이 그들도 지난날의 잘못을 기억하며 눈물 흘렸던 것이다.

카라바조는 배신하는 성 베드로를 화폭에 옮기면서 무슨 생각을 했을까? 예수 그리스도에 대한 자신의 불신앙을 회개했던 것일까? 아니면 살인과 폭행으로 점철되었던 자신의 과거에 대한 회한과 죄책감을 표현하고 있는 것일까?

1610년 봄에 그려진 〈성 우르술라의 순교〉는 카라바조의 재정적, 법률적 후견인이었던 제노아 공국의 왕자 마르칸토니오 도리아와의 계약에 의해 그린 그림이다. 실제로 우르술라라는 이름을 가진 도리아 왕자의 입양아가 있었고, 그녀

〈성 우르술라의 순교〉, 1610, 캔버스에 유채, 154×178cm, 나폴리 이탈리아 상업은행 소장.

는 평생을 수녀로 살았다는 기록이 남아 있다. 도리아 왕자는 자기 수양딸을 위해 이 작품을 주문한 것으로 보인다. 4세기 말 유럽 대륙과 영국에서 떠돌았던 전설에 의하면 우르술라 공주는 383년경, 1만 1000명의 젊은 여성들과 함께 영국에서 배를 타고 유럽 대륙으로 이동하고 있었다. 그것은 즐거운 여행길이 아니었다. 당시 로마 황제의 강압적인 결정에 따라 불가피하게 로마 군인들과 집단 혼인식을 올리기 위해 그 많은 젊은 여인들이 영국을 떠나야 할 상황이었던 것이

도판124

로도비코 카라치, 〈성 우르술라의 순교〉, 1600,
캔버스에 유채, 380×240cm, 이모라 성 도메니코 소장.

다. 그러나 그들은 항해 도중 심한 폭풍을 만나 골 지방의 라인 강 유역에 표류하게 된다. 가까스로 목숨을 건진 우르술라 공주의 일행은 훈족의 공격을 받으며 온갖 수모를 겪게 되는데, 많은 여성들이 이때 죽임을 당한다. 그리고 우르술라 공주에게 한 가지 사건이 발생한다. 훈족의 대장이 우르술라 공주의 미모에 반해 그녀에게 혼인을 요구했던 것이다. 우르술라 공주가 이를 거절하자, 분풀이를 하듯 적장은 그녀의 가슴에 화살을 당겨 그녀를 죽여버린다.

우르술라 전설은 독일 쾰른 지역에 널리 유포되어 있는 중세 설화다. 16세기 가톨릭 종교개혁 시대에 이르러 우르술라 공주의 설화는 이방인으로부터 신앙의 순수성을 지킨 성녀로 확대재생산되면서 많은 종교화의 주제로 자주 이용되었다. 1600년경 로도비코 카라치도 같은 주제의 그림을 그린 적이 있다.

로도비코 카라치의 작품에서는 아기 예수를 품에 안고 있는 성모 마리아가 천사들과 함께 천상에서 우르술라 공주의 순교 장면을 굽어보고 있다. 지상에서는 야만족인 훈족 군인들이 영국의 처녀들을 상대로 온갖 만행을 저지르고 있다. 성 우르술라의 순교 장면이 서사적인 표현 기법에 의해 영웅적 사건으로 묘사된다. 순교를 당하는 우르술라의 내면적 고통이나 그 아비규환의 상황 속에서 그녀가 느낄 수밖에 없는 심리적 긴박감을 판독하기란 쉽지 않은 일이다. 우르술라의 순교는 말하자면 공적인 사건이며 개인의 심리적 상태는 순교의 공적 의미에 밀려 화면에서 생략되고 있다.

하지만 이와 다르게 카라바조의 우르술라에게서는 찰나의 고통이 느껴진다. 화면의 극적인 표현을 강조해왔던 카라바조는 이 작품에서도 우르술라가 훈족 대장의 화살을 맞고 죽음을 맞이하는 그 짧은 순간을 포착하고 있다. 죽음의 고통은 잠시뿐, 〈성 우르술라의 순교〉는 관람객들에게 삶과 죽음이 남겨놓은 진정한 의미와 회한에 대해서 고뇌하고 성찰케 한다.

카라바조는 〈성 우르술라의 순교〉에 다시 한번 자신의 얼굴을 그려 넣었다. 순식간에 죽음을 맞게 된 우르술라 뒤편에 서서 어둠 속 허공을 바라보며 절망의 눈빛을 보내고 있는 한 남자가 있다. 그가 바로 카라바조다. 지금 그는 우르술라의 뒤에 바짝 붙어 서서 무엇을 하고 있는 것일까?

그는 마치 인생의 마지막 순간이 다가오고 있음을 예감하며, 착잡한 마음으로 그 순간을 기다리고 있는 듯한 포즈를 취하고 있다. 너무나 짙게 처리된 그림의 배경은 비정한 죽음을 상징하는 듯하다. 그 어둠 속에서, 죽음의 뒤편에서 그는 이제 죽음을 담담히 맞이하겠다는 자세다.

좀 더 심하게 말한다면, 그는 마치 우르술라의 심장을 관통한 화살이 그녀의 뒤편에 서 있는 자신의 가슴까지 찔러주길 갈망하고 있는지도 모른다. 막상 화살을 맞은 성 우르술라는 화면 속에서 담담하게 자신의 가슴에 박혀 있는 화살을 물끄러미 바라보고 있다. 고통으로 울부짖지도 않고 살려달라고 발버둥치지도 않는다.

정작 화살을 맞은 사람은 우르술라 뒤편에 서 있는 카라바조처럼 보인다. 그의 입은 고통으로 신음하듯 벌어져 있다. 순식간에 화살을 맞은 사람이 헉 하며 몸을 앞으로 숙이듯 고통 속의 카라바조는 우르술라의 가슴을 관통한 화살을 자신의 몸으로 받아내고 있다. 이보다 강렬한 성聖과 속俗의 교묘한 대비는 서양 미술사에서 발견할 수 없을지 모른다. 하나의 화살로 죽음을 동시에 맞이하고 있지만, 그들의 태도는 극명한 대조를 이루고 있기 때문이다. 아니, 그것보다 더 중요한 것은 거룩함과 속됨이 한 화살에 의해 관통되고 있음을 뜻하는 것이리라. 화살이 우르술라의 가슴을 관통하는 순간, 삶과 죽음의 경계선에서 결국 거룩함은 속됨과 하나 되고 있었다.

골리앗의 머리를 들고 있는 다윗의 '슬픈 표정'

〈골리앗의 머리를 들고 있는 다윗〉을 통해
스스로 '자신의 죄'를 응징하는 카라바조

마르칸토니오 도리아 왕자를 위한 〈성 우르술라의 순교〉를 완성한 다음, 카라바조는 로마의 시피오네 보르게제 추기경에게 바칠 세 편의 작품 제작에 몰두했다. 1610년 카라바조가 불귀不歸의 객이 되었을 때, 그가 나폴리에서 탔던 로마행 소형 선박 펠루카에 〈성 세례 요한〉 두 작품과 〈환상 중의 막달라 마리아〉가 실려 있었다고 전해진다. 따라서 나폴리에서 그린 이 작품들이 카라바조의 마지막 그림에 속한다. 이 세 작품 중에서 현존하는 것은 로마의 보르게제 미술관이 소장하고 있는 〈성 세례 요한〉 한 편뿐이다.

현존하고 있는 작품을 기준으로 한다면 카라바조는 평생에 걸쳐 세 편의 〈성세례 요한〉을 그렸다. 1610년 급작스런 죽음 이전에 보르게제 추기경에게 바칠 선물로 그린 마지막 〈성 세례 요한〉은 로마 전성기 때 그린 전작들과 다른 포즈와 채색을 보이고 있다. 1610년에 그려진 〈성 세례 요한〉 마지막 판에는 초기 작품들보다 더 나이가 들어 보이는 소년이 등장하고 있는데, 그는 붉은 가운에 기대앉아서 관람객의 눈을 조용히 응시한다. 카라바조는 1602년 〈성 세례 요한〉 초판에서 완전 누드의 어린 소년이 양의 목을 끌어안고 웃고 있는 모습을, 그리고 1604년경의 〈성 세례 요한〉에서는 갈대 지팡이를 짚고 당당히 앉아서 엄숙한 표

도판125

〈성 세례 요한〉 세 번째 판, 1610, 캔버스에 유채, 159×124cm, 로마 보르게제 미술관 소장.

도판126

〈성 세례 요한〉 초판, 도판 67과 동일.

도판127

〈성 세례 요한〉 두 번째 판, 도판 84와 동일.

정을 짓고 있는 모습을 그린 바 있다. 그러나 마지막에 그린 〈성 세례 요한〉에서는 모든 것을 겸허히 받아들이겠다는 듯 침착한 모습으로 앉아 있는 세례 요한을 묘사하고 있다. 공식적인 사면을 얻어내기 위해 로마로 떠나기 전, 자신의 담담한 심정을 세례 요한의 모습에 담아내고 있다는 인상을 주는 작품이다.

많은 미술평론가들에게 〈골리앗의 머리를 들고 있는 다윗〉은 나폴리에서 그린 카라바조의 마지막 작품으로 알려져 있다. 그리고 이 유명한 그림에 등장하는 흉측한 골리앗의 잘려진 머리가 바로 카라바조 자신의 얼굴을 보고 그린 자화상이란 해석이 이미 17세기부터 전해 내려오고 있다.[2] 르네상스 시대의 거장들이 작품 속에 자기 얼굴을 냉소적으로 그려 넣은 것은 이미 많이 알려진 사실이다. 미켈란젤로가 〈최후의 심판〉에서 순교자 바르톨로메오가 들고 있는 흉측한 사람의

가죽에 자기 모습을 자조적으로 그려 넣은 사례가 대표적인 경우다.[3]

1599~1600년 작품인 〈성 마태의 순교〉(127쪽)나 1602년에 그린 〈배신당하는 예수 그리스도〉(189쪽), 그리고 1610년 봄에 그린 〈성 우르술라의 순교〉에서 자신의 얼굴을 작품 속에 그려 넣는 시도를 했던 카라바조는 〈골리앗의 머리를 들고 있는 다윗〉에 다시 한번 자신의 얼굴을 그려 넣음으로써 자신의 심중을 그림의 주제와 일치

도판129
미켈란젤로, 〈최후의 심판〉 일부.

시키고 있다. 〈골리앗의 머리를 들고 있는 다윗〉에서 마지막으로 얼굴을 내밀고 있는 카라바조의 모습은 충격적이기까지 하다. 이마에 큰 상처를 입고 무참히 목이 잘린 채 다윗의 손에 들려져 있는 골리앗의 모습은 참혹하다. 부릅뜬 두 눈동자는 충혈된 채 무엇인가 바라보고 있고, 성대가 잘려지지 않았다면 무엇인가 몇마디 말을 남길 것처럼 입을 벌리고 있다. 그는 자신의 마지막 모습을 왜 그렇게 참혹하게 그렸을까?

카라바조의 마지막 작품에 대한 심리학적 분석이 17세기 중반부터 여러 미술평론가들에 의해 시도되었고, 지금도 많은 학자들이 이 문제를 다양한 각도에서 논의하고 있다. 어떤 미술사가는 잘려진 머리로만 등장하는 골리앗이 카라바조 자신의 모습일 뿐 아니라, 골리앗의 잘려진 머리를 들고 있는 소년 다윗 또한 젊은 시절의 카라바조의 모습이라고 주장하면서 소위 '이중초상二重肖像'설을 제시하고 있다.[4] 죄악으로 가득한 자신의 광포한 본성을 다스리지 못한 결과가 영원

한 형벌로 이어질지 모른다는 두려움을 자신의 비참한 얼굴을 들고 있는 순진무
구한 소년의 얼굴과 대비시키며 이중초상을 시도하고 있다는 해석이다.

　카라바조가 다윗과 골리앗을 주제로 전작前作을 남겼다는 설이 제기된 바 있
고 실제로 카라바조의 작품으로 추정되는 비슷한 화풍의 그림이 발견되었다. 카라
바조의 진품 여부 판정이 내려지지 않은 작품이 두 편 남아 있는데, 한 작품은 비
엔나에 소장되어 있는 〈다윗〉이고 또 다른 한 작품은 마드리드에 소장되어 있는

* 카라바조의 진품 여부에 대한 학술적 결론이 아직 내려지지 않았다.

〈다윗과 골리앗〉이다. 일부 학자들은 이 그림을 카라바조의 진품으로 보기도 하지만, 다른 학자들은 이 그림들을 카라바조의 추종자들이 그린 모사품으로 본다.

아직 이 두 작품에 대한 학술적 결론이 내려져 있지 않은 관계로 1610년경에 그려진 카라바조의 마지막 작품 〈골리앗의 머리를 들고 있는 다윗〉과 비교하는 것은 무리다. 그러나 최소한 마지막 작품에 등장하는 다윗의 표정에서 다른 작품과의 큰 차이를 발견할 수 있다. 비엔나 소장본에 등장하는 다윗이 승리에 도취

도나텔로, 〈다윗〉,
1430~45(?), 청동, 185cm,
피렌체 바르젤로 국립미술관 소장.

된 의기양양한 모습이라면, 마드리드 소장본의 다윗은 죽음의 의미를 사색하는 듯한 모습이다. 그러나 마지막 진품에 등장하는 다윗은 승리자도 철학자도 아니다. 그는 카라바조 자신의 얼굴을 들고 있는 또 다른 자신이다. 소년 다윗은 경멸에 찬 눈으로, 혹은 동정의 눈빛으로 자신의 흉측한 얼굴을 내려다보고 있다. 스스로 자신이 저지른 죄악에 응징을 가하듯, 처참하게 일그러진 자화상을 경멸에 찬 눈으로, 동시에 동정의 눈길로 지켜보고 있다.

다윗과 골리앗은 이미 르네상스 시대 초기부터 수많은 화가와 조각가들의 작품 모티브였다. 피렌체의 바르젤로 국립미술관에 소장되어 있는 조각상 〈다윗〉은 15세기 초반에 도나텔로에 의해 완성된 작품이다. 도나텔로와 카라바조의 생애를 비교하는 일은 매우 흥미롭다. 르네상스 시대 초기의 대표적 조각가인 도나텔로는 카라바조가 제 생애를 단적으로 특징짓는 폭력 사건으로 점철된 인생을 살았듯이 기괴한 삶을 살았고, 1382년에는 카라바조처럼 모종의 살인 사건에 연루되기도 했다. 도나텔로의 조각 작품에서도 카라바조의 그림이 보여주는 인간 내면에 대한 깊이 있는 통찰이 드러난다는 점도 비슷하다.

도나텔로의 조각에 등장하는 성서의 인물들은 중세교회가 추구하던 영웅의 모습과는 거리가 멀다. 흔히 '호박', '대머리'라는 뜻의 '추코네zuccone'로 불리기도 하는 그의 조각품 〈하박국〉에서 우리는 전혀 종교적인 기품을 찾아볼 수가 없다. 도나텔로에 의해 『구약성서』의 『소선지서』 중 여덟 번째 주인공으로 등장하는 선지자 하박국은 기괴하고 흉측한 모습으로 재현되었다. 그는 금방 무덤에서 걸어나온 해골을 연상시킨다. 도나텔로는 그의 작품을 통해 기원전 7세기경 이스라엘 민족과 사회에 만연한 불의와 폭력, 부패의 현실을 하나님께 고발하면서 "왜 이런 상황을 가만히 두고 보시는 것인지"라고 물었던 하박국 선지자의 고뇌에 찬 모습을 그의 조각품에 담아내고 있는 것이다.

도판133
도나텔로, 〈하박국〉,
1427~36(?), 대리석, 196cm,
피렌체 두오모 오페라 박물관 소장.

카라바조와 비슷한 성품을 지녔고 독창적인 미학으로 르네상스 시대를 열었던 도나텔로의 〈다윗〉과 르네상스 시대를 마감시킨 카라바조의 〈골리앗의 머리를 들고 있는 다윗〉을 함께 비교하는 것은 의미 있는 일이다. 1430년에서 1435년경에 메디치 가문의 주문으로 제작된 도나텔로의 〈다윗〉은 르네상스 최초의 나신상에 해당한다. 도나텔로의 〈다윗〉은 매우 여성적인 모습을 하고 있으며, 나신의 윤곽에서 성적인 모티브를 강렬하게 드러내고 있다. 골리앗의 투구에 그려져 있는 사랑의 신 큐피드라든지 골리앗의 투구에서 뻗어 나온 깃털이 다윗의 허벅지를 거쳐 사타구니로 향하고 있는 점 등은 싸움과 죽음의 폭력성 사이를 가로지르고 있는 동성 간의 에로티시즘을 선명하게 드러내고 있다. 한편 카라바조의 〈골리앗의 머리를 들고 있는 다윗〉에서도 동성 간의 에로티시즘이 은밀하게 표현되어 있다. 선혈이 낭자한 다윗의 칼이 향하고 있는 곳은 바로 자신의 사타구니다. 일부 학자들은 이를 거론하며 카라바조의 동성애 전력을 거론하곤 한다.

다시 말하지만, 도나텔로와 카라바조는 여러 면에서 닮아 있다. 도나텔로 또한 괴팍하고 격정적인 성격의 소유자고, 살인자로서 평생을 살았다는 점 그리고 성서의 인물을 미화하지 않고 그 내면의 세계를 표현하고자 했다는 점에서 카라바조를 매우 닮았다. 살았던 시대는 달랐지만 전통에 얽매이지 않고 작가주의를 통해 미의식을 표현했다는 점에서 근대 미술의 정신에 매우 근접해 있는 두 사람을 발견하게 된다.

카라바조의 마지막 그림으로 추정되고 있는 〈골리앗의 머리를 들고 있는 다윗〉에 대한 해석은 오늘도 계속되고 있다. 요즈음 학계의 관심을 끌고 있는 새로운 해석은 다윗이 들고 있는 칼의 의미로부터 출발한다. 더 정확하게 말하자면 칼등에 새겨져 있는 문양의 해석과 연관된 것이다. 전통적으로 칼 등에 새겨져 있는 이름은 칼을 만든 장인이나 칼의 소유주의 것이 대부분이다. 그러나 연구에 의하면 카라바조의 마지막 작품에 등장하는 칼 등에 새겨져 있는 라틴어는 〈시편〉에 대한 신학자 성 아우구스티누스 St. Augustinus(354~430)의 주석의 일부임이 밝혀졌다. 성 아우구스티누스는 자신의 「시편」에 "다윗이 골리앗을 물리치고 예수가 사탄을 물리쳤듯, 겸손함으로 교만함을 무찔러야 한다"는 주석을 달았다.[5] 적장을 죽인 소년 다윗의 모습이 환희에 찬 승리자의 모습이 아니라 슬픔이나 무심無心의 표정을 짓고 있는 모습인 것도 바로 이 때문이란 설이 제기되었다. 실제로 그렇다. 원수의 목을 베었지만, 승리자 다윗은 오히려 동정심에 사로잡혀 있는 표정이다. 승리는 역설적이게도 그에게 슬픔을 안겨다 준 것처럼 보인다. 골리앗이 교만의 화신이었다면, 다윗의 손에 들려 있는 것은 평생 자신의 천재성을 믿고 교만에 차 있던 카라바조 자신의 슬픈 자화상일 수도 있다.

　　하나님은 당신을 사랑하는 다윗에게 힘을 실어주었다. 다윗으로 하여금 몇 개의 돌과 물매로 간단히 블레셋의 적장 골리앗을 물리치게 했다. 다윗은 자신만만하게 이렇게 외쳤다. "내가 너를 쳐서 네 목을 베고 블레셋 군대의 시체로 오늘 공중의 새와 땅의 들짐승에게 주어 온 땅으로 이스라엘에 하나님이 계신 줄 알게 하리라(「사무엘상」 17장 46절)." 『성서』에 의하면 하나님은 하나님의 뜻을 따르는 자에게는 큰 사랑을 베풀었고, 인간이 지닐 수 없는 놀라운 능력을 주었다. 『성서』는 하나님의 뜻을 거역하는 자가 있다면 하나님을 따르는 자에게 큰 힘을 주어, 하나님의 이름하에 그 어떤 참혹한 행위도, 살인도 정당화시키고 있다. 카라바조가 이를 성서대로 해석했다면 다윗은 힘센 소년으로, 골리앗의 머리를 높이 쳐들며 승리에 찬 당당한 모습으로 표현되었어야 마땅하다. 그러나 카라바조의 다윗은 자신이 죽인 블레셋 적장 골리앗을 연민의 눈으로 쳐다보고 있지 않은가. 카라바조는 골리앗의 얼굴에는 어린 소년 다윗에게 어이없이 죽임을 당한 수치심과 참혹한 표정을 담아냈고, 골리앗의 얼굴을 들고 있는 다윗에게도 하나님의 이름 아래 저질러진 죄의 증거인 골리앗의 목을 슬픈 시선으로 바라보도록 했다.

　　카라바조의 마지막 작품으로 추정되는 〈골리앗의 머리를 들고 있는 다윗〉에서 우리는 다시 한번 그의 천재성을 확인한다. 그는 단순히 종교를, 성서의 내용을 선과 악의 이분법으로 바라보고 있지 않다. 하나님 앞에서 다윗도, 골리앗도 무력한 한 인간일 뿐이다. 겸손과 교만의 이중성은 마치 화면에 등장하고 있는 카라바조의 두 얼굴처럼 누구에게나 존재하는 인간의 양면성을 상징한다. 카라바조의 마지막 작품은 철저한 자기 성찰을 담은 것이었으며, 불합리성을 간직하고 살아가는 우리 모두에게 제시하는 인간성에 대한 이해였던 것이다.

간이 진료소에서
쓸쓸한 죽음을 맞이하다
카라바조의 최후, 〈성 세례 요한〉과 〈환상 중의 막달라 마리아〉를 분실

카라바조에게 마지막 남은 희망은 로마였다. 로마에서 자신을 열렬히 환영
해줄 후원자들, 자신의 작품을 얻기 위해 연신 몸을 굽힐 귀족들…. 그들이 지금
천재의 귀환을 기다리고 있지 않은가. 자신의 초기 걸작들이 전시되어 있는 로마
로 돌아가서 정식으로 사면을 받는 것이 범죄와 도피로 꼬여버린 제 삶의 실타래
를 푸는 유일한 길이었다. 교황청으로부터 정식 사면을 받고, 다시 작품활동을 시
작하는 길만이 그의 곤고한 삶에 남아 있는 마지막 바람일수 밖에 없었다. 로마
에는 교황의 조카이자 자신의 변함없는 후원자인 시피오네 보르게제 추기경이
있었고, 페르디난도 곤자가 Ferdinando Gonzaga (1587~1626) 추기경과 같은 실력자가
그를 기다리고 있었다. 카라바조는 그들의 도움을 받을 수 있는 방법을 알고 있
었는데, 그것은 후원자들에게 자신의 작품을 선물하는 것이었다. 더구나 사면의
은총을 내릴 수 있는 교황의 조카인 보르게제 추기경은 카라바조의 작품을 수집
하는 데 혈안이 되어 있었다. 1610년 카라바조가 나폴리에 체류할 당시 보르게제
추기경과 곤자가 추기경은 실제로 카라바조의 사면과 로마 귀환을 위해 백방으
로 뛰고 있었다. 그 외에도 많은 로마 귀족들이 그의 로마 귀환을 은근히 기대하
고 있었다. 비록 살인을 저지른 '성격 이상자'라 할지라도, 카라바조는 여전히 이

도판134

〈환상 중의 막달라 마리아〉, 1606, 캔버스에 유채, 106.5×91cm,
로마 개인 소장.*

---

* 카라바조의 진품 여부에 대한 학술적 결론이 아직 내려지지 않았다.

탈리아 최고의 화가였던 것이다.

카라바조는 1610년 7월, 로마를 향한 마지막 희망의 발걸음을 옮기기 시작했다. 그는 사면을 주선해줄 수 있는 보르게제 추기경에게 헌정할 세 작품을 들고 로마로 향하는 작은 여객선인 펠루카에 몸을 실었다. 나폴리 항구를 떠나는 작은 여객선에는 〈성 세례 요한〉 두 편과 〈환상 중의 막달라 마리아〉가 실려 있었다. 그러나 로마로 향하는 테베레 강의 작은 항구 팔로에서 예기치 않은 사건이 발생했다. 팔로의 스페인 군대 경비대장이 카라바조를 다른 사건의 범죄자로 착각해 그를 체포, 구금시켰던 것이다. 카라바조는 〈성 우르술라의 순교〉를 그려주고 받은 작품료를 보석금으로 지불하고 이틀 만에 가까스로 석방되었지만, 자신의 그림들은 이미 어디론가 실종되었다는 사실을 뒤늦게 알게 된다.

그는 나폴리에서 타고 온 작은 여객선이 이미 팔로 항구를 떠난 것을 발견하고 다음 기착지인 테베레 강 어귀의 포르토 에르콜레를 향해 육로를 따라 걸어 올라갔다. 배에 실려 있던 그림 없이는 로마에서의 사면이 불가능하다고 카라바조는 생각하고 있었다. 지중해의 뜨거운 여름 태양빛은 좌절의 늪에 빠져들며 포르토 에르콜레로 향하던 카라바조의 머리 위로 사정없이 쏟아지고 있었다. 카라바조는 로마를 약 100킬로미터 앞둔 포르토 에르콜레까지 걸어왔지만, 여객선과 그림은 어디로 갔는지 종적을 찾아볼 수 없었다. 실의와 피곤에 지친 카라바조는 이 조그만 항구에서 말라리아 혹은 이질에 걸려 고열에 시달렸다. 그는 여행객을 위한 간이 진료소의 침상으로 옮겨졌지만 회복은 불가능해 보였다. 그리고 당대 최고의 화가 카라바조는 포르토 에르콜레의 초라한 간이 진료소 침상에서 조용히 숨을 거두었다. 말을 타면 하루 만에 로마에 당도할 수 있는 지척의 거리에서 그는 로마를 아쉬운 눈으로 바라보며 최후를 맞이했다.

1610년 7월 18일, 르네상스 시대의 흐름에 마침표를 찍고, 바로크 양식이라는 새로운 시대정신을 예견했던 천재 화가 카라바조는 그렇게 조용히 사라졌다.

서른아홉의 젊은 나이였다. 그는 포르토 에르콜레의 이름 없는 공동묘지에 묘비도 없이 초라하게 매장되었다. 현재까지 우리는 카라바조의 시신이 어디에 매장되었는지 알지 못한다.

그림 속에서 자주 자신의 운명을 예고했던 카라바조는 그렇게 순식간에, 그리고 쓸쓸하게 죽음을 맞이했다. 수많은 로마의 귀족들과 미술 애호가들이 그의 죽음을 애도했다. 그의 죽음과 함께 그가 지녔던 천부적 재능 또한 이름 없는 땅속에 묻어야 함을 진정 안타까워했을 것이다. 여기 그의 절친한 친구였던 마리노 기사가 그의 죽음에 바친 시를 소개한다. 벗의 추도사에 카라바조의 예술과 삶이 하나로 응축되어 담겨 있다.

미켈란젤로(카라바조)

죽음과 삶은 그대에게 잔인한 음모를 꾸몄네.
삶이 두려웠기에
그대의 붓은 모든 것을 넘어섰지.
그대는 그림을 그렸던 것이 아니라 창조를 했지.
죽음은 분노의 불길로 타올랐네.
얼마나 많은 것들이
기다란 낫 같은 그대의 붓을 통해 잘려졌던가.
그리고
그대의 붓은 더 많은 것을 창조했다네.[6]

부록

이중성의 살인미학

카라바조

부록1
카라바조를 어떻게 이해할 것인가

테네브리즘을 창시한 카라바조

카라바조의 작품은 한 편의 드라마이고, 우리를 감동시키는 연극이며 영화인 동시에, 한 장의 잘 찍은 다큐멘터리 사진과 같다. 이렇게 카라바조의 작품을 행위예술과 표현예술 양면으로 소개할 수 있는 이유는 작품에 나타난 그의 조명 기법과 연관이 있다.

널리 알려진 대로 르네상스 시대의 화가들은 3차원의 세계를 2차원 평면에 재현하는 '눈속임 Trompe-l'oeil'을 원근법과 명암법으로 해결했다. 레오나르도 다 빈치의 스푸마토 기법이나 대기 원근법 등은 바로 이러한 르네상스 시대의 미학적 장치를 대표하고 있다. 흔히 다 빈치의 명암법을 총괄해 키아로스쿠로라고 표현한다. 3차원적인 사물의 입체 관계를 명암의 조절을 통해서 2차원 공간에서 표현하는 방식이다. 카라바조는 '어둠의 방식'인 테네브리즘을 통해 키아로스쿠로 명암법을 완성시켰다. 다 빈치, 미켈란젤로, 라파엘로 등에 의해 르네상스 시대의 사람들은 이 세상 모든 것을 시각화하는 것이 가능하다고 생각하게 되었다. 사실 해부학까지 도입한 르네상스의 천재들은 3차원의 사물을 2차원의 평면에 재배치하는 데 따르는 모든 미학적 난제를 해결했다. 그러나 문제는 깊이였다. 내면세계의 깊은 고뇌나 회한을 재현해낼 수 있는 원근법이나 명암법을 발견하지 못한 것이다.

하지만 카라바조의 테네브리즘은 이 문제를 단숨에 해결했다. 어둠이 깔리고 조명이 켜지면 불한당, 거지, 창녀, 순례자가 하나둘씩 그림 속으로 모여들기 시작한다. 그리고 그들은 그림 속에서 어둠 속으로 걸어 들어오는 또 다른 성자를 만난다. 성 제롬이 해골 앞에서 무엇인가 열심히 쓰고 있다. 세례 요한이 어둠 속에서 미소를 짓는다. 가룟 유다는 예수에게 가증스러운 배신의 입맞춤을 한다. 병든 바쿠스가 때 긴 손톱을 드러내며 배시시 웃고 있다. 〈엠마오의 저녁식사〉에서 어둠은 등장인물들의 내면세계를 정확하고 치밀하게 보여준다. 카라바조였기에 가능한 작품의 깊이가 어둠 속에서 긴 그림자를 드리우고 있다.

카라바조는 2차원의 평면에 다시 3차원의 '깊이'를 부여한 최초의 서양 화가다. 명암법의 귀재로 알려진 렘브란트는 카라바조의 가장 유명한 추종자라고 볼 수 있다. 따라서 카라바조에 대한 이해 없이 렘브란트 작품의 깊이를 말한다는 것은 어불성설이다. 카라바조가 없었다면, 아니 카라바조가 좀 더 오랫동안 살아서 작품활동을 했다면, 바로크 예술사는 아마 다른 방향으로 전개되었을 것이다. 테네브리즘을 통해 서양 미술은 고전적 깊이를 획득하게 되었기 때문이다.

카라바조는 1932년에 발명된 스트로보(플래시) 기법을 이미 400년 전의 작품 속에서 연출하고 있었다. 20세기 초의 미국 극작가이자 연출가인 데이비드 벨라스코David Belasco(1853~1931)는 "무대의 주인공은 배우가 아니라 조명이다"라는 말을 남겼다. 명암을 통해 그림에 깊이를 부여했던 카라바조의 '어둠의 방식'은 미술사뿐 아니라 사진, 무대 조명, 연극 연출 등의 분야에도 지대한 영향을 미쳤다.

하지만 그가 지나치게 테네브리즘에 의존한 나머지 자연광이 주는 아름다움과 여유를 놓칠 수밖에 없었다는 평가도 함께 내려져야 할 것이다. 어둠으로 긴박감을 주고 빛이 비추는 쪽에 강조점을 두는 방식으로 그림의 의미는 깊어졌지만, 전체적으로 자연광이 비출 때 나타나는 평화로운 느낌은 희생되고 말았다. 어둠의 주술사는 지나친 극사실주의를 통해 사람들을 긴장시키고 한숨지으며 눈물 흘리게 만들었다. 따라서 하늘의 자연광이 주는 편안한 사실주의는 그의 작품 속에 존재하지 않는다. 어둠을 강조하다 보니 검은색, 회색, 갈색 등이 지나치게 두드러진 것도 사실이다. 그가 만약 어둠의 주술사가 아니었다면 찬란한 자연광이 비추는 하늘을 배경으로 한 그림을 그렸을 것이다. 그러나 그가 그린 〈성 프란체스코의 환상〉 속에서 등장하는 하늘은 맑고 푸른 하늘이 아니라 짙은 구름이 몰려들고 있는 검은 빛의 하늘이다. 하늘색이나 청색도 발견하기 어렵다. 그의 유일한 천장화였던 〈주피터, 넵튠, 그리고 플루토〉에서만 옅은 하늘색이 표현되어 있을 뿐이다.

그런 점에서 본다면 그는 자연의 파괴자인 동시에 빛의 파괴자였다. 인위적인 조명으로 등장인물에 긴박감을 더했던 카라바조는 자연을 파괴하는 대신 인간 내면의 세계를 창조해낸 것이다. 하지만 극단은 늘 통하듯이 자연의 빛을 파괴하고 인위적인 빛을 만들어 테네브리즘을 창시한 인물이 가장 자연에 가까운 '사실주의적' 그림을 그린 화가로 평가받고 있다는 점은 서양 미술사의 기막힌 아이러니가 아닐 수 없다.

셰익스피어에 버금가는 극작가이자 연출가

카라바조가 연출한 조명 속에서 로마의 뒷골목 거지들, 창녀들, 불량배들, 협잡꾼들은 진지한 자세로 연기에 몰입한다. 성 베드로, 성 요한, 성 제롬도 어둠 속의 주연배우로 손색이 없다.

한 줄기 빛이 모여든 사람들의 얼굴로 집중되면서, 남루하고 어깨의 솔기가 터진 옷을 입은 도마가 의심에 가득 찬 두 눈으로 예수의 상처 부위를 깊이 찌르는 모습이 등장한다. 예수는 그렇게 심하게 찌르면 너무 고통스럽다는 듯 도마의 손을 붙들고 더 이상 깊이 찌르지 말 것을 호소한다. 이것은 〈의심하는 도마〉의 한 장면이다. 〈예수 그리스도의 태형〉에서는 빌라도 법정에서 고문당하는 예수가 고통을 견디지 못하고 왼발을 관람객이 있는 쪽으로 내밀고 있다. 화면 오른쪽에서 뒤틀린 예수의 몸을 잡고 있는 사람의 표정을 보면, 당장이라도 욕설을 퍼부을 것만 같다. 이들은 모두 정체불명의 아웃사이더들이다.

뒷골목의 거지들, 선술집의 불한당들, 거리의 창녀들이 리얼한 표정으로 무대 위에 서 있다. 아웃사이더들의 무대. 르네상스 시대가 버렸던 그 사람들을 카라바조는 기꺼이 무대 위로 올려놓았을 뿐 아니라 아예 주연 자리를 맡겼다. 그는 가난하고 헐벗고 버려진 사람들을 날것으로 그의 작품 속으로 끌어들였다. 카라바조의 주연배우들은 직업으로 무대에 오르던 사람들이 아니었다. 그들은 그저 지금 자신들이 느끼고 있는 배고픔, 비통함, 억울함, 분노, 배신감을 극작가이자 연출가인 카라바조의 지시에 의해서 가식 없이 표현하고 있을 뿐이다. 막달라 마리아의 슬픈 표정이 마치 자신의 슬픔인 듯, 십자가에 못 박힌 예수의 고통이 진정 자신의 아픔인 듯, 도마의 의심이 자기 것인 양 그렇게 자신들의 실제 모습을 그대로 보여주었다. 카라바조의 작품에 감탄하는 사람은 틀림없이 연극을 좋아하는 사람일 것이다. 그들은 카라바조의 작품 속에서 등장인물들의 사실적 연기에 반한 나머지 점점 더 카라바조의 그림 속으로 빨려들게 된다.

카라바조는 그림에 맞는 인물을 구하기 위해 거리를 헤매었다. 교황 율리우스 2세Julius II(1443~1513)의 무덤을 장식하기 위한 조각을 주문받은 미켈란젤로가 카라라의 대리석 광산으로 가서 6개월 동안 대리석 덩어리를 보며 헤매고 다녔다면, 카라바조는 자신의 무대에 오를 주연배우를 찾기 위해 로마의 길거리를 헤매고 다녔다. 그리고 그의 "액션" 사인과 함께 등장인물들은 자신들의 실제 모습을 보여주었다. 거룩한 성서의 이야기도 낭만적인 그리스 신화의 이야기도 모두 로마의 현실이라는 무대 위에 올린 한 편의 연극처럼 재연되었다. 카라바조는 셰익스피어에 버금가는 극작가이자, 종교적 부조리극을 사실주의로 표현한 탁월한 연출가였다. 동시대를 살았던 두 인물의 공통점을 보면서 우리는 지나간 거인들의 시대를 되새기게 된다.

카라바조의 '살인미학'과 내면의 세계

카라바조의 살인미학은 우리를 당혹케 한다. 죽음은 너무 보편적이고, 길게 드리워져 있는 죽음의 모티브는 작품의 주제와 늘 연관되어 있다. '죽음을 기억하라'고 메멘토 모리를 외치기에는 너무나 세속적인 삶을 살았던 카라바조가 왜 이렇게 죽음에 대해서 골몰했을까. 왜 그는 살인을 미화하기까지 했을까.

아브라함은 모리아 산에서 아들을 희생 제물로 바치기 위해 단검을 휘둘렀다. 또 어린 소년 다윗은 골리앗의 목을 베어버린 난폭한 죽음의 집행자로 등장한다. 세례 요한의 목은 감옥에서 절단당한 다음 소반에 담겼다. 성 우르술라는 자신의 가슴에 박힌 화살을 양손으로 붙든다. 끔찍한 유디트의 살해 장면은 또 어떠한가. 메두사는 자신의 얼굴을 거울로 보는 순간 거침없는 칼날에 목이 잘린다. 왜 카라바조는 피의 역사를 모두 화폭에 옮기겠다는 듯 참혹한 살인미학에 집중했을까?

죽음은 무서운 것이다. 생명의 소멸인 동시에 관계의 단절이다. 죽은 사람은 땅에 묻히고 살아 있는 사람은 죽은 자와의 기억을 없애기 위해 여행을 떠나거나 술을 마신다. 그러나 순교의 의미는 다르다. 자신의 믿음을 지키기 위해 혹은 남을 살리기 위해 자신을 죽음으로 내몰았던 성자들의 죽음을 우리는 순교라 부르는데, 카라바조가 천착했던 것은 바로 이들의 죽음이었다. 우리는 신념에 따라 살다가 자기 목숨을 초개와 같이 버린 사람, 혹은 하나님의 대언자로서 진실과 정의를 외치다 영웅적인 최후를 맞이한 사람들의 '위대한 죽음' 앞에서 고개를 숙인다. 카라바조는 그들의 살신성인을 통해 당당한 살인미학을 표현했다. 우리는 그의 그림을 통해서 어떻게 살아야 하고 어떻게 죽어야 하는지에 대한 심오한 철학적 사색에 빠지게 된다.

카라바조의 종교화 속에 깃든 살인미학은 16세기 가톨릭교의 반종교개혁적인 시대정신을 담고 있다. 마르틴 루터의 종교개혁 이래 개신교에의 유혹에 흔들리는 교인들의 마음을 성서에 등장하는 성자들의 확고한 믿음과 순교의 전례를 통해서 각성시키려 하고 있다.

그러나 카라바조는 가톨릭교회가 요구하는 반종교개혁적인 시대정신에 머물러 있지 않았다. 〈유디트와 홀로페르네스〉에서 카라바조는 당시 가톨릭교단을 위협하던 각종 이단의 도전을 아시리아의 장군 홀로페르네스로 대치시켰고, 이러한 위협적인 이단의 도전을 막아보려는 의지를 생명을 무릅쓰고 적진으로 뛰어들어가 신앙의 순수성을 지키려 했던 유디트로 담아냈다. 반종교개혁적인 의도를 충족시키고 있으면서도 적장의 목을 베는 유디트가 찡그린 표정을 짓게 함으로써 성서를 단순히 선과 악이라는 이분법으로 해석하지 않고 있다. 유디트의 살신성인은 무조건 미화되지 않았다. 카라바조가 동정의 눈길을 보낸 사람은 유디트가 아니라 오히려 비명에 목숨을 잃는 홀로페르네스 장군이다. 〈이삭의 제사〉에서도 하나님께 제물로 바치고자 아들에게 칼을 들이대는 아버지의 얼굴에는 하나님의 의심을 피하기 위한 초조한 표정이, 아버지로부터 죽임을 당해야 하는 이삭에게는 공포심이 잘 살아나 있다.

그는 반종교개혁의 시대정신을 넘어서서 '죽음'이라는 인간 본연의 실체에 접근했다. 그는 죽음을 종교적으로 미화하는 화가가 아니었다. 〈목 잘린 세례 요한〉, 〈세례 요한의 목을 쟁반에 들고 있는 살로메〉에 등장하는 목이 잘린 세례 요한의 얼굴에서도 고통스러운 표정이 역력하다. 세례 요한의 얼굴을 들고 있는 살로메의 얼굴에서도 승리한 자의 환희에 찬 표정은 결코 찾아볼 수 없다. 소반에 담겨 있는 요한의 두상이 끔찍스러운 듯, 고개를 옆으로 돌리고 눈살마저 찡그리고 있다. 〈성 마태의 순교〉에서도 성자라는 칭호가 무색할 정도로 마태는 자신에게 다가오고 있는 죽음을 두려워하며 손을 내젓고 있다. 순교의 영광을 상징하는 오브제인 종려나무를 잡는 것을 거부하는 것처럼 보인다. 카라바조는 그저 폭력으로 물든 성스러운 제단에서 발버둥치고 있는 마태의 마지막 인간적인 모습을 담아내고 있는 것이다.

마지막 작품인 〈골리앗의 머리를 들고 있는 다윗〉에서도 카라바조는 진실한 죽음의 모습에 접근한다. 골리앗에게는 어린 다윗에게 죽임을 당하는 처참한 모습을, 골리앗의 머리를 들고 있는 다윗에게는 의기양양한 승리자의 모습이 아닌 주검을 바라보는 슬픈 표정을 부여하고 있다. 그리하여 다윗과 골리앗의 두 얼굴에서 자신이 지닌 삶과 죽음의 이중성, 종교가 지닌 폭력성을 동시에 표현하는 이중초상을 그려내고 있다.

이것이 카라바조의 그림이 지닌 힘이다. 그는 종교를 미화하지 않으면서도 동시대 가톨릭교회가 요구하는 반종교개혁적인 시대정신을 담아낼 수 있었고, 동시에 지극히 개인적인 시각에서 인간의 내면세계를 조망하는 위대한 그림을 그렸던 것이다. 카라바조 종교화에서 볼 수 있는 살인미학은 바로 우리 내면에 감춰져 있는 추악함을 그대로 드러내고 있다. 마음속에 존재하는 더러운 욕망, 배신, 비겁함, 분노, 증오, 슬픔, 고통 들을 그대로 표출하면서 진정한 자아를 찾아가는 내면의 세계를 그리고 있다. 인간의 나약함을 소외시키지 않고 그대로 드러내는 카라바조의 추악한 그림에서 우리가 동시에 거룩함을 발견할 수 있는 것은 바로 이 때문이다. 그리고 그 추함에 진정한 아름다움이 있으며, 우리들의 사악한 현실 가운데 하나님의 구원의 은총이 깃든다는 사실을 발견하게 되는 것이다. 카라바조의 그림은 성聖과 속俗의 구획 정리를 새롭게 시도했다는 점에서 하나님과 인간과의 관계에 대한 새로운 미학적 시도라고 볼 수 있을 것이다.

카라바조 종교화에 담긴 성과 속의 의미

카라바조를 이해하기 위해서는 그가 천착했던 성과 속의 의미를 다시 한번 깊이 성찰해볼 필요가 있다. 즉 작품의 보편적인 주제로 등장하고 있는 성 속에 숨겨 있는 속의 현존을 발견할 수 있어야 하고 속에 담겨져 있는 진정한 성의 의미를 판독할 수 있어야 한다. 카라바조는 작품을 통해서 우리가 사는 이 세상에 선과 악이 공존하고 있음을 드러내고자 했다. 속을 떠나서는 성을 애기할 수 없다는 것을 표현했다.

카라바조는 르네상스 화가들이 재생시키고자 했던 헬레니즘 미술의 황금률과 미학적 분석을 거부하면서 "거리의 지나는 모든 사람들이 나의 스승"이라고 말했다. 플라톤주의에 입각한 르네상스 미학, 즉 현존하는 사물의 이데아를 찾기 위한 미학적 고안 장치를 받아들이지 않았다. 그림을 그리기 전에 작성하는 기초 도안도 생략한 채 캔버스에 바로 붓질을 가했다. 그의 즉흥성은 성 속에 숨겨진 속의 의미, 혹은 그 반대의 현상을 설명하기 위해 수시로 반복되었다.

카라바조의 작품에 등장하는 사람들은 앞서도 언급되었지만, 음습한 뒷골목을 헤매는 집시, 거지, 매춘부, 협잡꾼, 부랑아 들이었다. 작품 속에 등장하는 성자들의 모습도 하나같이 남루했다. 그가 그린 성 마태는 너무 천박하고 지극히 세속적인 인물로 표현되었기에 모든 사람을 경악시켰다. 성자의 위엄은 종적을 감추고 머리가 벗겨진 노동자와 같은 모습으로 등장한다. 발톱에 때가 낀 천박하기 이를 데 없는 인물로 표현된다. 또한 나폴리에서 그린 〈일곱 가지의 선행〉에는 막시무스의 전설을 차용해 언제 죽을지 모르는 쇠창살에 갇혀 있는 아비가 자기 딸의 젖을 빨고 있는 장면을 포착하고 있다. 죽어가는 아버지를 위해 자기 젖을 물리는 딸의 긴박한 현실을 성서가 말하는 선행과 일치시켰던 카라바조. 그가 이해한 '일곱 가지 선행'은 일반적인 성의 범주를 벗어나는 속의 세계까지 아우르고 있었던 것이다.

괴팍하고 광기어린 성격 때문에 카라바조는 모두 열다섯 번 정도 수사 기록 문서에 이름을 올렸고, 최소한 일곱 번 감옥에 갇혔다. 그의 삶은 폭행, 결투, 도피, 살인, 투옥 등으로 점철된 속된 것이었지만, 그의 예술은 언제나 속의 세계에 숨겨져 있는 성의 의미를 찾는 과정이었다. 그가 만약 종교를 미화하는 그림에 몰두했다면 르네상스 말기의 매너리즘 화가들처럼 그 역시 그 시대를 휘두르던 권력자들에게 아부하는 삼류 화가가 되었을 것이다. 반면 로마의 뒷거리를 배회하며 단순히 속에만 집착했다면, 서양 미술사는 그를 통속화가로 무시했을 테다. 실제로 20세기 초에 진행된 로베르토 롱기의 개척자적 연구가 없었다면 카라바조는 영원히 통속작가로 머물러 있었을지도 모른다.[1]

카라바조 예술의 위대한 점은 속에서 진정한 성을 발견하고 성을 저 높은 하늘에 있는 하나님의 관점이 아닌 우리가 사는 세속적인 차원으로 끌어내렸다는 데 있다. 카라바조라는 이름은 오늘날에도 변함없이 모색되어야 할 신학적 고찰 대상이며, 우리 인간들의 근본적인 구원의 문제를 다시 한번 생각하게 하는 도전이기도 하다. 그것이 바로 카라바조가 인류에 남긴 위대한 공헌일 것이다.

부록2
한태동 교수의
'1차원적 구조'와 '2차원적 구조'로 본 카라바조

형이상학적으로 역사의 의미를 분석하기 전에, 각 시대의 역사적 변천 과정을 그 시대의 '생각의 틀thought form'로 정리했던 한태동 교수는 1000년의 역사를 지켜온 중세 가톨릭교회와 16세기의 개신교 종교개혁의 차이점에 대해 이렇게 설명한 바 있다.

> "중세인들은 하나님의 구원의 역사에 하나님이 아닌 인간이 관여한다고 생각했다면, 이 시대 (종교개혁)인들은 하나님의 구원의 역사는 하나님께만 달려 있는 것으로 생각했다. 중세까지는 마차가 아닌 말의 힘으로 움직였다면, 이 (종교개혁자들의) 시대는 차를 차 자체의 엔진으로 움직이게 되었다. 그 주제는 다르지만 그 구조는 공통적이다. 그것은 1차원적 구조에서 2차원적 구조로 변한 것이다."[2]

카라바조의 작품은 중세 가톨릭교회가 추구하던 '1차원적 구조'의 구원관에서 벗어났던 16세기 후반과 17세기 초반의 새로운 '2차원적 구조'의 기독교 구원관을 보여주고 있다. 마르틴 루터가 "하나님과 자기 사이에 있는 죄를 참회하고

328

하나님께 더 가까이 가려고 하면, 전에는 작게 보이던 죄가 하나님의 거룩한 빛으로 더 크게 보여 이전과 마찬가지의 죄의식을 가지게 된다"고 말했던 것처럼, 카라바조에게 죄의식과 구원의 문제는 중세교회가 제시했던 참회나 고해성사로 해결될 수 있는 문제가 아니었다. 구원은 죄의식의 제거나 선행의 실천으로만 이루어질 수 없기 때문이다. 〈골리앗의 머리를 들고 있는 다윗〉에 표현된 카라바조의 죄책감은 자기 목을 베어서 들고 서 있어야 하는 비극적인 모습으로 극대화되고 있다. 죄책감에 시달리고 있는 죄인에게 구원의 가능성은 발견되지 않는다. 왜냐하면 어떤 종교 행위로도 인간의 죄의식은 완전히 제거될 수 없기 때문이다. 죄를 고백하면 할수록 이전에는 보이지 않던 또 다른 죄가 발견되기 때문이다.

카라바조가 살았던 시대는 그의 작품이 표현하고 있는 것처럼 빛과 어둠, 성과 속, 부유함과 가난함, 귀족과 평민, 예술과 현실, 삶과 죽음, 구원과 형벌이 뒤섞여 있던 시대였다. 테네브리즘의 창시자 카라바조에게 어둠은 빛에 의해 조명될 수 있는 부분이며, 속된 세상은 성스러움과 멀리 떨어져 있는 곳이 아니었다. 그는 부유한 귀족들로부터 그림 주문을 받고서도 가난한 평민들의 일상을 그렸으며, 예술작품의 낭만적 표현을 현실세계의 냉혹함과 분리하지 않았다. 그에게 죽음은 생명 이후의 다음 단계가 아니라 삶 속에서 바로 곁에서 경험할 수 있는 실체, 바로 그것이었다. 그런 카라바조에게 선과 악의 양극성 혹은 삶과 죽음의 양면성은 서로 대립되며 충돌하는 것이 아니라, 현실세계에서 서로 공존하는 것이었다.

카라바조의 그림에서 하나님의 구원은 어둠을 뚫고 내려오는 한 줄기 빛으로 표현되었다. 구원은 참회나 고해성사를 통해 이루어지는 것이 아니라 어둠 속의 빛처럼 우리에게 은밀하게 다가오는 하나님의 절대적인 은총이다. 싸구려 선술집에서 노름판을 벌이고 있는 마태에게, 사생아를 임신한 로마의 매춘부에게, 사람을 죽이고 도망 다니던 카라바조 자신에게 구원은 한 줄기 빛으로 다가오고 있다. 그 구원의 빛을 바라보며 끊임없이 새로운 삶을 갈망했던 카라바조는 〈배신당하는 예수 그리스도〉와 〈성 우르술라의 순교〉 등에 자신의 모습을 그려 넣었다. 그리스도의 얼굴과 순교의 영광된 순간을 향해 쏟아지는 구원의 빛을 카라바조는 사람들의 어깨 너머로 하염없이 바라보고 있다.

한태동 교수가 제시했던 중세 시대와 종교개혁기의 사고 구조의 차이, 즉 '1차원적 구조에서 2차원적 구조로 변한' 16세기의 시대정신은 하나님의 계시에 대한 이해를 완전히 수정하는 신학적 결과로 나타났다. 중세 시대에 성상icon이나 성례전sacraments이 수행하던 하나님의 계시에 대한 매개적 역할은 '말씀scripture'의 직접적인 계시로 한정되면서, 하나님의 계시는 '2차원적인 구조'로 이해되기 시작했다. 요컨대 하나님께서 한 사람 한 사람에게 직접 계시하는 것이다. 중세 시대의 성상이나 성례전은 바로 하나님의 현존이었다. 그러나 16세기 종교개혁자들의 도전에 의해 교회가 부여하던 제도적인 획일주의는 지양되고 개인과 하나님 사이의 주관적 관계가 더 강화된 것이다. 이를 객관에 대한 주관의 강화라고 표현할 수 있겠다. 이러한 '주관의 강화'가 카라바조의 작품 속에서 그대로 표현된 것이다. 그의 작품 속에 등장하는 성서 이야기는 전통적인 교회의 해석을 따르지 않는다. 그보다는 성자의 삶과 죽음을 바라보는 화가 카라바조의 주관적 해석이 앞서고 있다. 〈성 바울의 회심〉에 등장하는 작품의 주인공은 사울을 바울로 부르신 예수 그리스도가 아니라 한 줄기 빛의 광선을 받고 쓰러진 초라한 바울이다. 그리스도의 부르심이 강조되고 있는 것이 아니라 말의 잔등 위로 쏟아지는 한 줄기 빛이 강조되고 있다. 심지어 카라바조는 성모 마리아의 죽음을 물에 빠져 죽은 로마 매춘부의 초라한 모습으로 주관화했다. 성 제롬을 무식한 노동자의 모습으로, 의심하는 도마를 냉정한 실증주의자로 표현했다. 작가 개인의 주관적 관점이 전체 가톨릭교회가 요구하던 제도적 객관성을 넘어서기 시작한 것이다.

결국 16세기 유럽 사회를 강타했던 2차원으로의 전환은 '개인의 탄생The Birth

of Individual'을 낳은 것으로 보인다. 개인의 주관이 강조되기 시작했다는 말은 하나님과의 관계보다 사람 사이의 관계가 더 중요시되기 시작했다는 말이다. 중세 시대를 통해 교회와 국가라는 제도적 객관성에 함몰되어 있던 개인은, 종교개혁 시대부터 전개된 개인의 탄생을 통해 새롭게 태어났다. 자신의 주관적인 입장을 통해 세상을 바라보기 시작한 것이다. 가톨릭 세계에서 이러한 개인의 탄생이 카라바조의 그림에서부터 확인된다는 점에서 그의 천재성은 인정돼야만 할 것이다.

　　카라바조 이전의 그림들이 보는 사람의 관점에 의해 그려졌다면, 혹은 작품 주문자들의 관점에서 그려졌다면, 카라바조의 작품은 화가 자신의 주관적 관점에 의해 그려졌다고 할 수 있다. 성 마태가 소명받은 곳은 팔레스타인의 세금징수소가 아니라 로마의 평범한 식당이었다. 〈엠마오에서의 저녁식사〉 두 번째 판에는 부활하신 그리스도와 실의에 빠진 제자들만 표현된 것이 아니라, 로마에서 살인을 저지르고 도피 중이던 카라바조 자신의 회한과 절망이 포함되어 있다. 그리스도가 체포되던 어두운 밤, 카라바조는 직접 등불을 들고 구원을 갈망하는 모습으로 등장한다. 〈성 우르술라의 순교〉에서는 우르술라의 가슴에 꽂힌 화살로 자기를 깊이 찌른다. 자기 관점에서 주관적으로 이해된 성서의 이야기와 성자들의 이야기가 화폭에 옮겨진 것이다. 자기 자신의 얼굴을 그림의 한 모퉁이에 그려 넣으면서 화면을 바라보는 자신의 입장을 명시한 그의 행동은 서구 예술사에서 개인의 탄생을 알리는 은밀한 전주곡이었다.

　　이처럼 카라바조의 작품 속에 나타난 시대정신은 완전히 종교개혁적인 것도 아니었고, 그렇다고 반종교개혁적인 것도 아니었다. 카라바조의 작품은 '주제는 다르지만 그 구조는 공통적'이었던 16세기의 시대정신을 대변하고 있다. 개인의 탄생을 배태했던 16세기말의 시대정신은 결코 종교개혁자들의 전유물이 아니었다. 그것은 카라바조와 같은 가톨릭적인 인물에 의해 공유되었던, 개신교 종교개혁자들과 가톨릭교회의 예술가에 의해 향유되었던 보편적인 16세기의 시대정신이었다고 할 수 있다.

수많은 사람들이 그의 작품에 열광했고, 또 다른 수많은 사람들이 그의 작품을 저주했다. 개인의 탄생을 의심하고 주저했던 수많은 로마의 반동 세력은 그의 작품으로부터 얼굴을 돌리며 카라바조에게 저주를 퍼부었다. 실제로 현존하고 있는 17세기의 기록들은 모두 카라바조에 대한 모독으로 넘쳐난다. 그러나 그의 작품을 사랑하던 사람들에게 카라바조는 새로운 시대의 정신을 대변하는 인물이었다. 델 몬테 추기경의 화실에서 그렸던 익살스럽고 부드러운 작품들이 순교의 피와 살인의 끔찍한 공포로 대체되었을 때, 사람들은 그의 놀라운 변화에 충격을 받았다. 그의 작품은 요란스러운 폭력의 장면을 절대적인 침묵의 고요함으로 보여줌으로써 뛰어난 이중성을 획득할 수 있었다.

그는 언제나 시대의 전통에 따라 주제를 선택했지만, 작품에 나타난 해석은 항상 전통 파괴적iconoclastic이었다. 그의 그림은 언제나 철저한 현실세계에 뿌리 박고 있었지만, 표현된 이미지는 언제나 초월적인 아름다움을 담고 있었다. 그가 작품을 통해 전달하고자 했던 메시지는 고상했으나, 그림의 구체적인 표현은 속되고 평범했다. 그의 그림은 언제나 칠흑과 같은 어둠에 사로잡혀 있었으나, 한 줄기 빛으로 우리에게 다가왔다. 살인을 저지르고 도망 다니던 범법자를 사람들은 추종했으며, 오히려 그의 작품을 얻기 위해 치열하게 경쟁했다. 그의 작품에는 언제나 '이중성'이 드러난다. 아름다움과 추함, 폭력과 고요함, 전통과 파괴, 현실과 초월, 빛과 어둠. 그렇다. 이중성이야말로 카라바조의 생애와 작품을 한마디로 대변하는 단어다. 어쩌면 그는 이중적인 인간이었는지 모른다. 현대의 모든 인간들이 그런 것처럼. 우리 모두가 그런 것처럼.

카라바조의 생애와 작품에 대한 17세기 문헌과 기록

이미 16세기부터 르네상스 시대의 미술사를 비롯해 화가와 조각가 등의 생애에 대한 연구가 활발히 전개되고 있었다. 16세기 예술가들의 생애에 대한 연구서로는 한국에서도 출간되었던 조르조 바사리의 『가장 뛰어난 화가, 조각가, 건축가의 생애』가 있다. 미켈란젤로 밑에서 그림을 배우기도 한 바사리는 르네상스 예술가들의 생애를 연대기적으로 서술하면서 르네상스 사조를 시대별로 구분하고자 했다.

그는 먼저 그리스 로마 시대에 나타났던 예술의 황금기가 중세에 이르러 '광적인 기독교에 대한 열정'으로 인해 쇠퇴했다고 본다. 르네상스는 예술의 부흥기를 맞이해 새로운 인간에 대한 인식의 지평을 열어놓았다는 전제에서 출발한다. 이러한 르네상스, 즉 예술을 통한 새로운 인식 지평의 부활을 주도했던 인물로는 조토를 비롯하여 그의 스승이었던 미켈란젤로 등 많은 위대한 예술가들이 있었다.

바사리가 『가장 뛰어난 화가, 조각가, 건축가의 생애』를 탈고하고 1550년 피렌체에서 이 책을 출간했을 때, 카라바조는 아직 세상에 태어나기도 전이었다. 후기 르네상스와 매너리즘 시대를 지나 바로크 시대로 진입하던 초기에 활동한 카라바조의 생애에 대한 연구는 쉬운 작업이 아니다.

무엇보다 그의 생애에 대한 기록은 극히 일부만이 남아 있기 때문이다. 미켈란젤로처럼 드로잉이나 서한을 남기지도 않았다. 단편적으로 흩어져 있는 작품 계약서, 밀라노와 로마의 사법부 문서, 그리고 카라바조의 생애에 대한 단편적인 정보를 담고 있는 기록이 전부다.

카라바조의 생애와 작품 세계에 대한 추가 연구를 기대하면서 17세기에 남겨진 카라바조에 대한 기록을 정리한다. 여기에는 초기 정보의 오류도 많이 발견되고, 카라바조에 대한 맹목적인 비판도 제기되고 있기에 앞에서 이야기했던 내용과 다를 수 있다. 그러나 추가 연구를 위해 원문 그대로 번역했음을 밝힌다.

1. 카렐 반 만데르의 기록

카렐 반 만데르Karel van Mander(1548~1606)는 플랑드르 출신으로 시인이자 화가, 예술사학자이다. 1604년에 출간된 『화가들에 관한 책』으로 유명하다. 조르조 바사리가 『가장 뛰어난 화가, 조각가, 건축가의 생애』로 남부 유럽의 미술사를 정리했다면, 그는 알프스 산맥 이북 유럽의 르네상스와 매너리즘 미술사를 정리했다. 실제로 그는 1573년부터 1577년까지 이탈리아에서 활동하면서 바사리와 교류했다. 네덜란드 최초의 예술사가로 알려져 있고 '플랑드르의 바사리'란 별칭으로 불린다. 1603년에 최초로 카라바조에 대한 기록을 남겼는데, 초기 정보에 오류가 있었음을 스스로 인정하고 있다.

미켈란젤로 다 카라바조라는 인물이 있는데, 이 사람은 로마에서 대단한 일을 하고 있다. 앞에서 언급한 주세페 체사리처럼 가난을 딛고 열심히 일해서 우뚝 선 입지전적인 인물이며, 모든 일에 판단력과 용기를 가지고 있다. 용기가 없어서 주저하거나 겁먹는 일이 없는 반면, 과감하게 자신을 밀어붙이고 두려움 없이 자신의 탁월성을 추구하는 인물이다. 이러한 그의 행동이 순수한 의도와 성실

도판135
카렐 반 만데르, 〈스키피오의 금욕〉, 1600, 동판에 유채, 44×79cm, 암스테르담 국립박물관 소장.

성에서 비롯되었다면, 결코 비난받아서는 안 된다. 행운의 여신은 최선을 다하지 않는 사람에게는 결코 다가오지 않으며, 최선을 다하는 사람에게만 이러한 행운이 찾아오기 때문이다.

이 미켈란젤로(카라바조)는 명성을 얻기 위해, 그리고 화가로서 이름을 떨치기 위해 온갖 시련을 이미 극복했다. 전기에도 나와 있는 것처럼, 그는 주세페의 작품이 있는 다마소의 산 로렌초 근처에서 역사에 관한 그림을 그렸다. 이 작품에서 카라바조는 주세페 체사리의 그림을 보면서 혀를 살짝 내밀고 있는 난쟁이를 그렸는데, 마치 주세페의 그림을 비웃기라도 하는 듯한 인상을 준다.

그는 다른 거장들의 작품을 보잘것없는 것이라고 폄하했지만, 그렇다고 자기 자신의 작품을 과하게 높이 평가하지도 않았다. 그는 어떤 특정한 거장이 어떤 특정한 주제로 그림을 그렸다고 해도 이 세상 모든 작품은 어린애들의 장난과 같은 것이라고 믿었다. 그리고 이 세상 어떤 그림도 자연보다 뛰어날 수 없다고 믿었다. 그래서 그는 사물에 대한 정교한 연구 없이 붓을 드는 일은 절대 없었다. 이러한 습성은 좋은 작품을 완성하는 데 결코 나쁘지 않다. 제아무리 실제에 가깝게 그린다고 할지라도 드로잉을 한 다음 그린 그림은, 결코 수많은 색채를 가지고 있는 자연보다 뛰어날 수 없기 때문이다.

물론 어떤 화가는 가장 아름다운 실제의 색채를 구별할 수도, 또 그림을 위해 그 색채를 선택할 수도 있을 것이다. 하지만 그 화가도 알곡을 수확하려면 쭉정이를 함께 거둬들여야 한다. 따라서 카라바조는 작품을 위해 지속적으로 연구하지 않았고, 한두 주 정도 작업을 한 다음 친구들과 자신을 따라다니는 몸종과 함께 두 달을 빈둥거리는 것이 예사였다. 테니스 게임을 보러 다니면서 아무에게나 말씨름을 걸고 늘 싸움질에 끼어들기 일쑤였고, 사람들과 잘 지내지 못했다.

예술의 세계에서 그러한 행동은 매우 생소한 것이었다. 왜냐하면 전쟁의 신과 지혜의 여신은 언제나 좋은 친구가 될 수 없었기 때문이다. 그러나 그의 작품만은 훌륭함과 탁월함으로, 수많은 젊은 화가들이 그를 추종할 만한 스타일을 가지고 있었다(나는 앞에서 카라바조가 난쟁이 그림을 통해 주세페의 작품을 조롱했다고 했는데, 이는 잘못된 정보임을 나중에 알게 되었다).

도판136
빈센초 주스티니아니의 초상화.

2. 빈센초 주스티니아니의 기록

델 몬테 추기경, 시피오네 보르게제 추기경과 함께 카라바조의 강력한 후원자였던 빈센초 주스티니아니 후작은 산 루이지 데이 프란체시 성당 측으로부터 인수가 거부된 〈성 마태와 천사〉를 매입하면서부터 카라바조와 관계를 맺기 시작했다. 날짜가 명시되어 있지 않지만 빈센초 주스티니아니가 테오도로 딕 반 아마이덴Teodoro Dick van Amayden에게 보낸 편지에 카라바조의 작품에 대한 언급이 나온다. 그는 카라바조의 자연주의와 테네브리즘에 대해 긍정적인 평가를 내리고 있다. 이 편지는 1675년에 로마에서 재편집되었다.

　(초략) 다섯 번째 방법은 꽃과 작은 정물을 어떻게 그릴 수 있는지를 아는 것이다. 이는 많은 인내를 요구한다. 카라바조는 정물화 중에 꽃을 그리는 것이 결코 쉽지 않은 일이라고 말했다. (중략) 열두 번째 방법은 이중에서 가장 어렵기 때문에 가장 탁월한 방법이라고 할 수 있다. 방금 언급한 열 번째 방법과 열한 번째 방법을 같이 사용하는 것, 즉 세상에서 제일 유명한 일등급 화가들의 방법처럼, 자연 앞에서 스타일과 함께 그림을 그리는 것이다.

　우리 시대에는 카라바조, 체사리 형제, 귀도 레니Guido Reni(1575~1642)● 등과 같이 스타일보다 자연주의를 추구하는 방식이나 혹은 자연주의보다 스타일을 중시하는 방식이 있지만, 둘 사이의 긴장관계를 놓치지 않는 다른 화가들의 작품이 이 방법을 대표하고 있다. 이들은 모두 좋은 디자인을 중시 여기고, 사실감 있는 채색 그리고 적절하고 현실감 있는 조명을 강조한다.

● '제2의 라파엘로'라 불리는 이탈리아의 화가. 볼로냐 근교 칼벤차노 출신으로 카라치 일가에 의해 설립된 아카데미에서 수학했다. 로마로 건너가서는 카라바조의 영향을 받으면서 벽화가로 이름을 날렸다. 대표적인 벽화로 〈오로라〉가 있으며, 종교화로 〈이 사람을 보라〉, 〈막달라 마리아〉 등이 있다. 풍부한 색채 감각과 부드러운 정조 표현 등 감미로운 작풍을 보이며, 〈아탈란타와 히포메네스〉 같은 이교적인 회화를 통해 리드미컬한 색채 구성과 세련된 지성미를 표현해 사후 볼로냐 절충판의 대표적 화가로 이름을 남겼다.

3. 줄리오 만치니의 기록

줄리오 만치니는 카라바조와 동 시대 인물이며 예술을 사랑하던 의사였다. 카라바조를 치료한 경험이 있으며, 익사한 매춘부의 시체를 모델로 한 카라바조의 〈성처녀의 죽음 혹은 영면〉을 의학적 관점에서 분석하기도 했다. 카라바조의 천재성을 일찍부터 예견했으며, 그가 17세기 이탈리아 예술에 미친 영향을 정확하게 분석했다. 그는 델 몬테 추기경의 관저에서 있었던 카라바조와 그 동생 조반니 바티스타 메리시와의 불편했던 만남에 대해 상세히 설명하고 있다.

미켈란젤로 메리시 다 카라바조에 대하여

우리 시대의 화풍은 미켈란젤로 메리시 다 카라바조가 처음 소개한 방법에 많은 빚을 지고 있고, 또 많은 화가들이 그의 화풍을 따르고 있다. 그는 카라바조의 존경받는 시민의 가정에서 태어났으며, 그의 부친은 카라바조의 어느 귀족 가문의 가내 집사이자 건축가였다. 어린 시절에 그는 밀라노에서 4년이나 6년 동안 미술을 열심히 공부했지만, 다혈질적인 성격과 날카로운 성품 탓에 무모한 일도 많이 저질렀다. 스무 살 정도 되었을 무렵에 무일푼의 몸으로 로마로 이주했으며, 성 베드로 성당 건축을 위해 많은 재물을 희사했던 판돌포 푸치의 집에 머무르면서 내키지 않는 허드렛일을 하며 생활했다. 그는 저녁 한 끼에 샐러드 한 접시를 얻어먹는, 무보수나 다름없는 대접을 받았다. 몇 달 후 그는 아무런 보수도 받지 못하고 그 집을 떠나면서, 그 집 주인을 '샐러드 양반'* 이라고 불렀다. 그 집에 머무르는 동안 지금의 레카나티에 소장되어 있는 몇 점의 종교화를 복사하기도 했다.

그는 그림을 팔아서 돈을 벌려는 목적으로 뱀에게 손이 물려 울고 있는 소년

---

* 고기나 포도주와 같은 좋은 음식을 주지 않고 언제나 무성귀로 만든 샐러드만 주었기 때문이다.

을 그렸고, 과도로 배를 깎고 있는 소년을 그렸다. 또한 그가 묵고 있던 하숙집 주인을 그리기도 했으며, 해독 불능의 초상화도 이 시기에 그렸다. 그런 와중에 돈한 푼 없었던 그가 갑자기 병에 걸려 콘솔라지오네 병원에 입원해야만 했다. 그병원에서 카라바조는 병원장을 위해서 많은 그림을 그려주었는데, 이 그림들은병원장의 고향인 세비야로 보내졌다.

내가 들은 바에 의하면, 이후 카라바조는 기사 주세페 체사리와 고위 성직자인 판틴 페트리냐니Fantin Petrignani의 배려로 그들의 저택에 거주하게 되었다. 그는이 시기에 많은 그림을 그렸는데 〈점쟁이 집시〉, 〈마르다와 막달라 마리아〉, 〈성세례 요한〉 등이 이때 그린 작품들이다.

그 뒤를 이어 키에사 누오바 성당을 위해 그린 〈예수 그리스도의 매장〉, 산루이지 성당을 위해 그린 〈성 마태의 순교〉와 〈성 마태의 소명〉이 있다. 산타 마리아 델라 스카라 성당을 위해 그렸지만 매춘부를 모델로 삼아 성처녀를 그렸다는 이유로 인수를 거부당해 지금은 만투아 공작이 소장하고 있는 〈성처녀의 죽음 혹은 영면〉도 있고, 상트 아고스티노 성당을 위해 그린 〈로레토의 마돈나〉, 성베드로 대성당의 팔라프레니에리Palafrenieri의 제단화로 그린 〈마돈나와 아기 예수와 함께 있는 성 안나〉도 있다. 또한 카라바조는 고귀한 시피오네 보르게제 추기경께서 소장하고 있는 많은 작품을 그렸으며, 산타 마리아 델 포폴로 성당의 체라시 예배당의 두 그림 〈성 바울의 회심〉, 〈십자가에 못 박힌 성 베드로〉와 마테이 가문, 주스티니아니 가문, 그리고 사네시오 가문이 소장하고 있는 여러 작품들을 그렸다.

끝으로 그는 자신 또한 목숨을 잃을 뻔한 한 사건에서 친구 오노리오 롱기와함께 정당방위적인 차원에서 자신의 적을 죽였고, 이 이유로 로마를 떠나야만 했다. 그는 일단 자가롤로에 몸을 숨기고 그곳 영주의 저택에서 은밀한 보호를 받게 되었다. 그곳에서 카라바조는 〈환상 중의 막달라 마리아〉와 〈엠마오에서의 저녁식사)를 그렸는데, 뒤의 작품은 코스타가 매입해 로마로 가져왔다. 카라바조는 이때 작품을 판 수익으로 나폴리로 거처를 옮기고, 그곳에서 여러 작품을 남겼다.

카라바조가 그렸던 인물과 초상화, 그리고 채색은 최상급이었으며, 우리가 살고 있는 세기의 화가들이 그로부터 영향을 받았다는 사실을 부인할 수 없다. 하지만 예술에 대한 최고의 지식을 가졌음에도 카라바조의 삶은 늘 사치에 가까운 방탕 속에서 전개되었다. 카라바조에게는 동생이 한 명 있었는데, 이 사람은 학식 있는 사제였다.

어느 날 동생이 형의 명성을 듣고 형제애를 느끼며 카라바조를 만나기 위해 로마로 온 적이 있었다. 그는 카라바조가 델 몬테 추기경의 저택에 거주하고 있음을 알고 있었지만 형의 특이한 성격을 잘 알고 있었으므로 먼저 델 몬테 추기경을 만나 자세한 사정을 설명했다. 그는 델 몬테 추기경의 환대를 받았으며, 사흘 후에 다시 찾아오라는 지시를 받았다. 한편 추기경은 카라바조에게 혹시 형제가 있는지 넌지시 물어보았는데 카라바조는 이를 부인했다. 카라바조의 동생이 신부인지라 추기경인 자신에게 거짓말은 하지 않았으리라고 믿었던 추기경은, 카라바조가 자신에게는 형제가 없다고 하자 주위 친구들을 통해 진위 여부를 재확인해보았다. 추기경은 카라바조가 거짓말을 하고 있다는 것을 알게 되었다.

사흘 후 그 사제가 다시 추기경의 관저를 방문했을 때, 추기경은 카라바조를 소환했다. 카라바조는 사제를 보는 순간 자기에게는 동생이 없으며, 그 사제는 모르는 사람이라고 주장했다. 사제는 추기경이 보는 앞에서 부드러운 목소리로 이렇게 말했다. "형님, 나는 형님을 보기 위해 먼 길을 왔고 또 그 꿈을 이루었습니다. 나 자신과 내 자식들을 위한 것이 아니라, 만약 하나님께서 형님에게 결혼의 축복을 허락해주시거나 자식을 낳아 우리 가문을 이어갈 수 있다면 나는 더할 나위 없이 기쁘고 또 하나님께 감사해야 할 일입니다. 내가 성직에 있는 동안 하나님께서 늘 형님과 함께 하시길 기도하겠습니다. 우리 여동생 카타리나도 그 동정과 순결을 걸고 그렇게 기도할 것입니다." 그러나 카라바조는 동생의 감동적이며 충정 어린 말투에 전혀 동요되지 않았고, 인사도 하지 않고 그 장소를 떠나버렸다. 카라바조가 이상한 성격의 소유자라는 것은 아무도 부인할 수 없다. 그의 비정상적인 성격 때문에 최소한 10년 일찍 인생을 마칠 수밖에 없었고, 화가로서의 명성도 어느 정도 잃게 되었다. 그가 좀 더 오래 살았다면 더 성숙했을 것이고, 그랬다면 미술계는 더 많은 이득을 보았을 것이 분명하다.

(전략) 그 가난한 화가(카라바조)는 이전보다 훨씬 싼 가격에 자신의 작품을 팔아야 했다. 〈도마뱀에게 물린 소년〉을 15기울리Giuli에 팔고 〈점쟁이 집시〉를 8스쿠디Scudi에 팔아야만 했던 경우처럼…. (후략)

논의를 더 이어가기 전에, 어떤 인물을 잘 보이게 하려면 그 인물의 모습을 자세히 관찰할 필요가 있다. 특히 그 인물이 특별한 행동을 하고 있을 때 그림을 그린다면, 그 인물이 지금 짓고 있는 특이한 표정과 움직임에 깊은 주의를 기울여야 한다. 요즘 화가들이 얼마나 이 부분에 취약한지 잘 알 수 있다. 예를 들면, 그들은 성모 마리아를 그릴 때 오르타치오의 더러운 매춘부를 모델로 사용한다. 마치 카라바조가 마돈나 델라 스카라 성당의 〈성처녀의 죽음 혹은 영면〉을 그리기 위해 그랬던 것처럼. 성당의 신부님들은 그 그림의 인수를 거부했고, 카라바조는 이 일 때문에 평생 동안 괴로워했으며…. (후략)

(전략) 이제 우리는 현재 살아 있는 화가들의 시대를 언급할 차례가 되었다. 나는 그들의 작품을 평가하기 위해 다음과 같은 기준을 제안하고자 한다. 먼저 그들의 작품은 네 가지 카테고리 혹은 학파로 분리되어야 한다. 첫 번째 카테고리는 카라바조의 화풍을 따르고 있는 화가들이다. 바르톨로메오 만프레디Bartolomeo Manfredi(1582~1622), 스파뇨레토Spagnoletto(Juseppe de Ribera)(1591~1652), 카라바조의 체코Cecco del Caravaggio라고도 불리는 프란체스코 부오네리Francesco Buoneri, 스파다리노Spadarino(Giovanni Antonio Galli)(1585~1651) 들이 이 카테고리에 속

하며 카를로 사라체니도 일부분 영향을 받고 있다. 이 학파의 특징은 한 방향에서 비치는 조명이 사용되며, 반대 방향으로는 빛을 비추지 않고 일정 방향으로만 비추고 있다. 또한 창문이 없는 방 안의 짙은 어둠이 강조되고, 벽을 검게 칠함으로써 조명은 더욱 강렬하고도 깊은 그림자를 드리운다. 이런 방식은 화면에 큰 도감을 부여하지만 자연스러운 방법이 아니기 때문에 라파엘로나 티치아노, 그리고 코레조Correggio(1494~1534)** 같은 전시대의 화가들은 생각도 해보지 못한 화풍이었다. 이 화풍의 화가들은 이런 작품을 그리기 위해서 자연주의에 귀착했고, 그림을 그릴 때마다 자연을 중시했다. 개인적으로 이러한 학파의 기법은 인물을 그릴 때는 매우 효과적이지만 이야기가 긴 내용의 그림을 그리거나 사물을 단순히 관찰하는 것이 아닌 상상력에 의존해서 감정을 해석해야 할 때는 별로 효과적이지 않다고 생각한다. 왜냐하면 한 방에서 여러 사람이 울고 웃는 장면만 그리다가 다양한 장면이 등장하는 내용을 그리게 되면, 한 창문에서 비치는 조명만으로 그 모든 것을 묘사하기란 불가능하기 때문이다. 결과적으로 이런 화풍의 그림에 등장하는 인물은 비록 강렬한 인상을 주기는 하지만 움직임을 나타내기에는 부적절하고 풍부한 표정을 화면에 그대로 드러내는 데도 한계가 있다.

이 학파의 그림들 중에서, 현재 로마의 귀족인 알레산드로 비트리치Signor Alessandro Vittrici가 소장하고 있는 카라바조의 〈점쟁이 집시〉보다 더 표현감이 넘치는 그림은 본 적이 없다. 이 작품을 위해 카라바조는 이 학파의 대표적인 방법을 사용하고 있는데, 화면에는 소년의 운명을 점쳐주는 척하면서 그의 손가락에서

** 이탈리아 화가로 본명은 안토니오 알레그리(Antonio Allegri). 1518년 파르마로 가서 이듬해까지 상파울로 수도원의 한 방을 신화를 주제로 한 벽화로 장식하였다. 그 후 1520~1524년 파르마의 산 조반니 에반젤리스타 성당의 원형 천장화 〈예수 승천〉을 비롯한 기타 장식화를 통해 무수히 많은 천사와 성자들에게 둘러싸여 승천하는 성모를 환상적으로 그렸으나, 바로크적인 경향의 과도한 과장을 못마땅하게 생각한 교회로부터 악평을 받고 중단했다. 미켈란젤로나 라파엘로만큼 깊이는 없지만 뛰어난 감수성과 경쾌한 필치로 독자적인 표현을 낳았다는 평을 받는다. 주요 작품으로 〈레다〉, 〈주피터와 이오〉 등이 있다.

반지를 빼내려는 집시 소녀의 가식적인 웃음과 이에 정신이 홀린 소년의 표정이 생생하게 묘사되어 있다.

4. 조반니 발리오네의 기록

조반니 발리오네는 로마 태생으로 카라바조와 동시대의 화가다. 카라바조의 라이벌 이기도 한 그는 1603년, 자신을 공개적으로 모욕했다는 혐의로 로마의 사법 당국에 카라 바조를 고발한 적도 있다. 발리오네는 화가로서의 명성보다 1642년에 로마에서 출간된 『화가, 조각가, 건축가의 생애Le vite de pittori, scultori, architetti』의 저자로 더 유명하다. 현재 이 책의 원본은 바티칸 도서관에 소장되어 있는데, 1573년부터 1642년까지 로마와 이탈 리아에서 활동한 화가, 조각가, 건축가들의 생애에 대한 본인의 주관적인 견해를 담고 있 다. 당연히 카라바조의 생애에 대한 기록도 포함되어 있는데, 부정적인 평가가 내려져 있 다. 〈병든 바쿠스 신〉을 '무미건조한 작품'으로 폄하하고 있으며, 카라바조를 '기존의 예 술을 파괴하는 인물'로 혹평하고 있다. 또한 카라바조와 그의 추종자들을 '예술의 고귀함 과 가치'를 모르는 인물들로 평가했다.

화가 미켈란젤로 다 카라바조의 생애

미켈란젤로(카라바조)는 롬바르디아 공국의 카라바조에서 태어났다. 그의 아 버지는 메리시 가문의 집사로 부유했다. 그는 어렸을 때부터 화가가 되기로 결심 했는데, 카라바조 마을에는 그에게 미술을 가르칠 만한 인물이 없었기에 밀라노 로 이주해서 몇 년 동안 살았다. 이어서 그는 거장들의 화법을 열심히 배우기 위 해 로마로 갔다. 처음에 그는 어느 시칠리아 출신 화가의 화실에 소속되었는데, 그 화실에는 온갖 종류의 거친 작품들이 널려 있었다. 그 후 카라바조는 주세페

체사리의 화실에서 몇 달간 머물렀
다. 다시 그곳에서 나온 카라바조는
혼자 독립적으로 살아가면서 거울에
비친 자기 모습을 담은 몇 장의 초상
화를 그렸다. 첫 작품은 포도송이를
들고 있는 〈병든 바쿠스 신〉인데, 아
주 섬세하게 그렸지만 형식적인 면
에서 약간 무미건조한 그림이다. 그
는 또한 꽃과 과일 사이에서 나온 도
마뱀에게 물린 소년의 모습을 그렸
다. 이 그림을 보고 있노라면 마치
소년의 신음소리가 들리는 것처럼
느껴지는 섬세한 작품이다.

그러나 카라바조는 그 작품들
을 팔 수는 없었다. 그래서 아주 짧

은 기간 동안이었지만, 무일푼에 남루한 옷차림으로 살아야 했다. 로마 화단의 전
문가들 중에서 자선가들이 그를 돕기 시작했고, 마침내 산 루이지 데이 프란체시
성당의 미술품 중개인인 마에스트로 발렌티노Maestro Valentino가 카라바조의 그림
을 파는 데 실질적 도움을 주었다. 이 사람의 소개를 통해 카라바조는 미술 애호
가였던 델 몬테 추기경의 집으로 초대받아 그와 대면하게 되었다. 델 몬테 추기
경의 저택에서 숙식을 해결하게 된 카라바조는 예술에 대한 창작 의욕이 살아나
는 것을 느꼈고, 자신감을 얻게 되었다. 델 몬테 추기경을 위해서 그린 소년들의
합주 장면은 뛰어난 작품이었다. 그는 또한 류트를 연주하고 있는 소년을 그렸는
데(〈류트 연주자〉), 마치 그림이 살아 있는 듯 생동감이 느껴질 정도다. 꽃병에 담

긴 물에 창문과 방 안의 정물이 반사되는 모습이 보일 정도이고, 꽃잎에 맺힌 이슬이 절묘하게 그려져 있다. 카라바조 자신은 그때까지 그려진 작품 중에서 이 정물화를 가장 뛰어난 것으로 평가했다.

　카라바조는 〈점쟁이 집시〉를 통해 한 소년의 운명을 점치는 집시 여인을 아름다운 색채로 그려냈다. 그는 세속을 초월한 신적인 사랑을 그렸다. 이와 비슷하게 둥근 표면 위에 뱀의 머리를 가진 메두사의 겁에 질린 모습을 그렸는데, 추기경이 이 그림을 토스카나의 대공작인 페르디난도(메디치)에게 보냈다.

　추기경의 도움으로 그는 산 루이지 데이 프란체시 성당의 콘타렐리 예배당을 위한 제단화를 주문받았는데, 제단 위 벽에 걸린 작품에는 마태와 천사가 함께 등장한다. 오른쪽 벽면에는 구세주로부터 소명을 받고 있는 사도 성 마태의 모습(〈성 마태의 소명〉)이, 그리고 왼쪽 벽면에는 처형을 당하고 있는 사도 성 마태와 다른 인물들이 그려졌다(〈성 마태의 순교〉). 그러나 성당의 둥근 천장에는 주세페 체사리의 뛰어난 그림이 차지하고 있었다.

　주세페 체사리의 작품처럼, 주문을 받고 그린 카라바조의 작품들은 매우 사실적으로 묘사되어 있었기에 주위 동료들로부터 일종의 질투심을 샀고, 또 카라바조를 유명하게 만들었다. 어떤 사악한 사람들은 그의 작품을 필요 이상으로 찬양하기도 했다. 내가 그곳에서 그림을 보고 있는데, 페데리코 주카로가 그 그림을 보고 나서 이렇게 소리 질렀다. "도대체 왜 이 모양으로 난리법석이란 말인가?" 그 후 자세히 그림을 관찰한 다음 그는 다시 "예수 그리스도가 성자를 사도로 부르는 장면을 그린 이 작품에서 내가 발견할 수 있는 것은 오직 조르조네의 스타일밖에 없다"고 혹평하며 빈정대고는 소란을 뒤로한 채 그 장소를 떠나버렸다.

　빈센초 주스티니아니 후작의 경우, 앉아 있는 큐피드를 사실주의에 기초해서 치밀하게 묘사한 카라바조의 그림을 보고, 그 후부터 카라바조를 필요 이상으로 흠모하게 되었다. 산 루이지 데이 프란체시 성당의 제단화를 장식한 성 마태에 대한 그림이 모든 사람들로부터 비난받았지만, 카라바조가 그렸다는 이유로 주스티니아니 후작은 이 그림을 매입했다. 후작이 이런 생각을 하게 된 이유는 주세페 체사리를 매우 싫어하면서 카라바조를 추종하던 프로스페리노 델레 그로테체Prosperino delle Grottesch의 칭찬 때문이었다. 또한 치리아코 마테이 후작도 프로스페리노 델레 그로테체의 견해를 지지했던 관계로, 카라바조는 주스티니아니 후작을 위해서 〈성 세례 요한〉, 〈엠마오로 가신 주님〉, 그리고 성 도마가 구세주의 갈빗대 주위를 손가락으로 찔러보는 작품 〈의심하는 도마〉를 그렸다. 이로써 카라바조는 이 예술품 수집가로부터 수백 스쿠디를 벌게 되었다.

상트 아고스티노 성당의 좌측 첫 번째 예배당에는 〈로레토의 마돈나〉가 사실적으로 그려져 있는데, 이 그림에 두 명의 순례자가 등장한다. 더러운 맨발의 사내와 다 낡아빠진 모자를 덮어 쓴 여인이 그들이다. 격에 맞지 않는 두 인물의 등장이라는 사소한 문제들로 인해 이 대단한 그림은 사람들로부터 심한 공격을 받았다.

카라바조는 산타 마리아 델 포폴로 성당의 정면 제단 오른쪽에 자리한, 체라시 가족을 위한 예배당에 성 베드로의 십자가 처형 장면과 반대쪽에 성 바울의 회심 장면을 그렸다. 이 두 그림은 원래 다른 구도로 그려졌다. 주문자들이 카라바조가 그린 초판 그림들을 마음에 내켜하지 않았기 때문에 이 그림들은 사네시오 추기경의 개인 소유로 돌아갔다. 오늘날 산타 마리아 델 포폴로 성당에서 볼 수 있는 두 그림은 유화로 그렸는데, 카라바조는 이외에 다른 재료를 사용하지 않았다. 이 그림 덕택으로 그는 소위 '부와 명예a Fortuna con la Fama'를 함께 거머쥐게 되었다.

키에사 누오바 성당의 두 번째 예배당 오른쪽 벽면에 그려진 〈예수 그리스도의 매장〉은 매장 직전의 죽은 예수 그리스도와 그 주위 사람들을 그린 유화로, 카라바조의 최고 걸작으로 평가되고 있다.

바티칸의 성 베드로 대성당을 위해서 카라바조는 〈마돈나와 아기 예수와 함께 있는 성 안나〉를 그렸다. 마돈나의 두 다리 사이에 소년 예수가 서 있고, 그녀의 발이 뱀의 머리를 딛고 서 있는 모습을 담고 있다. 이 그림은 베드로 대성당의 '궁전의 신랑Grooms of the Palace'을 위해 제작된 작품이었지만, 성 베드로 대성당의 보수를 책임지고 있던 추기경들에 의해 철거되었다. 그 후 이 그림은 시피오네 보르게제 추기경의 소장품이 되었다.

트라스테베레의 마돈나 델라 스카라 성당을 위해 카라바조는 〈성처녀의 죽음 혹은 영면〉을 그렸다. 그러나 성처녀의 모습에서 고상함이란 찾아볼 수 없었으며, 퉁퉁 부은 맨발의 여자가 등장한다는 이유로 철거되었다. 이 작품은 만투아 공작에 의해 매입되어, 그의 가문 예술품 전시실에 소장되었다.

오타비오 코스타를 위해서 카라바조는 홀로페르네스의 목을 베는 유디트를 묘사한 〈유디트와 홀로페르네스〉와 내가 확인할 수 없는 또 다른 작품들을 그렸다. 이 작품들에 대해서 언급할 수 없는 이유는 모두 개인 소장품이기 때문이다. 따라서 나는 이 작품들을 설명하는 것보다 카라바조의 습관에 대해서 몇 마디 덧붙이고자 한다.

미켈란젤로 메리시(카라바조)는 냉소적이며 자부심이 강한 사람이었다. 수시로 그는 자기 이전 시대의 화가들을 혹평했으며, 동 시대의 화가가 아무리 뛰어난 예술가라고 할지라도 그들을 매우 부정적으로 평했다. 카라바조는 언제나 자신을 가장 뛰어난 화가라고 믿었다. 어떤 사람은 그를 기존의 예술을 파괴하는 인물로 간주했다. 반면 많은 젊은 화가들이 카라바조를 추종했으며, 그의 화법에 따라 예술에 대한 조예나 디자인의 기초 연구 없이 오직 채색을 통해 만족을 추구하는 사실주의적인 그림을 그렸다. 이런 화가들은 두 인물을 함께 그릴 수가 없었으며, 역사와 같은 긴 스토리가 있는 장면을 묘사할 수 없다. 왜냐하면 그들은 예술의 고귀함과 가치를 알 수 없기 때문이다.

필요 이상으로 담대한 성격 때문에 카라바조는 매우 전투적인 성격을 가지고 있었고, 제 목이 부러지는 일이 다반사였으며, 다른 사람에게 해를 입히는 일을 자행했다. 그는 자주 그와 비슷한 호전적인 사람들과 어울렸는데, 그들 또한 싸움을 매우 즐겼다. 그러던 중 카라바조는 마침내 라누치오 토마소니라는 선량한 사람과 테니스 경기에 내기를 걸었다. 그 와중에 시비가 붙어 두 사람은 심하게 다투었고, 결국 싸움으로 이어졌다. 카라바조가 먼저 토마소니의 허벅지를 찔러 쓰러뜨렸는데, 결국 그 상대는 죽고 말았다. 이 싸움과 연관된 사람들은 모두 로마를 떠났고, 카라바조도 팔레스티나로 도주했다. 그곳에서 그는 〈막달라 마리아〉를 그렸다. 그 후 카라바조는 나폴리로 도주해, 그곳에서도 많은 작품을 남겼다.

그다음에 카라바조는 몰타로 가서 대영주를 알현하고 그의 초상화를 그리게 되었다. (신성로마제국의) 왕자였던 그 영주는 초상화에 대한 감사 표시로 카라바조에게 성 요한 기사단의 작위를 주었다. 이로써 카라바조는 은총의 기사단의 일원이 되었다. 그러나 은총의 기사단과의 개인적인 불화로 몰타에서도 감옥에 투옥되고 말았다. 카라바조는 줄사다리를 타고 성벽을 넘어 인근 시칠리아 섬으로 야반도주했다. 그는 팔레르모에서 몇 작품을 남겼고, 적들이 계속 추적해오는 것을 알고 나폴리로 돌아갔다. 나폴리에서 적들은 마침내 카라바조를 포위하고 공격했다. 이때 카라바조는 얼굴에 큰 자상을 입었는데 상처가 너무 커서 사람들이 그를 못 알아볼 정도였다. 자기를 공격한 자들에 대한 복수를 포기하고, 그동안 겪었던 온갖 시련을 뒤로한 채 카라바조는 작은 배에 몸을 싣고 로마로 향했다. 로마에서는 곤자가 추기경이 교황 바오로 5세에게 카라바조의 사면을 청원하던 중이었다. 로마로 가기 위해 배에서 내린 카라바조는 실무상의 착오로 인해 이틀 동안이나 감옥에 구류되어야 했다. 그가 감옥에서 석방되었을 때는 앞서 타고 왔던 배가 이미 종적을 감춘 후였다. 극도로 화가 난 카라바조는 뙤약볕이 내리쬐는 7월의 해변을 향해 달리며 자기 작품들이 실려 있는 배를 찾고자 이리저리 뛰어다녔다. 그러나 카라바조는 그곳에서 그만 열병에 걸려 시름시름 앓게 되었다. 하나님의 도움이나 사람들에게서 그 어떤 도움도 받지 못한 채 카라바조는 그곳에서 비극적인 생을 마감했다.

만약 미켈란젤로 메리시(카라바조)가 그렇게 젊은 나이에 죽지 않았다면 예술의 세계는 그가 추구하던 아름다운 양식을 통해서 더 많은 것을 얻었을 것이다. 그는 비록 선을 택하고 악을 멀리하는 '판단의 문제'에는 무관심한 그림을 그렸지만, 자연을 치밀하게 묘사했으며 그 자신만의 독특한 개성을 발휘했다. 카라바조의 작품을 눈으로 직접 보고 판단할 기회가 없었던 사람들조차 주위에서 그의 작품에 대해 호평하는 말을 듣고 카라바조를 인정할 정도였으므로 카라바조는 이전 작가들이 역사화를 통해 벌어들인 수입보다 자신의 인물화를 통해 훨씬 더 많은 수입을 올릴 수 있었다. 카라바조의 초상화는 현재 대학(1603년 페데리코 체시Federico Cesi(1585~1630)와 과학을 연구하던 다른 세 명의 청년에 의해 로마에 세워진 아카데미아 데이 린체이Academia dei Lincei)에 보관되어 있다.

5. 프란체스코 스카넬리의 기록

프란체스코 스카넬리는 17세기에 로마에서 활동한 의사이자 아마추어 화가다. 그는 1657년에 출간된 『미술작품의 세계Il microcosmo della pittura』에서 이탈리아의 화풍을 네 가지로 분류했다. 그는 라파엘로 중심의 로마 스타일, 티치아노 중심의 베네치아 스타일, 카라바조 중심의 롬바르디아 스타일, 그리고 안니바레 카라치 중심의 볼로냐 스타일로 분류하고, 각 대표 화가들에 대한 작품 세계를 면밀하게 검토했다. 롬바르디아 양식을 대표했던 카라바조에 대해서는 그의 첫 번째 책 중 제8장, 두 번째 책 중 제10장과 제20장에서 일부 언급하고 있다. 첫 번째 책에서는 카라바조의 자연주의를 높이 평가하고 있지만,

라파엘로로 대표되는 고전적 아름다움에 미치지 못하는 이류 화가로 평가하고 있다.

첫 번째 책 제8장

'진정으로 참되고 훌륭한 화가란 무엇인가'에 대한 기준은 자연 물체를 얼마나 정확하게 묘사하느냐, 기존 양식에 의해 얼마나 자연에 가깝게 사물을 있는 그대로 인식하느냐에 달려 있다. 그러므로 인위적인 구도 속에서 가장 생생한 색깔을 이용하여 물체를 그릴 수 있다면 그 화가는 최고의 명성을 얻게 될 것이다. 미켈란젤로 다 카라바조는 이렇게 미술계에 등장했다. 그는 아주 특별한 자연주의를 실천하는 화가였다. 거의 본능에 가까운 능력으로 자연을 묘사했으며, 꽃과 과일의 자연주의적 묘사에서 출발하여 명확하지 않던 인물화를 고귀한 예술품으로 승화시켰으며, 반이성적인 인물화에서 보다 더 인간적인 인물화로 발전시켰다. 인생의 막바지에 이르러서는 긴 스토리를 담고 있는 몇 작품을 통해 진실과 역동, 그리고 예술적 안도감을 주는 완벽한 인물을 그렸다. 이 그림들은 그의 작품 세계를 완벽히 이해하지 못한 상태로 관람하는 사람들에게 혼란을 주기에 충분했다. 그의 작품은 어떻게 보면 보는 사람들의 눈을 속일 수 있는 놀랄 만한 속임수가 들어 있다. 바로 이런 이유로 카라바조는 모든 사람들로부터 가장 뛰어난 화가라는 평가를 받고 있다.

그러나 우리는 그의 독특한 스타일을 차분히 분석해볼 필요가 있다. 우리가 가진 선입관이 잘못된 것이라면 우리가 내릴 결론도 결국 잘못된 것일 수 있기 때문이다. 또한 만약 그런 화가들이 특별한 재능을 가지고 있다는 것을 증명하지 못한다면, 우리의 결론도 마찬가지일 것이다. 그러나 카라바조는 매우 독특하고 독창적으로 탁월하게 자연을 묘사했으며, 그런 점에서 어느 누구보다 예술의 역동성과 안도감을 화폭에 담을 수 있었다. 하지만 그는 기본적인 초안을 그리는 데 미숙했기 때문에 좋은 구도를 잡지 못했다. 그런 관계로 위대한 거장들이 작품을 통해서 표현했던 아름다운 구도·우아함·장식미·건축미·탁월한 관점 등의 여러 예술적 성취를 이루지 못한, 오류가 뒤섞인 작품을 그릴 수밖에 없었다. 이러한 예술적 성취를 전혀 이루지 못했기 때문에 앞에서 언급한 대가들의 작품에 미치지 못하고 미숙한 단계에 머무는 하위 작품을 남기게 되었다.

두 번째 책 제10장

페데리코 바로치 Federico Barocci(1535~1612)의 작품에 나타난 이러한 기법은 미켈란젤로 다 카라바조를 비롯한 다른 화가들이 추구한, 명백한 자연주의 화법을 능가하고 있다. 다른 화가들은 그와 반대로 그림의 장식미와 우아함 면에서 뛰어난 사실주의를 추구했다. 이러한 화풍을 대표적으로 주도한 미켈란젤로(카라바조)의 작품이 로마에서 공개되고 있다. 그의 첫 작품이자 가장 뛰어난 작품이기도 한 그의 그림에서 이런 화풍을 목격할 수 있다. 그 그림들 중 하나는 산 루이지 데이 프란체시 성당의 왼쪽 예배당에 걸려 있는 〈성 마태와 천사〉이며 다른 하나는 오른쪽에 걸려 있는 〈성 마태의 소명〉으로, 성 마태를 사도로 부르시는 예수의 모습이 담겨 있다. 이 작품은 사실 가장 찬란하고, 조각 같은 아름다움과 자연주의적 화풍을 담고 있는 작품 중 하나다. 이 작품은 실제의 상황을 그림으로 표현할 때 화가가 얼마만큼 사실주의적으로 인물을 묘사할 수 있는지를 단적으로 보여주는 예증이라고 할 수 있다. 카라바조를 비롯한 모든 화가들을 슬프게 하는 것은, 이 그림의 배경이 완벽한 어둠으로 휩싸여 있어서 정확히 관찰하지 않으면 제대로 작품을 볼 수 없다는 것이다. 두 그림이 걸려 있는 성당 정면에 주세페 체사리의 그림이 걸려 있는데, 사실주의와는 거리가 먼 그림으로 당연히 카라바조의 화풍과는 다른 느낌을 준다. 체사리의 작품은 활력이 없고 또한 부적절한 느낌을 준다. 사실 미술은 자연에 대한 정확한 모사에 다름 아닌 것이다. 적절한 재능을 타고난 카라바조는 속임수에 가까운 특수한 효과를 이용하여 사물을 정밀하게 묘사할 수 있었다. 만약 그가 이러한 화법을 더 연마했더라면 보다 심오하고 사실에 가까운 아름다움을 드러낼 수 있었을 것이다. 그리하여 좀 더 완벽하고 우아한 그림을 그릴 수 있었을 것이다. 그러나 다른 화가들의 작품과 비교해볼 때 그의 작품은 평범하지 않다는 것 외에 미미한 칭송을 들을 정도다. 그리고 그것은 탁월한 특성이 결여되어 있다고 쉽게 말할 성질의 것이 아니다. 주세페 체사리의 작품도 마찬가지다. 키에사 누오바 성당의 제단화인 〈예수 그리스도의 매장〉에서도 이와 비슷한 화풍이 확연히 드러나 있다. 이 그림은 일반 대중을 위해서 전시되어 있는 작품 중 최상의 것이다. 상트 아고스티노 성당의 정문 왼쪽에 있는 첫 번째 예배당에는 마돈나가 성스러운 아기 그리스도를 목 가까이 안고 있는 그림인 〈로레토의 마돈나〉가 있다. 이 그림 왼쪽에는 노파와 함께 무릎을 꿇고 있는 순례자가 헌신의 자세를 취하고 있는 모습이 그려져 있다. 누구든 이 그림을 보는 사람은 작품에서 풍기는 성스러운 이미지에 감화되어, 예배를 드릴 때 마음이 순결해지고 영혼이 숭고해짐을 느끼지 않을 수 없을 것이다. 그러나 이 그림에도 적절한 우아함과 신앙적 헌신을 상징할 수 있는 장식물이 결여되어 있다. 이 그림을 본 거장들은 아마 당혹감을 감추지 못했을 것이다.

산타 마리아 델 포폴로 성당 오른쪽 예배당에도 그의 작품이 전시되어 있다. 성당 정면에는 안니바레 카라치의 그림이 걸려 있고, 오른쪽 벽면에 〈십자가에 못 박힌 성 베드로〉가 그려져 있으며, 반대쪽에는 〈성 바울의 회심〉이 그려져 있다. 전시 회랑에서 사람들은 당혹감을 주는 자연주의 앞에서 경탄을 금치 못할 것이다. 보르게제 추기경의 저택에는 두 명의 순례자 사이에 앉아 있는 예수를 그린 그림 〈엠마오에서의 저녁식사〉 초판과, 세례 요한의 누드화를 연상시키는 자연주의 화풍의 그림인 〈성 세례 요한〉이 소장되어 있다. 루도비시 가문의 전시관에는 예수의 옆구리를 손가락으로 찔러보는 성 도마의 그림과 상반신이 그려진 사실주의적인 그림이 있다. 안토니오 바르베리니Antonio Barberini(1607~1671) 추

기경의 소장품 중에는 인물의 상
반신을 그린 그림과 자신의 재능
을 아낌없이 보여주는 탁월한 작
품인 카드놀이를 하는 인물화도
있다(〈카드놀이 사기꾼〉). 포르타
산 판크라치오 외부에 있는 빌라
팜필리에는 청년에게 미래를 점
쳐주는 집시 여인을 묘사한 그림
이 소장되어 있다(〈점쟁이 집시〉).
또한 실제 인물 크기의 막달라
마리아가 등장하는 그림과 또 다

도판139
안니바레 카라치, 〈비탄〉, 1606, 캔버스에 유채,
92.8×103.2cm, 런던 국립미술관 소장.

른 반신상 그림이 소장되어 있다. 피오Pio 추기경의 소장품으로는 세례 요한의 누
드화를 포함한 작은 크기의 그림이 있다. 주스티니아니 후작의 소장품인 〈아모레
토〉와 마찬가지로, 이 누드화처럼 실제와 똑같은 그림을 찾아볼 수 없을 정도다.
이 그림은 개인 소장품으로 넘어갔는데, 카라바조의 그림 중에서 가장 가치 있는
작품이다.

　　몇 년 전 나는 토스카나 대공작 전하의 저택에서 자연주의 화풍의 반 인물
화를 보았다. 그 그림은 농부의 입에서 이를 뽑고 있는 치과의사들의 모습을 담
고 있는데, 만약 작품이 잘 보관되었다면(그림의 대부분 화면이 어둡게 채색되어 있
고, 일부분이 훼손되어 있었다), 아마 카라바조 작품 중에 최고였을 것이다. 고귀하
신 모데나 공작의 탁월한 소장품 중에는 성 아우구스티누스를 그린 작품이 있는
데, 사이즈는 중간 규모였고 실제 인물을 모델로 해 그렸으며, 모델은 그림을 보
는 사람 쪽으로 향하고 있다. 작품에 등장하는 인물은 매우 영적인 포즈를 취하
고 있는데, 특이하고 보기 드문 사실주의적 화풍이 풍부하게 드러나 있다. 같은

도판140

〈이 뽑는 사람〉, 1608~10, 캔버스에 유채, 139×194.5cm, 피렌체 피티 궁전 박물관 소장.*

크기의 그림에 같은 화법이 사용된 성 세바스찬St. Sebastian의 누드 반신상은, 카라 바조가 그때까지 그린 그림 중에서 가장 탁월한 장식, 풍부한 스타일, 그리고 섬 세함이 표현되어 있다.

두 번째 책 제20장

수많은 화가들이 위대한 자연주의 화풍을 시도했지만 그들 중 미켈란젤로 다 카라바조는 자연보다 더 정밀하게 자연을 그려낸 화가이며, 이 세상 어느 누 구보다 뛰어난 화가다. 그러나 만약 당신이 (첫 번째 책에서 언급한 바 있는) 팜필리 왕자의 전시관을 위해 카라바조가 그렸던 〈막달라 마리아〉와, 같은 주제로 그린 코레조의 작품을 비교한다면, 전자의 작품에 미적인 진실은 물론이고 슬픔이 잘

---

* 원작은 발견되지 않았고, 이는 후대의 복사본이다.

표현되어 있음을 발견할 수 있을 것이다.

코레조의 작품은 전혀 자연스럽지 않고 표면적인 흉내만 내고 있을 뿐 생동감이나 영혼을 울릴 만한 표현과 숭고함, 적절한 표현방식 등이 결여되어 있다. 사람들은 그의 작품을 "죽어 있다"고 말할 수 있다.

6. 조반니 피에트로 벨로리의 기록

조르조 바사리의 『가장 뛰어난 화가, 조각가, 건축가의 생애』가 16세기 이탈리아 미술사의 바이블이라면, 1672년 로마에서 출간된 조반니 피에트로 벨로리의 『현대 화가, 조각가, 건축가의 생애 Le vite de' pittori, scultori et architetti moderni』는 17세기를 대표하는 미술 이론서이자 17세기 화가들의 생애에 대한 광범위한 연구서다. 벨로리는 로마의 대표적인 고전 연구자로 명성을 쌓고 있다가, 1670년부터 교황 클레멘트 10세

도판141
코레조, 〈주피터와 이오〉, 1531~32,
캔버스에 유채, 163.5×70.5cm,
비엔나 미술사 박물관 소장.

Clemens X 의 예술품 관리 책임자로 임명되었고, 그 이듬해에 아카데미아 디 산 루카의 책임자로 부임하면서 16~17세기 예술작품에 대한 계통적인 분석을 시작했다.

『현대 화가, 조각가, 건축가의 생애』에서는 모두 12명의 16~17세기 화가들이 언급되고 있다. 벨로리는 매너리즘의 장식미를 강조하면서도 카라바조의 자연주의를 높이 평가하고 있다. 벨로리에게 이상적인 아름다움이란 볼로냐 출신 화가들의 고전주의에 기초하고 있었다. 이런 이유로 벨로리에게 가장 위대한 화가는 볼로냐의 고전주의를 따르

는 라파엘로, 안니바레 카라치, 도메니키노Domenichino(1581~1641)*, 그리고 니콜라 푸생 Nicolas Poussin(1594~1665)이었다. 자연적으로 카라바조에 대한 벨로리의 평가는 부정적이다. 그의 저서에서 카라바조의 생애가 가장 짧게 언급되는 것도 그 때문이다. 그러나 이 책은 카라바조 연구를 위한 가장 상세하고 기초적인 정보를 제공하고 있다.

미켈란젤로 다 카라바조

고대의 조각가 데메트리오스Demetrios는 실제 삶을 언제나 교과서로 삼았으며, 사물의 아름다움을 그대로 모사하는 것을 중요시했다고 한다. 우리는 이와 같은 태도를 미켈란젤로 메리시(카라바조)에게서 발견한다. 그는 대가들의 화풍을 무작정 따른 것이 아니라 실제 모델을 보고 사실적으로 작품을 그렸으며, 자연의 실제 모습 중에서 일부분만을 취한 것도 아니었다. 놀라운 것은 그로 인해서 롬바르디아 지역의 작은 마을이자, 유명한 출판인인 포리도로Polidoro의 고향이기도 한 카라바조가 유명세를 타게 되었다는 것이다. 이 두 예술가들은 석공으로 활동을 시작했으며 공사를 위해서 모르타르를 나르면서 일을 배웠다. 미켈란젤로(카라바조)가 그의 부친과 함께 밀라노에서 석공 일을 하고 있었기 때문에, 그는 프레스코화를 그리는 화가들을 위해서 아교를 준비하는 일을 하게 되었다. 이를 계기로 그는 미술에 전념하기 위해서 그들과 함께 살게 되었다. 그는 밀라노에서 4~5년 정도 초상화를 그리면서 활동했는데, 몇 가지 분쟁과 싸움에 연루되어 밀라노에서 베네치아로 도피해야 할 형편에 놓이게 되었다. 그는 베네치아에서 조

---

* 볼로냐 출신의 이탈리아 화가. 본명은 도메니코 잠피에리(Domenico Zampieri)로, 데니스 칼바르트(Denys Calvaert, 1540~1619) 아래에서 공부한 후 로도비코 카라치의 아카데미에서 수학하였다. 1602년 로마로 상경해 안니바레 카라치의 조수로 보르게제 궁과 파르네제 궁의 장식에 관여하면서 교황청 작가로서 명성을 얻었다. 귀도 레니와는 동료로, 그와 함께 카라치 사후의 볼로냐 절충파의 대표적 작가가 되었다. 레니보다는 사실적이라는 평을 받으며 코레조의 영향을 받아 명쾌한 건축적 구성에 두각을 나타냈다. 프랑스 화가 니콜라 푸생 등에 많은 영향을 미쳤으며, 그 감미로운 극적 표현에도 불구하고 형식화된 매너리즘에서 벗어나지 못하였다. 대표작으로 〈보르게제 궁의 장식벽화〉, 〈용을 죽이는 성 게오르그〉가 있다.

르조네의 채색을 좋아하게 되었고 그 화법을 배웠다. 그 영향으로 카라바조의 초기 작품에는 흡족할 만한 매혹적인 표현과 직설적인 표현이 등장했으며, 후기 작품에 나타나는 짙고 어두운 배경은 아직 등장하지 않았다. 당시 베네치아의 화가들 중에서 조르조네가 가장 순수하고 명료하게, 자연을 있는 그대로 탁월하게 표현하고 있었기에 카라바조는 초기에 자연주의적 표현을 집중적으로 배우면서 그의 기법을 전수받을 수 있었다.

　카라바조는 로마로 이주했지만 묵을 숙소도, 끼니를 연명할 음식도 없는 처지였다. 어떻게 그림을 그려야 할지도 모르는 형편이었고, 모델을 살 형편도 되지 않았다. 생활비를 충당할 만큼의 돈도 벌지 못했기 때문이다. 그래서 카라바조는 기사 주세페 체사리의 화실에서 꽃과 과일을 그려주는 조수로 일할 수밖에 없었다. 이 일을 통해 카라바조는 후대의 많은 사람들이 반할 만한, 그 현란한 아름다운 화법을 정밀하게 익히게 되었다. 그는 꽃병의 투명한 물에 반사되는 방의 실내, 창문의 전경 등을 자세히 보일 정도로 세밀히 그렸다. 신선한 이슬을 머금고 있는 꽃잎도 정밀하게 그려냈다. 하지만 그는 언제나 머뭇거리면서 이러한 그림을 그렸는데, 안타깝게도 인물화를 그릴 수 없는 자신의 처지 때문이었다. 그로테스크풍 화가인 프로스페로Prospero와의 만남을 계기로, 카라바조는 더 위대한 미술을 완성하기 위해서 주세페 체사리의 화실을 떠날 수 있는 기회를 잡았다. 그때부터 그는 자신의 취향대로 그림을 그리기 시작했다. 라파엘로와 같은 거장들의 그림을 무시할 뿐만 아니라 경멸까지 하면서, 카라바조는 자신의 스승은 오직 자연뿐이라고 믿었다.

　어떤 사람이 카라바조에게 판테온의 설계자이자 그리스 신화 속 인물들의 조각으로 유명한 아테네 출신의 조각가 피디아스의 조각과 2세기경 그리스에서 태동한 '뱀 신' 글리콘을 모델로 그림을 그려달라고 부탁하자, 그는 지나가는 사람들을 가리키면서 "저 사람들이 모두 나의 스승"이라고 대답했다. 그 말을 증명

도판142

조르조네, 〈잠자는 비너스〉, 1510, 캔버스에 유채, 108.5×175cm, 드레스덴 게멜데 갤러리 소장.

하기라도 하듯 카라바조는 우연히 옆을 지나가던 집시 여인 한 명에게 숙소를 제공하고, 그녀를 모델로 이집트 여인들의 풍습에 따라 미래를 점치는 모습을 그렸다. 이 〈점쟁이 집시〉에서 카라바조는 장갑을 낀 손을 칼 위에 대고, 다른 맨손을 집시 여인에게 보여주고 있는 젊은 청년도 그렸다. 그는 이 두 인물을 그리면서 미술에 대한 자신의 원칙을 매우 순수하고 정확하게 보여주었다. 이러한 원칙은 고대의 화가인 유폼포스Eupompos**에게서도 발견되는데, 여기서 그것에 대해 자세히 언급하는 것은 적절치 않다. 카라바조는 찬란한 색채에 심취해 있었기에 얼굴 표정, 피부색, 피, 사물의 표면을 사실적으로 그렸고, 이러한 관점에 자신을 집중시켰으며, 그 외의 다른 모든 예술적 가치를 중요하게 생각지 않았다. 따라서 그는 자신이 원하는 인물을 발굴하고 그들의 모습에서 구도를 잡기 위해 마음에 드는 사람이 있는 마을을 돌아다니면서 자연을 새롭게 창조하기 위해 노력했다.

그는 작은 의자에 앉아 머리를 뒤로 젖힌 채 머리를 말리고 있는 소녀의 모습을 그렸다. 그는 방 안에 있는 소녀의 모습과 함께 바닥에 놓인 작은 머리기름 통, 보석과 장식품 들을 그렸는데, 마치 그녀가 막달라 마리아인 것처럼 보이게 했다. 그녀는 자신의 머리 한쪽을 잡고 있는데, 카라바조는 그녀의 뺨과 목, 그리고 가슴을 순수 담백하게 현장감 넘치는 색깔로 표현했다. 그녀의 팔은 블라우스로 덮여 있고 무릎 아래에는 꽃무늬가 새겨진 다마스크 천으로 된 흰색 치마 위에 노란색 가운이 놓여 있다. 이 초상화에 대해서 상세하게 설명한 이유는 카라바조의 자연주의적 화풍은 불과 몇 개의 색깔로도 사실적인 채색이 가능했다는 것을 설명하기 위함이다.

그는 좀 더 큰 화폭에 이집트로 도피한 마돈나가 휴식을 취하고 있는 모습을 그렸다. 제목이 〈이집트로 도피하던 성 가족의 휴식〉인 이 그림에는 바이올린을 연주하고 있는 천사와 그 천사의 연주를 돕기 위해 악보를 들고 앉아 있는 성 요셉이 등장한다. 아름답게 치장한 천사가 고개를 돌리며 화면에 등장하는데, 작은 천으로 가려져 있는 그의 나신이 보인다. 반대쪽에 앉아 있는 마돈나는 아기에게 젖을 물린 채 잠들어 있는 것처럼 그려 있다. 이 작품들은 팜필리 왕자의 궁전에 소장되어 있다.

이와 비슷한 찬사를 받을 만한 작품으로 안토니오 바르베리니 추기경이 소장하고 있는 그림을 들 수 있다. 세 명의 등장인물이 카드놀이를 하고 있는 반신상 그림이다(〈카드놀이 사기꾼〉). 카라바조는 이 그림에서 검은 옷을 입은 청년이 카드를 손에 쥐고 있는 실제 모습을 단순하게 표현했고, 그 반대편에 속임수를 쓰고 있는 청년의 모습을 그려 넣었다. 그 청년은 한 손을 테이블 위에 올려놓고

다른 한 손은 허리춤으로 가져가 몰래 카드를 꺼내고 있다. 세 번째 등장인물은 순진한 소년의 뒤에 서서 자기편인 다른 소년에게 손가락 셋을 몰래 펼쳐 보이고 있다. 이 세 번째 인물이 걸친 짙은 노란색 코트에는 조명을 받아 한층 검은 줄무늬가 쳐져 있는데, 실제 인물과 똑같다. 어둠이 강조된 이런 작품들은 조르조네의 영향에서 벗어난 카라바조가 독특한 자신만의 화풍으로 그림을 그리기 시작했음을 말해주고 있다. 카라바조의 새로운 화풍을 배운 프로스페로는 궁중 화가로서는 가장 탁월하게 자신의 장점에다 카라바조의 기법을 첨가했다.

〈카드놀이 사기꾼〉을 구매하게 된 예술 애호가 델 몬테 추기경은 카라바조가 자신의 저택에 머무를 수 있도록 좋은 방과 작업실을 내주었다. 그곳에서 카라바조는 추기경을 위해 반신상 크기의 소년들이 합주하는 장면을 그렸고, 블라우스를 입은 여인이 악보를 앞에 놓고 류트를 불고 있는 모습을 그렸으며, 성 카타리나가 바퀴 쪽으로 몸을 기대고 있는 모습도 그렸다(〈알렉산드리아의 성 카타리나〉). 언급한 두 번째와 세 번째 그림은 같은 방에 전시되어 있는데, 배경이 더욱 짙은 어둠에 둘러싸여 있다. 이미 카라바조가 어둠에 더 짙은 어둠을 입히기 시작했음을 보여준다. 그는 또한 광야에서 양에게 머리를 기대고 있는 세례 요한의 누드화를 그렸다(〈성 세례 요한〉 초판). 이 그림은 현재 피오 추기경의 저택에서 볼 수 있다. 카라바조(그는 사람들로부터 '카라바조'라고 불렸는데, 이는 그의 고향을 지칭하는 말이다)는 점점 더 유명해졌다. 전체적으로 안도감을 주던 이전 그림보다 더 짙은 어둠과 검은색을 사용하면서 새로운 양식을 개척했기 때문이다. 그는 이 새로운 양식을 발전시켜 나가면서 한번도 자신의 모델을 자연광에 노출하지 않도록 했다. 그는 빛으로부터 완전히 밀폐된 방 안에 모델을 세우고 가급적 큰 등불을 높이 치켜세운 다음, 그 빛이 모델들에게 곧바로 쏟아지게 했다. 그는 이런 방법을 통해서 빛이 닿는 신체 일부와 빛이 닿지 않아 그림자가 지는 부분을 더욱 강조함으로써 빛과 어두움의 차이를 극명히 드러냈다.

당시 로마에서 활동하던 화가들은 카라바조의 이런 기법에 매우 흥미를 느끼고 있었고, 특히 젊은 화가들이 카라바조 주변에 모여들었다. 그리고 카라바조를 향해 자연을 모사하는 타고난 재질을 지녔다고, 그의 작품은 기적에 가깝다고 칭송했다. 그 젊은 화가들은 지나칠 정도로 카라바조를 모방하면서 등불을 모두 높이 세우고 어두운 방에서 모델들의 옷을 벗겼다. 카라바조에게 배우거나 훈련 받는 것이 아니라, 광장이나 길거리에서 걸어 다니는 사람들을 이용해서 그림을 그리곤 했다.

이러한 방법은 젊은 화가들을 포함한 일부 화가들의 관심을 충분히 끌고 있었지만 당시 로마의 노장 화가들의 경우 자연을 모사하는 이 새로운 기법에 회의적인 반응을 보였다. 그들은 끊임없이 카라바조를 공격했다. 카라바조는 빛을 전혀 사용할 줄 모르는 화가이며, 창작 의도와 그림의 디자인을 모른 채 아무런 예술적 조화나 장식적 표현 없이 그림을 그리고 있다고 혹평했다. 그들의 판단에 따르면 카라바조는 한 줄기 빛에 의해서만 그림을 그리는 형편없는 화가였지만, 그렇다고 그들의 혹평이 점점 높아만 가는 카라바조의 명성을 가로막는 걸림돌로 작용하지는 못했다.

카라바조는 마리노 기사의 초상화를 그렸는데 이 그림은 문예를 사랑하는 많은 사람들로부터 칭송을 받았다. 당시는 유명한 화가와 시인들의 이름이 대학에서 찬미되던 때였다. 특히 마리노는 카라바조의 〈메두사〉를 보고 격찬했는데, 이 작품은 델 몬테 추기경이 토스카나의 대공작에게 선물로 보낸 것이다. 카라바조의 작품을 너무 좋아한 나머지 마리노는 사적으로 교황청의 사무관이었던 몬시뇰 멜키오레 크레셴치Monsigner Melchiorre Crescenzi에게 카라바조를 추천했다. 카라바조는 교황청에서 가장 학식이 뛰어난 관리인 이 사람의 초상화를 그렸다. 또한 비르길리오 크레셴치Virgilio Crescenzi의 초상화도 그렸는데, 이 사람은 콘타렐리 추기경의 상속인으로 산 루이지 데이 프란체시 성당에 미완성으로 남아 있던 주세페 체사리의 그림을 완성하라는 계약을 체결했던 인물이었다. 주세페 체사리와 카라바조 모두와 친분 관계를 유지하고 있던 마리노는 체사리에게 천장 위를 장식할 프레스코화를 맡기고 카라바조에게는 유화를 맡기라고 조언했다. 여기서 카라바조의 명성에 흠이 될 만한 사건이 발생했다. 카라바조가 성당 정면에 걸릴 〈성 마태의 그림〉를 완성해 전시했는데, 그 성당의 사제들은 이 작품을 즉각 문제 삼았다. 그 완성된 작품에서 맨발을 꼬고 앉아 있는 성 마태가 아무런 장식도 없이, 전혀 성자 같지 않은 외모로 그려졌다는 것이 그 이유였다. 사제들은 비판의 대상이 된 이 그림을 당장 철거할 것을 명령했다. 성당을 위해 그린 첫 번째 그림이 이렇게 철거되자 카라바조는 분노했고, 낙심할 수밖에 없었다.

카라바조는 빈센초 주스티니아니 후작이 그의 편을 들면서 겨우 시련에서 벗어날 수 있었다. 주스티니아니 후작은 다른 사제들을 통해 카라바조가 그린 그림을 자기 개인 소장품으로 전환시킨 다음 다시 카라바조가 그림을 그리도록 했는데, 두 번째로 그린 이 그림이 현재 성당 제단 정면에 전시되어 있다. 그는 카라바조의 성 마태 그림을 더욱 빛나게 하기 위해서 레니, 도메니키노, 그리고 프란체스코 알바니Francesco Albani(1578~1660)에게 마태를 제외한 복음서 기자인 마가, 누가, 요한을 주제로 한 그림을 주문했다. 이 그림들을 자기 집으로 가져가 성 마태의 그림과 함께 전시할 생각이었던 것이다. 레니, 도메니키노, 알바니 등은 그 당시 최고의 명성을 날리던 화가들이었다.

카라바조는 두 번째 작품에서 성공을 거두기 위해 최선을 다했다. 그 두 번째 작품은 〈성 마태와 천사〉로, 복음서를 쓰고 있는 성자의 자연스런 포즈를 담

볼로냐 출신의 이탈리아 화가. 볼로냐 화파에 속하며 많은 제단화를 그렸다. 데니스 칼바르트에게 배우고 뒤에 안니바레 카라치의 문하에 들어가 로도비코를 사사했다. 1600년경 로마로 가서 스승 카라치의 동생인 안니바레 카라치의 조수로서 파르네제 궁의 장식을 맡았고, 도메니키노와 함께 바사노 디 스트리 저택의 천장 중앙에 〈파에톤의 추락〉을 그렸다. 1616년 볼로냐에 귀향해서는 주로 우의화나 풍경화를 그렸는데 이런 그에게 '회화의 아나크레온(BC 5세기의 그리스 시인)'이란 별칭이 붙었다. 그의 우아하고 아름다운 작품은 17~18세기에 높은 평가를 받았다. 주요 작품으로 〈예수 그리스도의 세례〉, 〈이집트로의 도피〉 등이 있다.

고 있다. 그림에서 성자는 무릎을 받침대 위로 기대고 손을 책상 위에 올려놓은 채 잉크를 찍어 무엇인가를 쓰는 포즈를 취하고 있다. 그런 자세로 얼굴을 왼쪽으로 돌려, 공중을 날고 있는 천사를 바라보고 있다. 천사는 사인을 하는 듯 손가락을 만지면서 성자와 대화를 나누고 있는 모습이다. 화면의 색을 보면, 성자에게 다가가고 있는 천사를 멀리 있는 것처럼 표현했고, 팔과 가슴을 드러낸 성자의 몸을 감싸고 있는 흰색 천은 검은 배경과 대조를 이루고 있다. 예수 그리스도가 성 마태를 소명하는 장면은 성당의 오른쪽 예배당에 전시되어 있다.

카라바조는 실제와 같은 모습을 한 인물을 몇 명 그렸는데, 여기에 동전을 세다 중단한 채 자기 손가락으로 가슴 쪽을 가리키며 예수를 바라보고 있는 성자를 포함시켰다. 성자 옆으로 안경을 쓴 노인과 동전을 세고 있는 청년의 모습도 함께 그려 넣었는데, 이들은 모두 식탁의 다른 쪽에 앉아 있는 청년을 바라보고 있다(〈성 마태의 소명〉). 예배당 반대쪽에는 성자 마태가 순교를 당하는 장면이 그려 있는데, 그 성자는 사제 복장을 하고 벤치 위에 비스듬히 누워 있다(〈성 마태의 순교〉). 누드로 그려진 사람은 성자를 처형하는 자로, 그가 처형을 위해 다시 칼을 가다듬는 사이 다른 사람들은 공포에 사로잡혀 도망치고 있다. 그러나 비록 기본 초안을 두 번 바꾸었다 하더라도, 그림의 동작과 구도는 장면을 설명하는 데 충분치 않아 보인다. 이 두 그림은 성당의 어두운 조명과 그림 자체의 짙은 채색 때문에 관람하기에 여의치가 않다.

카라바조는 다음 그림으로 〈로레토의 마돈나〉를 그렸다. 이것은 상트 아고스티노 성당의 카발레티 예배당을 장식하기 위해 그려진 것으로, 아기 예수를 품에 안은 마돈나가 순례자들을 축복해주는 모습으로 등장한다. 두 명의 순례자는 두 손을 마주 잡고 마돈나 앞에서 무릎을 꿇고 있는데, 지팡이를 어깨에 내려놓은 맨발의 사내와 모자를 쓰고 있는 늙은 여인이 바로 그들이다.

오라토리오 수도회의 키에사 누오바 성당에 전시되어 있는 〈예수 그리스도

도판143
도메니키노, 〈아담과 이브〉, 1623~25,
캔버스에 유채, 프랑스 그르노블 미술관 소장.

의 매장〉을 관람한 사람들은 깊은 예술적인 희열을 느낄 수 있는데, 이 작품은 카라바조가 붓으로 그린 최고 걸작 중의 하나로 평가받고 있다. 그림에 등장하는 인물들은 무덤의 입구에 서 있다. 니고데모는 몸을 숙이면서 무릎 아래로 예수를 안고 있는데, 허리를 더 굽히자 예수의 다리가 뻗어 나온다. 그 맞은편에 있는 성 요한은 한 팔을 구세주의 어깨 밑으로 넣어 몸을 받치고 있다. 예수의 얼굴은 그대로 드러나 있고 시체와 같은 창백한 가슴 부분이 노출되어 있으며, 한쪽 손은 흰색 시트와 함께 아래로 늘어져 있다. 예수 그리스도의 누드 부분은 가장 섬세한 자연주의적 묘사로 탁월한 힘을 보여주고 있다. 니고데모의 뒤로 애곡하고 있는 마리아 자매들의 모습이 보인다. 첫 번째 여인은 두 팔을 들고 있고, 두 번째 여인은 천으로 눈자위를 닦고 있으며, 마지막 세 번째 여인은 예수 그리스도를 바라보고 있다.

산타 마리아 델 포폴로 성당의 〈성모 마리아의 승천〉은 안니바레 카라치가 그렸지만 좌우 벽면의 그림은 카라바조가 그린 작품이다. 하나는 사도 바울의 회심 장면이고 다른 하나는 성 베드로의 순교 장면인데 스토리가 담겨 있는 두 그림에는 전혀 움직임이 나타나 있지 않다.

카라바조는 주스티니아니 후작으로부터 지속적인 후원을 받고 있었으므로 그의 주문에 따라 가시면류관을 쓴 예수 그리스도의 그림과 구세주의 옆구리를 손가락으로

도판144
프란체스코 알바니, 〈봄〉, 1616~17, 캔버스에 유채,
로마 보르게제 미술관 소장.

찔러보는 성 도마를 그리게 된다. 제목이 〈의심하는 도마〉인 이 그림에서 가슴 부분이 드러난 예수 그리스도가 성 도마의 손을 잡고 있다. 이런 반신상 그림 외에도 승리자 큐피드의 모습도 그렸는데, 큐피드는 오른손에 화살을 들고 있고 그의 다리 주위로 무기와 서적들 그리고 몇 가지 트로피가 바닥에 흩어져 있다.

로마의 많은 귀족들이 그의 작품을 소장하기 위해 경쟁했다. 그중에서 마테이 후작은 예수 그리스도의 체포 장면을 그린 그림을 소장했는데, 이 그림 역시 반신상이다(〈배신당하는 예수 그리스도〉). 유다는 예수에게 입 맞춘 다음 구주의 어깨 위에 손을 올려놓고 있고, 중무장한 로마 군인은 둔탁한 무기를 예수의 가슴 쪽으로 겨누고 있다. 예수는 두 손을 앞에서 깍지 끼며 겸손한 자세로 인내하며 서 있고, 화면 뒤에 등장하는 요한은 두 팔을 벌린 채 도주하고 있다. 카라바조는 헬맷을 쓴 군인의 머리와 얼굴을 그렸고, 그들의 녹슨 무기를 정확하게 묘사했다. 군인 뒤로 등불이 들려 있고, 무장한 두 명의 군인이 더 등장한다.

마시미를 위해서 카라바조는 〈이 사람을 보라〉를 그렸는데 이 그림은 나중

에 스페인으로 흘러들어갔다. 파트리치 후작을 위해서 카라바조는 〈엠마오에서의 저녁식사〉를 그렸는데, 예수 그리스도가 식사하기 전에 감사 기도를 올리는 장면을 담고 있다. 식탁에 앉아 있는 두 명의 제자 중의 한 명은 예수를 알아보고 놀라 두 팔을 펼친 모습이다. 또 다른 한 명은 식탁 위에 손을 올려놓고 있는데, 역시 예수를 알아보고 놀라는 표정이다. 뒤로 여관 주인이 모자를 쓴 채 서 있고, 여주인은 음식을 나르고 있다. 그는 시피오네 보르게제 추기경이 소장하고 있는 그림과 상당히 다른 엠마오의 모습을 그렸다. 첫 번째 작품이 더 어두운데, 두 작품 모두 예술적 장식이 결여되어 있지만 사실적인 색상으로 인해 사람들의 칭송을 받고 있다. 예술적 장식이 결여되어 있기 때문에 가끔 카라바조의 작품은 평범하고 저속하다는 평을 듣기도 했다. 카라바조는 같은 추기경을 위해서 〈서재에 있는 성 제롬〉을 그렸다. 이 그림에서 성 제롬은 무언가를 쓰기 위해 잉크병 위로 팔을 뻗어 잉크를 찍는 모습을 하고 있다.

또 다른 작품은 〈골리앗의 머리를 들고 있는 다윗〉으로 다윗의 반신상을 그린 것인데, 여기서 다윗은 골리앗의 잘려진 머리를 공중에 들고 있다. 이 골리앗의 얼굴은 카라바조 자신의 자화상이다. 소년 다윗은 모자나 투구를 쓰지 않은 맨머리에, 칼을 들고 있고 윗옷이 약간 벗겨진 상태에서 어깨가 드러나 있는 모습이다. 역시 이 그림에서도 카라바조는 짙은 어둠을 배경으로 삼고 있는데, 이는 등장인물에게 강렬한 인상을 주고 긴박감 넘치는 구도를 잡기 위해서였다. 이런 작품들을 보고 감동받은 추기경은 카라바조를 교황 바오로 5세에게 소개하였고, 그에게 의자에 앉아 있는 교황의 초상화를 그려줄 것을 지시했다. 이 작품으로 카라바조는 큰 보상을 받았다. 나중에 교황 우르반 8세로 취임한 마페오 바르베리니 추기경을 위해서 카라바조는 초상화를 그려주고, 〈이삭의 제사〉라는 그림도 그려주었다. 이 그림에는 쓰러져 울부짖는 아들 이삭의 목에 칼을 들이대고 있는 아브라함이 등장한다.

그러나 카라바조의 예술에 대한 열정도 그의 불같은 성격을 진정시킬 수 없었다. 그는 몇 시간 그림을 그린 후에 마치 기사라도 되는 양 옆구리에 칼을 차고 도심을 돌아다니며, 전혀 화가답지 않게 행동하였다. 하루는 친구와 테니스 시합을 하다가 테니스 라켓으로 서로 치고받는 싸움이 벌어졌다. 결국 카라바조는 그 친구를 칼로 찔러 죽였고, 그 자신도 큰 상처를 입었다. 로마에서 쫓기며 도망친 카라바조는 무일푼 상태로 일단 자가롤로로 도피했다. 그리고 마르지오 콜론나 공작의 도움을 받게 되었다. 그곳에서 그는 엠마오에서 제자들과 함께 만찬을 나누고 있는 예수 그리스도를 그렸고(〈엠마오에서의 저녁식사〉 두 번째 판), 막달라 마리아의 반신상을 그렸다. 그 후 나폴리로 거처를 옮겼는데, 이미 그의 명성은 널리 알려져 있었기 때문에 그곳으로 이주하자마자 그는 작품을 의뢰받았다. 산 도메니코 마조레 성당의 디 프랑코 예배당을 위해 예수 그리스도가 태형을 당하는 그림(〈예수 그리스도의 태형〉)을 주문받은 것이다. 산타나 데 롬바르디 성당을 장식할 〈예수 그리스도의 부활〉도 그렸다. 산 마리노 성당의 성물 보관실을 장식할 〈성 베드로의 부인否認〉을 그린 곳도 나폴리였다. 이 작품은 그의 작품들 중 가장 뛰어난 예술적 가치를 지닌 작품으로 인정받고 있다. 이 그림에는 베드로에게 손가락질하는 여러 명의 소녀와 두 팔을 벌려 예수를 완강히 부인하는 베드로의 모습을 담고 있다. 그림은 이들이 다른 사람들과 함께 몸을 녹이기 위해 불을 쬐고 있는 밤의 풍경을 담고 있다.

　　나폴리에서 카라바조는 미세리코르디아 성당을 위해 〈일곱 가지 선행〉을 그렸다. 이 그림은 8팔미 palmi의 높이에 걸려 있는데, 감옥의 창살 밖으로 얼굴을 내밀어 젊은 여인의 젖을 빨고 있는 노인의 모습을 담고 있다. 다른 등장인물 중 시체의 다리와 발을 끌어당겨 매장하려는 사람도 보인다. 사제 복장으로 흰옷을 걸친 사람은 횃불을 들고 서 있는데, 이 횃불에 광선을 표현한 것도 볼 수 있다.

　　카라바조는 '몰타의 십자가'를 받길 간절히 원했다. 이것은 특별한 공헌을 하고 좋은 품성을 가진 사람들에게 주어지는 기사 작위였다. 그는 몰타 섬으로 가서 프랑스의 귀족 출신인 비냐코트 대영주를 만나게 되었다. 카라바조는 평소 칼을 옆에 차는 영주의 모습을 그대로 살려, 무장하고 있는 영주를 초상화로 그렸다. 이 첫 작품은 몰타의 무기 창고에 있다. 대영주는 이 그림의 대가로 카라바조에게 기사 작위를 하사했다. 카라바조는 산 조반니 대성당을 위해 세례 요한의 참수 장면을 그리라는 지시를 받았다. 이 〈목 잘린 세례 요한〉에서 세례 요한은 아직 칼로 죽임을 당하지 않은 듯 처형자에 의해 땅바닥에 엎어져 있고, 처형자 옆에는 칼이 놓여 있다. 그리고 처형자가 세례 요한의 머리카락을 쥐고 그의 목을 치려는 순간이 포착되어 있다. 살로메는 이 장면에 주목하고 있고, 늙은 여인은 공포에 사로잡혀 있으며, 터키 복장을 한 감옥의 호위병은 잔혹한 처형 장면을 손가락으로 가리키며 무엇인가 지시를 내리고 있다. 카라바조는 이 그림을 위해 붓의 동작 하나 하나에 정성을 쏟았다. 이러한 고도의 집중력을 통해서 반쯤 채색된 초벌그림이 화면 가득 드러나도록 했다. 대영주는 이 그림의 대가로 카라바조의 목에 금목걸이를 직접 걸어주면서 감사를 표했고, 두 명의 노예와 함께 다른 부수적인 선물도 하사해 카라바조의 자긍심을 높여주었다.

또한 카라바조는 산 조반니 대성당의 이탈리아 예배당 문 위에 반신상 두 작품을 그렸다. 막달라 마리아의 모습과 무엇인가를 쓰고 있는 성 제롬의 모습이다 (〈성 제롬〉 두 번째 판). 카라바조는 또 다른 성 제롬의 모습을 그렸는데, 여기에 등장하는 성자는 해골을 앞에 두고 죽음의 의미에 대해서 골몰하고 있는 모습을 하고 있다(〈서재에 있는 성 제롬〉). 현재 이 작품은 왕궁에 보관되어 있다. 카라바조는 자신의 기사 작위에 대해 매우 자랑스럽게 생각하고 있었고, 자신의 작품에 쏟아지는 찬사에 흡족해 했다. 그는 몰타에서 풍요로운 생활을 하면서 큰 긍지를 느꼈다. 그러나 그의 광포한 성격으로 인해 몰타에서의 풍요로움은 오래 이어지지 못했고, 대영주의 후원도 지속적으로 받지 못했다. 어느 귀족과의 사소한 다툼

끝에 그는 감옥에 투옥되었으며, 다시 공포에 사로잡혀 비참한 생활을 하게 되었다. 도주를 시도하다가 더 큰 위험에 봉착하기도 했다. 그렇지만 그는 야밤을 틈타 감옥에서 탈출하는 데 성공하였고, 시칠리아로 몰래 들어가 몸을 숨길 수 있었다. 잽싸게 도주했기 때문에 아무도 그를 잡을 수가 없었다.

시라쿠사에서 카라바조는 항구 외곽에 있는 성 루치아 성당의 제단에 걸릴 대형화를 그렸다. 이 〈성 루치아의 매장〉에는 임종한 성 루치아가 감독에게서 마지막 축복을 받고 있는 모습과 그녀의 시신을 묻기 위해 땅을 파고 있는 두 명의 일꾼이 등장한다.

카라바조는 다시 메시나로 거처를 옮겼다. 그곳에서 카푸친 수도회를 위해 예수의 탄생 장면을 그렸다(〈목자들의 경배〉). 그 작품에는 벽이 허물어진 남루한 창고에 있는 성처녀와 아기 예수의 모습이 등장한다. 성 요셉이 지팡이를 의지한 채 서 있고, 목자들은 아기 예수를 경배하고 있다. 같은 수도회 신부님들을 위해서 책을 쓰고 있는 성 제롬도 그렸다.

미니스트리 델인페르미 성당의 라차리 예배당을 장식하기 위해서 카라바조는 〈나사로의 부활〉을 그렸다. 무덤에서 나온 나사로가 두 팔을 벌리고서 자기를 부르는 예수 그리스도의 음성을 알아듣는 모습이다. 마르다는 울고 있고, 마리아는 놀란 표정이다. 또 다른 한 사람은 시체에서 나는 악취를 막기 위해 코를 틀어막고 있는 모습이다. 이 그림의 사이즈는 매우 크다. 찬란한 빛이 나사로의 몸과 그를 붙들고 있는 사람들의 몸 위로 쏟아지고 있다. 이 그림은 사실주의적인 묘사로 많은 사람들로부터 칭송받았다.

그러나 불행은 카라바조를 떠나지 않았고, 그는 이곳저곳으로 도망 다니면서 공포에 사로잡혀 살았다. 결국 그는 다시 시칠리아 해안을 가로질러 메시나로부터 팔레르모로 도주했다. 그곳에서 오라토리오회 소속의 산 로렌초 성당을 장식할 또 다른 예수의 탄생 장면을 그렸다(〈성 로렌스와 성 프란체스코가 성모자를 경배함)). 이 그림에는 성처녀가 앉아 있는 모습과 아기 예수를 경배하기 위해 모여든 성 프란체스코, 성 로렌스의 모습, 그리고 성 요셉이 앉아 있는 모습이 묘사되어 있다. 공중에는 천사가 등장하며, 짙은 어둠 속으로 드리워진 그림자 위로 빛이 쏟아지면서 흩어지고 있다.

더 이상 시칠리아 섬에서도 안전하지 못하다는 것을 알게 된 카라바조는 섬을 떠나 다시 나폴리로 돌아갔다. 그곳에서 그는 사면이 내려질 때까지 기다리는 게 좋겠다고 생각했다. 사면이 내려지면 로마로 돌아갈 수 있기 때문이었다. 그는 살로메가 세례 요한의 목이 담긴 쟁반을 들고 있는 모습을 그려((세례 요한의 목을 쟁반에 들고 있는 살로메)), 몰타의 대영주에게 선물로 보내기도 했다. 그러나 대영주를 진정시키기 위해 그림 선물을 보낸 카라바조의 시도는 성공하지 못했다.

카라바조는 오스테리아 델 체리리오의 대문 근처에서 무장한 괴한들에게 포위되었고 그들의 공격을 받고 얼굴에 큰 상처를 입게 되었다. 엄청난 고통을 견디면서 카라바조는 급히 조각배를 타고 로마로 출발했다. 자신의 변치 않는 후원자였던 곤자가 추기경의 도움으로 교황의 사면을 받았기 때문이다. 그러나 카라바조가 탄 배가 해안에 도착했을 때, 그는 다시 체포되어 곧바로 투옥되고 말았다. 스페인 관리가 전혀 다른 혐의를 받고서 수배 중이던 어떤 기사와 그를 혼동하였기 때문이다. 그가 겨우 감옥에서 나왔을 때, 그의 소지품을 싣고 있던 배는 이미 떠나고 없었다. 깊은 절망에 빠진 카라바조는 해안선을 돌며 배를 찾아보았다. 그러나 허사였다. 뜨거운 여름 태양만이 그의 머리 위에서 작열하고 있을 뿐이었다. 그는 겨우 포르토 에르콜레에 도착했지만 끔찍한 열병에 걸려 쓰러졌고, 그곳에서 40세의 나이로 사망하게 된다. 1609년의 일이었다. 이 해는 미술계에 있어 슬픈 한 해가 되었다. 왜냐하면 안니바레 카라치와 페데리코 주카로도 같은 해 사망했기 때문이다. 로마의 수많은 사람들이 카라바조의 귀환을 기다리고 있었지만, 그는 결국 외딴 해안 마을에서 쓸쓸히 운명했다. 그가 사망했다는 소식이 전해졌을 때 수많은 로마 사람들이 그의 죽음을 애도했다. 그의 절친한 친구였던 마리노 기사는 아래와 같은 시를 지어 그의 죽음을 애도했다.

"미켈란젤로(카라바조)
죽음과 삶은 그대에게 잔인한 음모를 꾸몄네.
삶이 두려웠기에
그대의 붓은 모든 것을 넘어섰지.
그대는 그림을 그렸던 것이 아니라 창조를 했지.
죽음은 분노의 불길로 타올랐네.
얼마나 많은 것들이 기다란 낫 같은 그대의 붓을 통해 잘려졌던가.
그리고 그대의 붓은 더 많은 것을 창조했다네."

의심할 여지없이 카라바조의 예술은 시대를 앞서갔다. 그가 활동할 무렵에 사실주의는 아직 사람들의 관심을 끌지 못했고, 인물은 보통 매너리즘에 따라 관습적으로 그려졌을 뿐이었다. 그래서 당시의 인물화는 사실적이고 정확하게 묘사되기보다 아름다운 장식에 더 많이 치중되어 묘사되었다. 카라바조는 이러한 색상의 거짓됨과 저속함을 극복하기 위해서 짙은 색상을 강조했고, 인물에 피와 살을 덧붙였다. 이러한 그의 접근은 화가의 사명이 자연을 대상으로 작업하는 것에 있음을 일깨워주었다. 결과적으로 카라바조는 인물을 그릴 때 진홍색 혹은 푸른 하늘빛은 사용하지 않았고, 정말 필요한 경우에만 매우 제한적으로 그 색들을 사용했다.

카라바조는 이런 색들이 독약과 같다고 말한 적이 있다. 그는 단 한번도 청색을 자연 배경으로 사용한 적이 없으며 항상 검은색을 배경으로 사용했고, 가끔씩 생동감 넘치는 검은색을 배경 일부에 사용하기도 했다. 그는 또한 모델의 모습을 매우 조심스럽고 치밀하고 있는 그대로 그렸다. 그리고 자신은 한번도 어떤 모습을 창작해서 그려본 적이 없다고 말한 바 있다. 그의 모든 그림은 자연 그대로란 뜻이다.

다른 모든 규칙을 부정했던 그는 가장 위대한 성취를 예술작품에 한해 설명할 수 없다고 주장했다. 그가 이룩한 예술적 혁신은 재능 있고 교육을 많이 받은 수많은 화가들로부터 칭송받았고, 많은 사람들이 그의 뒤를 따르게 되었다. 트레폰타네 성당에 걸려 있는 그림 〈십자가에 못 박힌 성 베드로〉에서 확인할 수 있듯이 귀도 레니는 카라바조의 기법과 자연주의를 받아들였다. 카라바조는 구에르치노Guercino(1591~1666)∷에게도 영향을 미쳤다.

이러한 추종과 칭송에 둘러싸인 카라바조는 자연 그대로를 그릴 수 있는 유일한 인물은 자신뿐이라고 생각하게 되었다. 그러나 그의 작품에는 예술적 독창성과 장식미, 그리고 탄탄한 구도 등이 결여되어 있었고, 과학적인 기법도 찾아볼 수 없다. 모델이 제 앞에서 사라지면 카라바조의 손과 마음은 텅 빌 수밖에 없었던 것이다. 그럼에도 불구하고 수많은 화가들이 카라바조를 따를 수밖에 없었던 이유가 있다. 그것은 비록 카라바조의 그림에 미적 아름다움은 없다 하더라도 사물을 있는 그대로 묘사하는 데는 그의 방법보다 더 쉬운 게 없다는 것이다. 카라바조 자신이 전통적 예술의 우아함을 파괴할 뿐 아니라, 제 추종자들을 보고 만족스럽게 여길수록 전통적인 미적 감각은 경멸되었으며, 고전적 예술과 라파엘로의 예술성은 파괴되어 갔다. 모델을 구하기도 쉬워서 카라바조와 그의 추종자들은 고전적인 그림을 그리지 않는 대신 반신상을 많이 그렸는데, 이 점도 그 이

∷ 본명은 조반니 프란체스코 바르비에리(Giovanni Francesco Barbieri). 이탈리아 페라라 출신의 화가. 일찍부터 뛰어난 소묘 실력을 자랑했으며, 카라치가의 영향을 받았다. 그러나 1616년 그린 〈성모자와 4성인〉에서는 무겁고 불투명한 분위기의 카라치풍에서 벗어나, 강렬한 빛의 명암 대비를 보여주었다. 이는 카라바조에게서 영향받은 것으로, 독특하고 신선한 미를 보여주기에 충분했다. 주요 작품으로 〈성 페트로니라〉, 루도비시 별장의 벽화 〈오로라〉 등이 있으며, 이들 작품에서 날카로운 명암법을 양각 효과에 이용해 바로크 회화의 특징을 보여주었다. 만년에는 볼로냐에 정착해 귀도 레니의 후기 작품에 영향을 받았지만, 그다지 주목받지 못하는 작품들을 남겼다.

도판145
구에르치노, 〈오로라〉, 1621, 프레스코, 로마 카지노 루도비시 소장.

전에는 쉽게 찾아볼 수 없는 현상이었다. 이제 이들에 의해 평범하고 거친 일상의 모습들이 묘사되기 시작하면서, 외설스러움과 변형된 것들이 자연스레 추구되었다. 대중화가 소란스럽게 전개되기 시작한 것이다. 그들이 만약 무기를 그린다고 하면 가장 낡아빠진 것을 모델로 선택해 그렸고, 꽃병을 그릴 때면 온전한 꽃병을 그리는 대신 깨진 꽃병에 의해 물이 튀는 장면을 그렸다. 또한 복장을 그릴 때도 스타킹과 브로치, 그리고 큰 모자 대신 주름 잡힌 부분, 변형된 옷감, 혹은 보기에 흉측하기까지 한 손가락이나 자수刺繡처럼 수놓아진 앙상한 갈비뼈를 그렸다.

　이런 스타일의 문제 때문에 카라바조의 작품은 불만을 사기도 했다. 산 루이지 성당에서 철거되었던 그림이 대표적인 경우다. 키에사 델라 스카라 성당을 위해 그렸던 〈성처녀의 죽음 혹은 영면〉에서도 똑같은 상황이 되풀이해서 벌어졌다. 카라바조는 이 그림에서 익사한 여인을 성처녀로 묘사하면서 물에 불은 여인의 몸을 생생히 표현하기까지 했다. 성 베드로 대성당을 장식한 〈마돈나와 아기 예수와 함께 있는 성 안나〉도 철거되었는데, 지금 이 그림은 보르게제 저택에 소장되어 있다. 보는 바와 같이 성모 마리아의 당혹스러운 모습과 벌거벗은 아기 예수의 모습이 무례하게 등장하고 있다. 또한 카라바조는 상트 아고스티노 성당을 장식한 〈로레토의 마돈나〉에서 흙이 묻은 맨발의 순례자를 표현했으며, 나폴리에서 그린 〈일곱 가지 선행〉에는 목이 마른 사람이 물 대신 술병을 들이켜는 모습을 그려 넣었다. 술병을 들이켜는 사람의 벌려진 입 주위로 포도주가 지저분하게 흘러내리고 있다. 〈엠마오에서의 저녁식사〉에는 너저분한 분위기를 풍기는 천박한 제자들이 등장하며, 예수는 수염 없는 매끈한 젊은이로 그려져 있다. 식탁 위에 놓여 있는 포도와 무화과, 그리고 석류는 작품상의 계절(부활절)과 맞지 않는다.

약초는 때에 따라서 약이 되는 동시에 치명적인 독이 될 수 있듯, 카라바조의 예술은 수많은 공헌을 남긴 반면, 미술의 아름다운 전통과 유구한 장식미를 파괴했다는 점에서 가장 치명적인 악영향을 끼쳤다. 자연의 사실주의적 묘사와 완전히 담을 쌓고 사는 예술가들에게는 정도正道로 돌아올 수 있는 새로운 길을 열어줄 필요가 있다. 그러나 한 가지 오류를 피하기 위해 다른 쪽 길로 들어선 사람들 중 또 얼마나 많은 사람들이 실패를 경험하게 되는가? 자연을 있는 그대로 그리기 위해 매너리즘의 오류에서 벗어났다고 했지만, 이들은 안니바레 카라치가 등장하기까지 그 오류를 거듭했다. 카라치는 그들의 몽매를 깨우쳤으며, 자연을 충실히 묘사하는 것을 통해 어떻게 아름다움을 표현하는지 가르쳐주었다.

카라바조의 스타일은 그의 얼굴과 외모가 비슷하다. 그는 비교적 검은 피부를 가졌으며 검은 눈빛과 짙은 눈썹, 그리고 검은색 머리카락을 가진 인물이다.

이런 색깔들은 그의 그림을 통해 나타났다. 달콤하고 순수했던 그의 초창기 작품이 카라바조의 최고 걸작이다. 이 그림들을 통해서 그는 놀라운 실력을 보였으며 당대 롬바르디아 화풍의 최고 화가임을 증명했다. 그러나 점차 시간이 지나면서 자신의 거친 성격과 여러 가지 분쟁으로 인해 검은색을 강조하는 화풍으로 변화되었다. 제일 먼저 그는 밀라노와 그의 고향을 등질 수밖에 없었다. 그다음에 로마와 몰타에서 다시 도주했다. 시칠리아로 도망했다가 나폴리로 몸을 숨겼지만 그곳도 안전하지 않음을 깨달았다. 결국 그는 어느 해변에서 비참하게 죽어갔다.

카라바조의 옷차림과 행동에 대해서도 말하지 않을 수 없다. 그는 언제나 왕자들이 입을 법한 최상품의 옷만을 골라 입었다. 파티 복장 외에는 이런 화려한 옷을 절대 갈아입지 않았다. 또한 자기 몸을 씻는 데 무관심했다. 여러 해 동안 그는 초상화를 그리는 데 사용했던 천 조각을 밤낮으로 식탁보로 사용했다.

예술이 존중받는 곳이라면 어디서나 카라바조의 색상은 칭송받을 것이다. 두 처형자에 의해 두 손이 뒤로 묶인 성 세바스찬을 그린 그림은 최고의 작품에 속하는데, 현재 파리로 이송되었다. 나폴리의 총독이었던 베네벤토Benevento 백작에 의해 〈성 앤드류의 십자가〉는 스페인으로 넘어갔다. 빌라메디아나Villamediana 백작은 〈다윗의 반신상〉과 〈오렌지 꽃을 들고 있는 소년의 자화상〉을 소장하고 있다. 안트베르펜의 도미니코 수도회의 성당에 있는 〈로자리오의 마돈나〉는 카라바조에게 큰 명성을 가져다 주었다.

로마의 포르타 핀치아나 근처의 루도비시 저택에 있는 〈주피터, 넵튠, 그리고 플루토〉는 카라바조가 델 몬테 추기경을 위해 제작한 그림으로 추정되고 있다. 추기경은 연금술에 관심이 많았고, 신화 속에 나오는 이러한 신들의 모습으로 연구실을 꾸미는 데 많은 관심을 기울였다. 카라바조는 이런 별들에 대해 전혀 아는 것이 없었기에 델 몬테 추기경으로부터 꾸지람을 받고는 그 신들의 그림을 아래에 배치했다. 그 신들은 적절하게 그려지지 않았고, 지붕 회랑이 오일로 그린 그림으로 장식되는 이상한 일이 벌어졌다. 이는 카라바조가 한번도 프레스코화를 그려보지 않았기 때문에 빚어진 일이었다.

그의 추종자들은 그림을 수월히 그리는 방법으로 유화를 택했으며, 그림 속에 모델을 그려 넣는 것을 선호했다. 또한 그들은 자연을 그대로 보고 그렸기 때문에 자연주의자로 불렸다. 우리는 그들 중 수많은 대가들의 이름을 만나게 된다.

주석

서문

1. 임영방, 『카라바조』(서울: 서문당, 1982). 질 랑베르, 문경자, 『카라바조』(서울: 마로니에북스, 2005). 윤익영, 『카라바조』(서울: 재원, 2003).

2. 조이한, 『위험한 미술관』(서울: 웅진지식하우스, 2002), pp 16~62.

3. 이은기, 「카라바조의 자화상, 그 해석과 문제점」, 《서양미술사학회논문집》 제9호(서울: 서양미술사학회, 1997). pp 31~48., 스티븐 코흐, 김명복, 「카라바조와 그의 이면」, 《현대문학》 제549호(서울: 현대문학, 2000년 9월), pp 299~316., 김영나, 「라 투르의 작품에 보이는 카라바조적인 요소」, 《미술사연구》 제3호(서울: 미술사연구회, 1989년), pp 21~56.

4. Longhi, Roberto, *Caravaggio*(Leipzig: Leipzig Edition, 1968)., Hibbard, Howard, *Caravaggio*(New York: Harper&Row, 1983)., Puglisi, Catherine, *Caravaggio*(London: Phaidon Press, 1998)., Langdon, Helen, *Caravaggio: A Life*(New York: Farrar, Straus and Giroux, 1998)., Robb, Peter, *M: The Man Who Became Caravaggio*(New York: Picador, 1998)., Moir, Alfred, *Caravaggio*(New York: Harry N. Abrahams, 1982).

카라바조의 시대적 배경

1. Wittkower, Rudolf, *Art and Architecture in Italy 1600~1750*, vol. 1, *The Early Baroque 1600~1625*(New Haven: Yale University Press, 1999), pp 41~50.

2. 16세기 전문가였던 랑케의 종교개혁사에 대한 연구는 Ranke, Leopold von, *History of the Reformation in Germany,* trans., Sarah Austin(New York: E. P. Dutton, 1905)., 랑케의 사관史觀에 관한 연구는 Iggers, Georg and Powell, James, eds., *Leopold von Ranke and the Shaping of the Historical Discipline*(Syracuse: Syracuse University Press, 1990)., Gilbert, Felix *History: Politics or Culture?: Reflections on Ranke and Burckhardt*(Princeton: Princeton

University Press, 1990).

3. Jedin, Herbert, *Die Erforschung der kirchlichen Reformationsgeschichte seit 1876: Leistungen und Aufgaben der deutchen Katholiken*(Darmstadt: Wissenschaftliche Buchgesellschaft, 1975[1931])., Ibid, *Katholische Reformation oder Gegenreformation? Ein Versuch zur Klärung der Begriffe nebst einer Jubilaumsbetrachtung über das Trienter Konzil*(Luzern: Josef Stocker, 1946).

4. Camaiani, Pier, 'Interpretazioni della Riforma cattolica e della Controriforma', in *Grande Antologia Filosofica*, ed., Sciacca, Michele Federico(Milano: C. Marzorati, 1964), pp 329~499.

5. Reinhard, Wolfgang, 'Reformation, Counter-Reformation, and the Early Modern State: A Reassessment', *Catholic Historical Review,* vol. 75(1989), pp 383~404.

6. 이 분야에 대한 추가 연구 자료는 Olin, John, *Catholic Reform: From Cardinal Ximenes to the Council of Trent, 1495~1563*(New York: Fordham University Press, 1990)., Ibid, ed., *The Catholic Reformation: From Savonarola to St. Ignatius Loyola*(New York: Harper& Row, 1969)., Hsia, R. Po-chia, *The World of Catholic Renewal, 1540~1770*(Cambridge: Cambridge University Press, 1998)., Bossy, John, ed., *The Spirit of the Counter-Reformation*(Cambridge: Cambridge University Press, 1968).

7. 한태동,『사유의 흐름』(서울: 연세대학교출판부, 2003), pp 141~142.

제1장 암흑 속에서 빛을 찾아

1. 앤드루 그레이엄 딕슨, 김석희,『르네상스 미술 기행』(서울: 한길사, 2002), p 205.

2. 부록3 카라바조의 생애와 작품에 대한 17세기 문헌과 기록 중 '6. 조반니 피에트로 벨로리의 기록' 참조.

3. Langdon, Helen, *Caravaggio: A Life*(New York: Farrar, Straus and Giroux, 1998), p 30.

4. Robb, Peter, *M: The Man Who Became Caravaggio*(New York: Picador, 1998), p 27.

5. 르네상스 미술이 카라바조에게 미친 영향에 대해서는 Christiansen, Keith, *A Caravaggio Rediscovered*(New York: Metropolitan Museum of Art, 1990).

6. 부록3 카라바조의 생애와 작품에 대한 17세기 문헌과 기록 중 '3. 줄리오 만치니의 기록' 참조.

7. Hibbard, Howard, *Caravaggio*(New York: Harper&Row, 1983), p 352.

8. 숨김과 드러냄의 경계선에 대한 분석은 Bersani, Leo and Dutoit, Ulysse, *Caravaggio's Secrets*(Cambridge: MIT Press, 1998), p 5.

9. Moir, Alfred, *Caravaggio*(New York: Harry N. Abrams, 1989), p 50.

10. 앤소니 휴스, 남경태, 『미켈란젤로』(서울: 한길아트, 2003), p 47.

제2장 델 몬테 추기경과의 만남

1. 메디치 가문의 역사에 대해서는 크리스토퍼 히버트, 한은경, 『메디치 가 이야기』(서울: 생각의나무, 2001[1999])., G. F. 영, 이길상, 『메디치』(고양: 현대지성사, 1997).

2. Langdon, Helen, *Caravaggio: A Life*(New York: Farrar, Straus and Giroux, 1998), pp 92~93.

3. Hibbard, Howard, *Caravaggio*(New York: Harper&Row, 1983), p 276.

4. Moir, Alfred, *Caravaggio*(New York: Harry N. Abrahams, 1989), p 52.

5. 부록3 카라바조의 생애와 작품에 대한 17세기 문헌과 기록 중 '3. 조반니 발리오네의 기록' 참조.

6. Posner, Donald, 'Caravaggio's Homo-Erotic Early Works', *Art Quarterly,* vol. 34(1971), pp 304~307.

7. Hibbard, Howard, *Caravaggio*(New York: Harper&Row, 1983), p 44.

8. Gilbert, Creighton, *Caravaggio and His Two Cardinals*(University Park: Penn State University Press, 1995), pp 192~199.

제3장 로마 초기 종교화

1. 연구결과에 따르면 요셉이 들고 있는 악보는 노엘 보두앵Noel Baudewijn의 '예술이 얼마나 아름다운지!Quam pulchra es'라는 성모 마리아에 대한 찬양곡이다. 이에 대한 자세한 분석은 Wilson-Smith, Timothy, *Caravaggio*(London: Phaidon Press, 1998), p 46.

2. 성 카타리나에 대한 연구는 Jenkins, Jacqueline and Lewis, Katherine, eds., *St. Katherine of Alexandria: Texts and Contexts in Western Medieval Europe*(Turnhout, Belgium: Brepols, 2003).

3. 형과 동생의 부자연스러운 만남에 대해서는 Langdon, Helen, *Caravaggio: A Life*(New York: Farrar, Straus and Giroux, 1998), p 153.

4. 일본에서의 기독교 박해와 순교에 대한 정보는 Morejon, Pedro, *A Brief Relation of the Persecution Lately Made Against the Catholike Christians in the Kingdome of Iaponia, 1619*, Tran. W. W. Gent(London: Schola Press, 1974)., Cooper, Michael, ed., *They Came to Japan: An Anthology of European Reports on Japan, 1543~1640*(Berkeley: University of California Press, 1965).

5. 브루노의 생애와 사상에 대한 대표적인 연구는 McIntyre, J. Lewis, *Giordano Bruno*(London: Macmillan, 1903).

6. Langdon, Helen, *Caravaggio: A Life*(New York: Farrar, Straus and Giroux, 1998), p 174.

7. 앤소니 휴스, 남경태, 『미켈란젤로』(파주: 한길아트, 2003), pp 244~254.

8. 이은기, 『르네상스 미술과 후원자』(서울: 시공사, 2002) 참조.

9. Langdon, Helen, *Caravaggio: A Life*(New York: Farrar, Straus and Giroux, 1998), pp 175~176.

10. 카라치 형제들의 작품 세계에 대해서는 Wittkower, Rudolf, *Art and Architecture in Italy 1600~1750*, vol. 1, *The Early Baroque 1600~1625*(New Haven: Yale University Press, 1999), p 27.

11. 앤드루 그레이엄 딕슨, 김석희, 『르네상스 미술 기행』(서울: 한길사, 2002), p 224에서 재인용.

12. Ibid, p 274.

13. 『성신 수련』의 첫 번째 주 과정으로, 원문 내용은 Loyola, Ignatius, *Ignatius of Loyola: Spiritual Exercises and Selected Works*(New York: Paulist Press, 1991), pp 130~145.

14. Bailey, Gauvin A., 'The Jesuits and Painting in Italy, 1550~1690: The Art of Catholic Reform', in *Saint and Sinner: Caravaggio and the Baroque Image*, ed., Mormando, Franco, (Boston: McMullen Museum of Art, Boston College, 1999), p 152.

15. Ibid., p 152.

16. Ibid., p 157.

17. Ibid., p 158.

18. 이은기, 「카라바조의 자화상, 그 해석과 문제점」, 《서양미술사학회논문집》 제9호(서울: 서양미술사학회, 1997). p 36 참조.

19. 부록3 카라바조의 생애와 작품에 대한 17세기 문헌과 기록 중 '3. 줄리오 만치니의 기록' 참조.

20. Langdon, Helen, *Caravaggio: A Life*(New York: Farrar, Straus and Giroux, 1998), pp 220~221.

21. 조르조 바사리의 『가장 뛰어난 화가, 조각가, 건축가의 생애』는 국내에 『르네상스의 미술가 평전』(이근배 역, 서울: 한명출판, 2000)으로 출간된 바 있다.

제4장 로마 중기 종교화

1. 부록3 카라바조의 생애와 작품에 대한 17세기 문헌과 기록 중 '6. 조반니 피에트로 벨로리의 기록' 참조.

2. 필립 네리의 생애와 로마에서의 활동에 대해서는 Trevor, Meriol, *Apostle of Rome: A Life of Philip Neri, 1515~1595*(London: MacMillan, 1966)., Ponnelle, Louis, *St. Philip Neri and the Roman Society of His Times, 1515~1595*(London: Sheed and Ward, 1979[1932]).

3. 부록3 카라바조의 생애와 작품에 대한 17세기 문헌과 기록' 중 '3. 줄리오 만치니의 기록 참조.

4. 부록3 카라바조의 생애와 작품에 대한 17세기 문헌과 기록' 중 '3. 줄리오 만치니의 기록 참조.

제5장 로마에서의 마지막 작품들

1. 마테오 리치, 송영배, 『교우론, 스물다섯 마디 잠언, 기인십편: 연구와 번역』(서울: 서울대학교출판부, 2000).

2. Ibid., p 321.

3. 미술평론가 조이한은 레나가 카라바조의 연인이었다고 단정하고 있다. 조이한, 『위험한 미술관』(서울: 웅진지식하우스, 2002), p 18.

4. 막시무스에 대한 자세한 연구는 Bloomer, W. Martin, *Valerius Maximus and the Rhetoric of the New Nobility*(Chapel Hill: University of North Carolina Press, 1992).

5. Puglisi, Catherine, *Caravaggio*(New York: Phaidon Press, 1998), p 275.

6. 르네상스 시기 동안 화가와 주문자와의 상호 역학 관계에 대한 연구는 이은기, 『르네상스 미술과 후원자』(서울: 시공사, 2002).

7. 서한의 영문 번역은 Puglisi, Catherine, *Caravaggio*(New York: Phaidon Press, 1998), p 420.

8. 이은기, 『르네상스 미술과 후원자』(서울: 시공사, 2002), pp 133~168.

9. 일부 학자들은 피렌체의 피티 박물관에 소장되어 있는 〈몰타 출신 기사의 초상화〉도 카라바조의 작품이라고 본다. 이에 대한 자세한 분석은 Puglisi, Catherine, *Caravaggio*(London: Phaidon Press, 1998), pp 289~290.

10. 현재 두 편의 〈세례 요한의 목을 쟁반에 들고 있는 살로메〉가 남아 있다. 자세한 논의는 Ibid., p 301, p 304 참조.

11. Ibid., p 311.

12. Ibid., p 311.

13. Ibid,, p 319.

제6장 마지막 예술혼을 불태우는 카라바조의 작품들

1. 부록3 카라바조의 생애와 작품에 대한 17세기 문헌과 기록 중 '4. 조반니 발리오네의 기록' 참조.

2. 카라바조의 자화상에 대한 분석은 이은기, 「카라바조의 자화상, 그 해석과 문제점」, 《서양미술사학회논문집》제9호(서울: 서양미술사학회, 1997)., 마누엘 가서, 『거장들의 초상화』(서울: 지인사, 1978), pp 62~64.

3. 앤소니 휴스, 남경태, 『미켈란젤로』(파주: 한길아트, 2003), p 253 참조.

4. 이에 대한 분석은 노성두, 『천국을 훔친 화가들』(서울: 사계절, 2000), p 64., 이은기, 「카라바조의 자화상, 그 해석과 문제점」, 《서양미술사학회논문집》제9호(서울: 서양미술사학회, 1997), p 37.

5. Catherine Puglisi, *Caravaggio*(London: Phaidon Press, 1998), p 360.

6. 부록3 카라바조의 생애와 작품에 대한 17세기 문헌과 기록 중 '6. 조반니 피에트로 벨로리의 기록' 참조.

부록

1. 카라바조를 20세기에 재발견한 롱기의 연구는 Longhi, Roberto, *Caravaggio*(Leipzig: Edition Leipzig, 1968).

2. 한태동, 『사유의 흐름』(서울: 연세대학교출판부, 2003), p 146.

참고문헌

· Abromson, Morton, *Painting in Rome During the Papacy of Clement, VIII(1592~1605)*(Ph. D. diss., Columbia University, 1976).

· Ashford, Faith, 'Caravaggio's Stay in Malta', *Burlington Magazine,* LXVII(1935), pp 168~174.

· Azzopardi, John, 'Caravaggio in Malta: An Unpublished Document' in *The Church of St. John in Valletta, 1578~1978*(Valletta, 1978), pp 16~20.

· Bailey, Gauvin, A. 'The Jesuits and Painting in Italy, 1550~1690: The Art of Catholic Reform', in *Saint and Sinner: Caravaggio and the Baroque Image,* ed., Mormando, Franco (Boston: McMullen Museum of Art, Boston College, 1999).

· Bersani, Leo and Dutoit, Ulysse, *Caravaggio's Secret*(Cambridge: MIT Press, 1998).

· Bialostocki, Jan, 'The Renaissance Concept of Nature and Antiquity', in *Studies in Western Art,* vol.2(Princeton: Princeton University Press, 1963).

· Bloomer, W. Martin, *Valerius Maximus and the Rhetoric of the New Nobility*(Chapel Hill: University of North Carolina Press, 1992).

· Blunt, Anthony, *Artistic Theory in Italy, 1450~1600*, 2nd ed.(Oxford: Oxford University Press, 1956).

· Bossy, John, ed., *The Spirit of the Counter-Reformation*(Cambridge: Cambridge University Press, 1968).

· Bradford, Ernle, *The Shield and the Sword: The Knights of St. John*(London: Hodder&Stoughton, 1972).

· Bruser, Thomas, 'Jerome Nadal and Early Jesuit Art in Rome', *Art Bulletin,* LVIII(1976), pp 424~433.

· Camaiani, Pier, 'Interpretazioni della Reforma cattolicae della Controriforma', in *Grande Antologia Filosofica,* ed., Sciacca, Michele Federico(Milano: C. Marzorati, 1964),

· Christiansen, Keith, *A Caravaggio Rediscovered*(New York: Metropolitan Museum of Art, 1990).

· Cochrane, Eric, ed., *The Late Renaissance, 1525~1630*(London, 1970).

· Cooper, Michael, ed., *They Came to Japan: An Anthology of European Reports on Japan, 1543~1640*(Berkeley: University of California Press, 1965).

· Costello, Jane, 'Caravaggio, Lizard, and Fruit', in *Art, the Ape of Nature: Studies in Honor of H. W. Jason.* ed. Moshe Barash and Lucy Sandler(New York: H. N. Abrams, 1981).

· Dempsey, Charles, *Annibale Carracci and the Beginning of Baroque Style*(Glückstadt: Augustin, 1977).

· Diamond, Arlene, 'Cardinal Federico Borromeo as a Patron of the Arts and His Mvsaevm of 1625'(Ph. D. diss., UCLA, 1974).

· Evennett, Outram, *The Spirit of the Counter-Reformation*(Cambridge: Cambridge University Press, 1968).

· Friedlaender, Walter, *Caravaggio Studies*(Princeton: Princeton University Press,1955).

· Friedlaender, Walter, *Mannerism and Anti-Mannerism in Italian painting*(New York: Columbia University Press, 1957).

· Gilbert, Creighton, *Caravaggio and His Two Cardinals*(University Park: Penn State University Press, 1995).

· Gilbert, Felix, *History: Politics or Culture?: Reflections on Ranke and Burckhardt*(Princeton: Princeton University Press, 1990).

· Goffen, Rona, *Renaissance Rivals: Michelangelo, Leonardo, Raphael, Titian*(New Haven: Yale University press, 2002).

· Green, Ortis, 'Caravaggio's Death: A New Document', *Burlington Magazine*, XCIII(1951).

· Gregori, Mina, 'A New Painting and Some Observations on Caravaggio's Journey to Malta', *Burlington Magazine*, CXVI(1974), pp 594~603.

· Hibbard, Howard, *Caravaggio*(New York: Harper&Row, 1983).

· Hinks, Roger, *Michelangelo Merisi da Caravaggio: His Life, His Legend, His Works*(London: Faber and Faber, 1953).

· Hsia, R. Po-chia, *The World of Catholic Renewal, 1540~1770*(Cambridge: Cambridge University Press, 1998).

· Iggers, Georg and Powell, James, eds., *Leopold von Ranke and the Shaping of the Historical Discipline*(Syracuse: Syracuse University Press, 1990).

· Jedin, Herbert, *Die Erforschung der kirchlichen Reformationsgeschichte seit 1876: Leistungen und Aufgaben der deutchen Katholiken*(Darmstadt: Wissenchaftliche Buchgesellschaft, 1975[1931].

· Jedin, Herbert, *Katholische Reformation oder Gegenreformation? Ein Versuch zur Klärung der Begriffe nebst einer Jubilaumsbetrachtung iiber das Trienter Konzil*(Luzern : Josef Stocker, 1946).

· Jekins, Jacqueline and Lewis, Katherine, eds., *St. Katherine of Alexandria: Texts and Contexts in Western Medieval Europe*(Turnhout, Belgium: Brepols, 2003).

· Kitson, Michael, *The Complete Paintings of Caravaggio*(London: Weidenfeld&Nicolson, 1969).

· Langdon, Helen, *Caravaggio: A Life*(New Yotk: Farrar, Straus and Giroux, 1998).

· Longhi, Roberto, *Caravaggio*(Leipzig: Leipzig Edition, 1968).

· Loyola, Ignatius, *Ignatius of Loyola: Spiritual Exercises and Selected Works*(New York: Paulist Press, 1991).

· Majon, Dennis, 'Contrasts in Art-Historical Method: Two Recent Approaches to Caravaggio', *Burlington Magazine,* XCV(1953), pp 212~220.

· Majon, Dennis, ed., *Artists in 17th Century Rome: Catalogue of a Loan Exhibition, 1 June~10 July, 1955*(London Wildenstein 1955).

· McIntyre, J. Lewis, *Giordano Bruno*(London: Macmillan, 1903).

· Moir, Alfred, *Caravaggio*(New York: Harry N. Abrahams, 1989).

· Moir, Alfred, 'Did Caravaggio Draw?', *Art Quarterly,* XXXII(1969), pp. 354~372.

· Morejon, Pedro, *A Brief Relation of the Persecution Lately Made Against the Catholike Christians in the Kingdome of Iaponia,* 1619, Trans. W. W. Gent(London: Schola Press, 1974).

· Nicolson, Benedict, 'Recent Caravaggio Studies', *Burlington Magazine,* CXVI(1974), pp 624~625.

· Olin, John, *Catholic Reform: From Cardinal Ximenes to the Council of Trent, 1495~1563*(New York: Fordham University Press, 1990).

· Olin, John, ed., *The Catholic Reformation: From Savonarola to St. Ignatius Loyola*(New York: Harper&Row, 1969).

· Pacelli, Vincenzo, 'New Documents Concerning Caravaggio in Naples', *Burlington Magazine,*CXIX(1977), pp 810~829.

· Ponnelle, Louis, *St. Philip Neri and the Roman Society of His Times, 1515~1595*(London: Sheed and Ward, 1979[1932]).

· Posner, Donald, *Annibale Carracci: A Study in the Reform of Italian Painting around 1590*(London: Phaidon Press, 1971).

· Posner, Donald, 'Caravaggio's Homo-Erotic Early Works', *Art Quarterly,* vol. 34(1971), pp 301~324.

· Puglisi, Catherine, *Caravaggio*(London: Phaidon Press, 1998).

· Ranke, Leopold von, *History of the Reformation in Germany,* trans., Sarah Austin(New York: E. P. Dutton, 1905).

· Reinhard, Wolfgang, 'Reformation, Counter-Reformation, and the Early Modern State: A Reassessment', *Catholic Historical Review,* vol. 75(1989).

· Robb, Peter, *M: The Man Who Became Caravaggio*(New York: Picador, 1998).

· Spear, Richard, *Caravaggio and His Followeres*(New York: Harper&Row, 1975).

· Steinberg, Leo, 'Observations in the Cerasi Chapel', *Art Bulletin,* XLI(1959), pp 183~190.

· Trevor, Meriol, *Apostle of Rome: A Life of Philip Neri, 1515~1595*(London: MacMillan, 1966).

· Wilson-Smith, Timothy, *Caravaggio*(London: Phaidon Press, 1998).

· Wittkower, Rudolf, *Art and Architecture in Italy 1600~1750,* vol. 1, *The Early Baroque 1600~1625*(New Haven: Yale University Press, 1999).

· 김광우, 『레오나르도 다 빈치의 과학과 미켈란젤로의 영혼』(서울: 미술문화, 2004).

· 김영나, 「라 뚜르의 작품에 보이는 카라바조적인 요소」, 《미술사연구》 제3권(1989년).

· 노성두, 『천국을 훔친 화가들』(서울: 사계절, 2000).

· 마누엘 가서, 『거장들의 초상화』(서울: 지인사, 1978).

· 마테오 리치, 송영배, 『교우론, 스물다섯 마디 잠언, 기인십편: 연구와 편역』(서울: 서울대학교출판부, 2000).

· 스티븐 코흐, 김명복, 「카라바조와 그의 이면」, 《현대문학》 제549호(2000년 9월).

· 시오노 나나미, 김석희, 『르네상스를 만든 사람들』(서울: 한길사, 2001).

· 앤드루 그레이엄 딕슨, 김석희, 『르네상스 미술 기행』(서울: 한길사, 2002).

· 앤소니 휴스, 남경태, 『미켈란젤로』(파주: 한길아트, 2003).

· 윤익영, 『카라바조』(서울: 재원, 2003).

· 이은기, 『르네상스 미술과 후원자』(서울: 시공사, 2002).

· 이은기, 「카라바조의 자화상, 그 해석과 문제점」, 《서양미술사학회논문집》 제9호(서울: 서양미술
  사학회, 1997).

· 임영방, 『카라바조』(서울: 서문당, 1982).

· 조르조 바사리, 이근배, 『르네상스의 미술가 평전』(서울: 한명출판, 2000).

· 조이한, 『위험한 미술관』(서울: 웅진지식하우스, 2002).

· 존 로덴, 임산, 『초기 그리스도교와 비잔틴 미술』(파주: 한길아트, 2003).

· G. F. 영, 이길상, 『메디치』(고양:현대지성사,1997).

· 질 랑베르, 문경자, 『카라바조』(서울: 마로니에북스, 2005).

· 크리스토퍼 히버트, 한은경, 『메디치 가 이야기』(서울: 생각의나무, 2001).

· 하인리히 뵐플린, 안인희, 『르네상스의 미술』(서울: 휴머니스트, 2002).

· 한태동, 『사유의 흐름』(서울: 연세대학교출판부, 2003).

도판 목록

도판1. 틴토레토, 〈비탄〉, 캔버스에 유채, 227×294cm, 델 아카데미아 미술관 소장.

도판2. 오타비오 레오니, 〈카라바조의 초상〉, 1621~25, 종이에 크레용, 23.4×16.3cm, 피렌체 마르 셀리아나 도서관 소장.

도판3. 오라치오 보르자니, 〈카를로 보로메오 추기경의 초상〉, 1610~16, 상트페테르부르크 국립 에 르미타주 미술관 소장.

도판4. 시모네 페테르자노, 〈매장〉, 1573~79, 캔버스에 유채, 290×185cm, 밀라노 산 페델레 교회 소장.

도판5. 〈과일 바구니를 든 소년〉, 1593~94, 캔버스에 유채, 70×67cm, 로마 보르게제 미술관 소장.

도판6. 레오나르도 다 빈치, 〈암굴의 성모〉, 1483(?), 189.5×120cm, 런던 국립미술관 소장.

도판7. 빈첸조 캄피, 〈과일 장수〉, 1580~81, 캔버스에 유채, 145×215cm, 밀라노 브레라 미술관 소장.

도판8. 베첼리오 티치아노, 〈바쿠스와 아리아드네〉, 1523~24, 캔버스에 유채, 런던 국립미술관 소장.

도판9. 〈푸른 과일을 깎고 있는 소년〉, 1594(?), 캔버스에 유채, 75.5×64.5cm, 로마의 개인 소장품.

도판10. 라파엘로, 〈성모자〉, 1504~05, 캔버스에 유채, 58×43cm, 미국 워싱턴 국립미술관 소장.

도판11. 주세페 체사리, 〈나사로의 부활〉, 1593, 캔버스에 유채, 76×98cm, 로마 국립미술관 소장.

도판12. 〈병든 바쿠스 신〉, 1593~94, 캔버스에 유채, 66×52cm, 로마 보르게제 미술관 소장.

도판13. 미켈란젤로, 〈바쿠스〉, 1496~97, 대리석, 높이 203.2cm, 피렌체 바르젤로 국립미술관 소장.

도판14. 〈카드놀이 사기꾼〉, 1594~95, 캔버스에 유채, 94.2×131.3cm, 미국 텍사스 킴벨 예술관 소장.

도판15. 〈점쟁이 집시〉, 1594~95, 캔버스에 유채, 115×150cm, 로마 카피톨리나 미술관 소장.

도판16. 〈점쟁이 집시〉, 1598~99, 캔버스에 유채, 99×131cm, 파리 루브르 박물관 소장

도판17. 〈류트 연주자〉, 1595~96(?), 캔버스에 유채, 94×119cm, 상트페테르부르크 국립 에르미타 주 미술관 소장.

도판18. 〈류트 연주자〉, 1600(?), 캔버스에 유채, 102×130cm, 뉴욕 메트로폴리탄 박물관 소장.

도판19. 〈음악 연주자들〉, 1595~96, 캔버스에 유채, 87.9×115.9cm, 뉴욕 메트로폴리탄 박물관 소장.

도판20. 〈도마뱀에게 물린 소년〉, 1593~94, 캔버스에 유채, 66×49.5cm, 런던 국립미술관 소장.

도판21. 〈도마뱀에게 물린 소년〉, 1593~94, 캔버스에 유채, 65.8×52.3cm, 피렌체 로베르토 롱기 재단 소장.

도판22. 〈바쿠스〉, 1597, 캔버스에 유채, 95×85cm, 피렌체 우피치 박물관 소장.

도판23. 페데리코 주카로, 카사 주카로의 프레스코 연작 중 〈바쿠스〉, 1584~85, 프레스코, 피렌체 카사 주카로 소장.

도판24. 안니바레 카라치, 〈바쿠스〉, 1590~91, 캔버스에 유채, 163×104cm, 나폴리 카포디몬테 미술관 소장.

도판25. 〈나르키소스〉, 1597(?), 캔버스에 유채, 113×95cm, 로마 국립고대미술관 소장.

도판26. 톰마소 바라치, 〈나르키소스〉, 판화.

도판27. 〈정물화〉, 1598(?), 캔버스에 유채, 31×47cm, 밀라노 암브로시아나 미술관 소장.

도판28. 〈엠마오에서의 저녁식사〉 일부, 1601(?), 캔버스에 유채, 141×196.2cm, 런던 국립미술관 소장.

도판29. 〈메두사〉, 1598(?), 캔버스에 유채, 직경 55cm, 피렌체 우피치 미술관 소장.

도판30. 〈마르다와 막달라 마리아〉 일부. 1598(?), 캔버스에 유채, 100×134.5cm, 디트로이트 미술관 소장.

도판31. 파올로 베로네세, 〈막달라 마리아의 회개〉, 1550, 캔버스에 유채, 117.5×163.5cm, 런던 국립미술관 소장.

도판32. 〈참회하는 막달라 마리아〉, 1593~95(?), 캔버스에 유채, 122.5×98.5cm, 로마 도리아 팜필리 미술관 소장.

도판33. 베첼리오 티치아노, 〈참회하는 막달라 마리아〉, 1565, 캔버스에 유채, 118×97cm, 상트페테르부르크 국립 에르미타주 미술관 소장.

도판34. 〈이집트로 도피하던 성가족의 휴식〉, 1595(?), 캔버스에 유채, 135×166.5cm, 로마 도리아 팜필리 미술관 소장.

도판35. 〈성 프란체스코의 환상〉, 1596, 캔버스에 유채, 92.5×128.4cm, 하트퍼드 와드워드 박물관 소장.

도판36. 작자 미상, 〈십자가에 못 박힌 승리의 예수 그리스도〉, 12세기 말.

도판37. 조토 디본도네, 〈성 프란체스코의 죽음〉, 1320~25, 피렌체 산타 크로체 교회 바르디 예배실 소장.

도판38. 조토 디본도네, 〈예수의 죽음〉, 1305(?), 파도바 스크로베니 예배실 소장.

도판39. 〈마르다와 막달라 마리아〉, 1598~99(?), 캔버스에 유채, 97.8×132.7cm, 디트로이트 미술관 소장.

도판40. 〈필리데의 초상〉, 1598~99(?), 캔버스에 유채, 66×53cm, 카이저 프리드리히 박물관에 소장되었다가 세계대전으로 유실. 현재 소장처 불분명.

도판41. 〈알렉산드리아의 성 카타리나〉, 1598~99, 캔버스에 유채, 173×133cm, 마드리드 티센 보르네미사 박물관 소장.

도판42. 라파엘로, 〈알렉산드리아의 성 카타리나〉, 1507(?), 캔버스에 유채, 71×56cm, 런던 국립미술관 소장.

도판43. 〈유디트와 홀로페르네스〉, 1598, 캔버스에 유채, 145×195cm, 로마 국립고대미술관 소장.

도판44. 도나텔로, 〈유디트와 홀로페르네스〉, 1455~1460, 145×195cm, 피렌체 베키오 궁 소장.

도판45. 빈센초 디 카테나, 〈유디트〉, 1520~25, 패널, 82×65cm, 베니스 퀴리니 스탐팔리아 미술관 소장.

도판46. 아르테미시아 젠틸레스키, 〈유디트와 홀로페르네스〉, 1612~13, 캔버스에 유채, 158.8×125.5cm, 나폴리 카포디몬테 미술관 소장.

도판47. 지롤라모 무치아노, 〈성 마태의 순교〉, 1586~89, 석고에 유채, 320×350cm, 로마 아라코넬리 산타마리아 마테이 예배당 소장.

도판48. 〈성 마태의 순교〉, 1599~1600, 캔버스에 유채, 323×343cm, 로마의 산 루이지 데이 프란체시 성당 소장.

도판49. 〈성 마태의 순교〉 일부.

도판50. 〈성 마태의 소명〉, 1599~1600, 캔버스에 유채, 322×340cm, 로마 산 루이지 데이 프란체

시 성당 소장.

도판51. 미켈란젤로, 〈아담의 창조〉 일부, 1511~1512, 프레스코, 바틴칸시티 시스티나 성당 천장화.

도판52. 〈성 마태의 소명〉 일부.

도판53. 이탈리아 로마에 위치한 산 루이지 데이 프란체시 성당의 콘타렐리 예배당 내의 모습. 카라바조의 작품 〈성 마태의 순교〉가 우측에 보이고, 중앙에 〈성 마태와 천사〉가 보인다. 〈성 마태의 순교〉 맞은편에 〈성 마태의 소명〉이 자리해 있다.

도판54. 안니바레 카라치, 〈성모 마리아의 승천〉, 1604~05, 캔버스에 유채, 250×150cm, 산타 마리아 델 포폴로 성당 소장.

도판55. 미켈란젤로, 〈사울의 개종〉, 1542~46, 프레스코, 바티칸 바오로 예배당 소장.

도판56. 미켈란젤로, 〈십자가에 못 박힌 성 베드로〉, 1545~50, 프레스코, 바티칸 바오로 예배당 소장.

도판57. 〈성 바울의 회심〉 초판, 1600~01, 나무판에 유채, 237×189cm, 로마의 개인 소장품.

도판58. 〈성 바울의 회심〉 두 번째 판, 1600~01, 캔버스에 유채, 230×175cm, 로마 산타 마리아 델 포폴로 성당 소장.

도판59. 로마 산타 마리아 델 포폴로 성당. 카라치의 작품 〈성모의 승천〉은 체라시 예배당 중앙에, 카라바조의 작품 〈성 바울의 회심〉은 오른쪽에 걸려 있다.

도판60. 시피오네 풀초네, 〈비탄〉, 1591(?), 캔버스에 유채, 289.6×172.7cm, 뉴욕 메트로폴리탄 박물관 소장.

도판61. 〈십자가에 못 박힌 성 베드로〉, 1600~01, 캔버스에 유채, 230×175cm, 로마 산타 마리아 델 포폴로 성당 소장.

도판62. 페테르 파울 루벤스, 〈예수 그리스도의 십자가를 세움〉 일부, 1609~10, 패널에 유채, 460×340cm, 앤트워프 성모 마리아 대성당 소장.

도판63. 〈성 마태와 천사〉의 초판 혹은 〈성 마태의 감동〉, 1602, 캔버스에 유채, 223×183cm, 베를린 카이저 프리드리히 박물관에 소장되었다가 1945년 유실. 현재 소장처 불분명.

도판64. 제롤라모 로마니노, 〈성 마태와 천사〉, 1521~24, 캔버스에 유채, 205×98cm, 브레시아 산

조반니 에반젤리스타 성당 소장.

도판65. 〈성 마태와 천사〉 두 번째 판, 1602~03, 나무판에 유채, 295×195cm, 로마 산 루이지 데이 프란체시 성당 소장.

도판66. 〈승리자 큐피드〉, 1601~02(?), 캔버스에 유채, 191×148cm, 베를린 국립미술관 소장.

도판67. 〈성 세례 요한〉 초판, 1602(?), 캔버스에 유채, 129×95cm, 로마 카피톨리나 미술관 소장.

도판68. 〈몬시뇰 마페오 바르베리니의 초상〉, 1598(?), 캔버스에 유채, 124×90cm, 개인 소장품.

도판69. 〈이삭의 제사〉, 1603, 캔버스에 유채, 104×135cm, 피렌체 우피치 미술관 소장.

도판70. 조르조 바사리, 〈코시모 1세의 신격화〉, 1555~65, 피렌체 베키오 궁의 친퀘첸토의 방 천장화.

도판71. 〈엠마오에서의 저녁식사〉, 1601(?), 캔버스에 유채, 141×196.2cm, 런던 국립미술관 소장.

도판72. 베첼리오 티치아노, 〈엠마오에서의 저녁식사〉, 1540, 캔버스에 유채, 169×244cm, 파리 루브르 박물관 소장.

도판73. 〈의심하는 도마〉, 1602~03(?), 캔버스에 유채, 107×146cm, 포츠담 상수시 궁전 소장.

도판74. 치마 다 코넬리아노, 〈의심하는 도마〉, 1505, 캔버스에 유채, 215×151cm, 베네치아 아카데미아 미술관 소장.

도판75. 〈주피터, 넵튠, 그리고 플루토〉, 1599~1600(?), 석고에 유채, 300×180cm, 로마 카시노 본 콤파니 루도비시 소장.

도판76. 〈배신당하는 예수 그리스도〉, 1602~03, 캔버스에 유채, 133.5×169.5cm, 더블린 아일랜드 국립미술관 소장.

도판77. 작자 미상, 〈카라바조의 초상〉, 캔버스에 유채, 80×50cm, 몰타 콜레지오네 교회 소장.

도판78. 〈배신당하는 예수 그리스도〉 일부.

도판79. 〈성 마태의 순교〉 일부.

도판80. 〈예수 그리스도의 매장〉, 1602, 캔버스에 유채, 300×203cm, 로마 바티칸 미술관 소장.

도판81. 미켈란젤로, 〈피에타〉, 1498~99, 대리석, 높이 174cm, 로마 성 베드로 대성당 소장.

도판82. 페테르 파울 루벤스, 〈매장〉, 1613~15, 나무에 유채, 88.3×65.4cm, 캐나다 국립미술관 소장.

도판83. 〈성처녀의 죽음 혹은 영면〉, 1601~03(?), 캔버스에 유채, 369×245cm, 파리 루브르 박물관 소장.

도판84. 〈성 세례 요한〉 두 번째 판, 1603~05(?), 캔버스에 유채, 173.4×132.1cm, 캔자스시티 넬슨-앳킨스 미술관 소장.

도판85. 〈로레토의 마돈나〉, 1603~04(?), 캔버스에 유채, 260×150cm, 로마 상트 아고스티노 성당 소장.

도판86. 〈교황 바오로 5세의 초상화〉, 1605~06, 캔버스에 유채, 203×119cm, 로마 카밀로 보르게제 콜렉션 소장.

도판87. 〈서재에 있는 성 제롬〉, 1605(?), 캔버스에 유채, 112×157cm, 로마 보르게제 미술관 소장.

도판88. 〈이 사람을 보라〉, 1605, 캔버스에 유채, 128×103cm, 제노아 팔라조 비앙코 갤러리 소장.

도판89. 루도비코 치골리, 〈이 사람을 보라〉, 1607, 나무에 유채, 175×135.5cm, 피렌체 피티 궁전 박물관 소장.

도판90. 조반니 잔 로렌초 베르니니, 〈시피오네 보르게제의 흉상〉, 로마 보르게체 미술관 소장.

도판91. 〈마돈나와 아기 예수와 함께 있는 성 안나〉, 1605~06, 캔버스에 유채, 292×211cm, 로마 보르게제 미술관 소장.

도판92. 〈엠마오에서의 저녁식사〉 두 번째 판, 1606(?), 141×175cm, 밀라노 브레라 미술관 소장.

도판93. 카라바조가 살인을 저지르고, 도피생활을 했던 도시들을 나타낸 지도.

도판94. 〈일곱 가지의 선행〉, 1606~07, 캔버스에 유채, 390×260cm, 나폴리 피오 몬테 델라 미세리코르디아 성당 소장.

도판95. 〈예수 그리스도의 태형〉, 1607, 캔버스에 유채, 266×213cm, 나폴리 카피디몬테 국립미술관 소장.

도판96. 세바스티아노 델 피옴보, 〈예수 그리스도의 태형〉, 1524~25, 석고에 유채, 로마 몬토리오 성 피에트로 성당 소장.

도판97. 루카 시뇨렐리, 〈예수 그리스도의 태형〉, 패널, 42×34cm, 프란체티 카 디오레 미술관 소장.

도판98. 〈예수 그리스도의 태형〉 두 번째 판, 1607(?), 캔버스에 유채, 134.5×175.5cm, 루앙 순수

미술박물관 소장.

도판99. 〈로자리오의 마돈나〉, 1606~07, 캔버스에 유채, 364.5×249.5cm, 비엔나 미술사 박물관 소장.

도판100. 〈알로프 데 비냐코트의 초상〉, 1607~08, 캔버스에 유채, 194×134cm, 파리 루브르 박물관 소장.

도판101. 피에로 델라 프란체스카, 〈페데리코 다 몬테펠트로의 초상〉, 1474년 이후, 피렌체 우피치 미술관 소장.

도판102. 〈목 잘린 세례 요한〉, 1608, 캔버스에 유채, 361×520cm, 발레타 산 조반니 대성당 소장.

도판103. 〈목 잘린 세례 요한〉의 하단에 보이는 카라바조의 사인.

도판104. 〈성 제롬〉 두 번째 판, 1607~08(?), 캔버스에 유채, 117×157cm, 발레타 산 조반니 대성당 소장.

도판105. 〈잠자는 큐피드〉, 1608, 캔버스에 유채, 71×105cm, 피렌체 피티 궁전 박물관 소장.

도판106. 작자 미상, 〈잠자는 큐피드〉, 2세기 로마에서 발견, 대리석, 135cm, 피렌체 우피치 미술관 소장.

도판107. 〈목 잘린 세례 요한〉이 걸려 있는 발레타 산 조반니 대성당 내부 모습.

도판108. 〈성 루치아의 매장〉, 1608, 408×300cm, 시라쿠사 산타 루치아 알라 바디아 성당 소장.

도판109. 야코벨로 델 피오레, 〈성 루치아의 매장〉, 1410, 나무에 템페라, 70×52cm, 페로마 피나코테카 시비카 소장.

도판110. 세바스티아노 델 피옴보, 〈나사로의 부활〉, 캔버스에 유채, 381×289.6cm, 런던 국립미술관 소장.

도판111. 〈나사로의 부활〉, 1608~09, 캔버스에 유채, 380×275cm, 메시나 지역박물관 소장.

도판112. 〈나사로의 부활〉 일부. 예수 그리스도가 내뻗은 오른손 위로 남자가 빛이 비치는 곳을 향해 고개를 들고 있는데, 그 남자가 바로 카라바조다.

도판113. 베노초 고촐리, 〈동방박사들의 행렬〉 일부, 1459~61, 프레스코, 피렌체 메디치 궁 소장.

도판114. 레오나르도 다 빈치, 〈동방박사들의 경배〉, 1481~82(?), 캔버스에 유채, 246×243cm, 피렌체 우피치 미술관 소장.

도판115. 산드로 보티첼리, 〈신비로운 아기 예수의 탄생〉, 1500~01(?), 캔버스에 유채, 108.6×74.9cm, 영국 국립박물관 소장.

도판116. 틴토레토, 〈동방박사들의 경배〉, 1578~81, 캔버스에 유채, 542×455cm, 베네치아 스쿠올라 그란데 디 산 로코 소장.

도판117. 〈목자들의 경배〉, 1608~09, 캔버스에 유채, 314×211cm, 메시나 지역박물관 소장.

도판118. 〈성 로렌스와 성 프란체스코가 성모자를 경배함〉, 1609, 캔버스에 유채, 268×197cm, 팔레르모 산 로렌초 소성당에 전시되어 있다가 1969년 도난당함. 현재 소장처 불분명.

도판119. 〈세례 요한의 목을 쟁반에 들고 있는 살로메〉, 1609~10, 캔버스에 유채, 91.5×106.7cm, 런던 국립미술관 소장.

도판120. 〈세례 요한의 목을 쟁반에 들고 있는 살로메〉, 1609~10, 캔버스에 유채, 116×140cm, 마드리드 왕궁 소장.

도판121. 〈성 앤드류의 십자가〉, 1609~10, 캔버스에 유채, 202.5×152.7cm, 미국 클리블랜드 예술박물관 소장.

도판122.. 〈베드로의 부인(否認)〉, 1609~10, 캔버스에 유채, 94×125.5cm, 뉴욕 메트로폴리탄 박물관 소장.

도판123. 〈성 우르술라의 순교〉, 1610, 캔버스에 유채, 154×178cm, 나폴리 이탈리아 상업은행 소장.

도판124. 로도비코 카라치, 〈성 우르술라의 순교〉, 1600, 캔버스에 유채, 380×240cm, 이모라 성 도메니코 소장.

도판125. 〈성 세례 요한〉 세 번째 판, 1610, 캔버스에 유채, 159×124cm, 로마 보르게제 미술관 소장.

도판126. 〈성 세례 요한〉 초판, 도판 67과 동일.

도판127. 〈성 세례 요한〉 두 번째 판, 도판 84와 동일.

도판128. 〈골리앗의 머리를 들고 있는 다윗〉, 1610, 캔버스에 유채, 125×101cm, 로마 보르게제 미술관 소장.

도판129. 미켈란젤로, 〈최후의 심판〉 일부.

도판130. 〈다윗〉, 1606~07(?), 목판에 유화, 90.5×116cm, 비엔나 미술사 박물관 소장.

도판131. 〈다윗과 골리앗〉, 1598~99, 캔버스에 유채, 110×91cm, 마드리드 프라도 미술관 소장.

도판132. 도나텔로, 〈다윗〉, 1430~45(?), 청동, 185cm, 피렌체 바르젤로 국립미술관 소장.

도판133. 도나텔로, 〈하박국〉, 1427~36(?), 대리석, 196cm, 피렌체 두오모 오페라 박물관 소장.

도판134. 〈환상 중의 막달라 마리아〉, 1606, 캔버스에 유채, 106.5×91cm, 로마 개인 소장.

도판135. 카렐 반 만데르, 〈스키피오의 금욕〉, 1600, 동판에 유채, 44×79cm, 암스테르담 국립박물
    관 소장.

도판136. 빈센초 주스티니아니의 초상화.

도판137. 귀도 레니, 〈회개하는 막달라 마리아〉, 1635, 캔버스에 유채, 91×74cm, 볼티모어 월터 아
    트 뮤지엄 소장.

도판138. 조반니 발리오네, 〈유디트와 홀로페르네스〉, 1608, 캔버스에 유채, 로마 보르게제 미술관
    소장.

도판139. 안니바레 카라치, 〈비탄〉, 1606, 캔버스에 유채, 92.8×103.2cm, 런던 국립미술관 소장.

도판140. 〈이 뽑는 사람〉, 1608~10, 캔버스에 유채, 139×194.5cm, 피렌체 피티 궁전 박물관 소장.

도판141. 코레조, 〈주피터와 이오〉, 1531~32, 캔버스에 유채, 163.5×70.5cm, 비엔나 미술사 박물관
    소장.

도판142. 조르조네, 〈잠자는 비너스〉, 1510, 캔버스에 유채, 108.5×175cm, 드레스덴 게멜데 갤러
    리 소장.

도판143. 도메니키노, 〈아담과 이브〉, 1623~25, 캔버스에 유채, 프랑스 그르노블 미술관 소장.

도판144. 프란체스코 알바니, 〈봄〉, 1616~17, 캔버스에 유채, 로마 보르게제 미술관 소장.

도판145. 구에르치노, 〈오로라〉, 1621, 프레스코, 로마 카지노 루도비시 소장.

한눈에 보는 카라바조의 연보

1571년   밀라노에서 출생

1576년   전염병을 피해 밀라노에서 카라바조로 이주

1577년   조부, 부친, 삼촌 전염병으로 사망

1584년   밀라노의 시모네 페테르자노의 화실에 견습 화가로 들어감. 1588년까지 페테르자노의 화
         실에 소속됨

1589년   동생 조반니 바티스타 메리시와 함께 소유하고 있던 땅 매각

1590년   어머니 루치아 아라토리 사망

1592년   로마에 도착하여 무명화가 시절 개막

1593년   로렌초 시칠리아노와 안티베두토 그라마티카 등의 화실을 거쳐 주세페 체사리 화실로 들
         어가 정물화를 그림

1594년   카라바조의 초기 작품으로 추정되는 〈푸른 과일을 깎고 있는 소년〉, 〈과일 바구니를 든 소
         년〉, 〈병든 바쿠스 신〉, 〈점쟁이 집시〉 등을 완성한 것으로 추정

1595년   프란체스코 마리아 델 몬테 추기경의 집으로 들어가 활발한 창작활동을 시작함. 이 시기
         〈참회하는 막달라 마리아〉, 〈이집트로 도피하던 성 가족의 휴식〉을 완성한 것으로 추정

1595~96년   델 몬테 추기경의 집에서 〈도마뱀에게 물린 소년〉, 〈음악 연주자들〉, 〈류트 연주자〉,
         〈성 프란체스코의 환상〉 등의 작품을 완성한 것으로 추정

1597년   〈나르키소스〉를 완성한 것으로 추정

1598년   델 몬테 추기경의 주문에 의해 〈메두사〉를 완성한 것으로 추정. 〈마르타와 막달라 마리아〉
         도 이 시기 완성된 작품으로 추정. 같은 시기, 벌레 먹은 과일들을 극사실적으로 묘사한
         〈정물화〉 완성(혹은 1601년 완성한 작품으로 추정됨)

1598~99년   〈알렉산드리아의 성 카타리나〉를 완성한 것으로 추정

1599년   로마 대희년을 준비하기 위해 산 루이지 데이 프란체시 성당의 제단화를 장식할 〈성 마태

의 순교〉를 제작함

1599~1600년　델 몬테 추기경의 주문에 의해 카라바조 최초이자 마지막 천장화인 〈주피터, 넵튠,
　　　　　　　그리고 플루토〉 완성

1600년　교황 클레멘트 8세의 재무장관이었던 티베리오 체라시로부터 산타 마리아 델 포폴로의 체
　　　　사리 예배당 장식을 위한 대형 제단화를 주문 받음

1600~01년　산타 마리아 델 포폴로의 체사리 예배당을 장식할 〈성 바울의 회심〉 초판 완성. 그러
　　　　　나 성당 측의 자격 심사에서 탈락하여 사네시오 추기경의 개인 소장품으로 넘어감. 〈성 바
　　　　　울의 회심〉 두 번째 판 완성. 산타 마리아 델 포폴로 성당을 장식할 제단화 〈십자가에 못
　　　　　박힌 성 베드로〉 완성. 이 시기 〈엠마오에서의 저녁식사〉 초판을 완성한 것으로 추정

1602년　산 루이지 데이 프란체시 성당으로부터 콘타렐리 예배당의 중앙 제단화를 주문받고 〈성
　　　　마태와 천사〉를 그림. 벗겨진 머리, 맨발의 마태로 표현된 〈성 마태와 천사〉 초판이 인수
　　　　를 거부당함. 산타 마리아 인 발리첼라 성당의 대형 제단화 〈예수 그리스도의 매장〉이 제
　　　　작되어 찬사를 받음

1602~03년　〈성 마태와 천사〉 두 번째 판 완성. 이 시기 〈승리자 큐피드〉, 〈성 세례 요한〉 초판,
　　　　　〈의심하는 도마〉, 〈배신당하는 예수 그리스도〉를 완성한 것으로 추정

1603년　부활절 아침 발리오네의 〈부활〉이 예수회 제수 성당에서 일반인에게 공개되었을 때 발리
　　　　오네와 그의 작품을 공개적으로 혹평해 명예훼손죄로 고발됨. 체포되었으나 9월 25일 출
　　　　감함. 로마를 떠나 이탈리아 동부지역인 토렌티노를 방문. 〈성처녀의 죽음 혹은 영면〉 실
　　　　패 이후 광포한 생활을 계속함

1604년　4월경 로마의 식당에서 피에트로 델라 카르나치아에게 아티초크 요리를 둘러싼 시비로
　　　　상해를 입혀 피소됨. 석방되었으나 다시 10월에 폭행과 소란 혐의로 체포됨. '극단적으로
　　　　미친' 혹은 '매우 정신병적 생각을 가진 미친' 사람으로 불리기 시작함. 이 시기 〈로레토의
　　　　마돈나〉를 완성한 것으로 추정

1605년　강력한 후원자 시피오네 보르게제 추기경의 삼촌인 카밀로 보르게제가 교황 바오로 5세

로 취임함. 델 몬테 추기경의 저택에서 독립하여 로마의 우범 지역인 비콜로 델 디비노 아

모레 지역에서 거주하기 시작. 불법 무기 소지 혐의로 체포되었다가 석방됨. 피아차 나노

바에서 마리아노 다 파스콰로네를 공격해 피소됨. 제노아로 도피함. 8월 26일 사면되었으

나 밀린 하숙비 문제로 집주인과 싸움, 다시 체포되었다가 석방됨. 이 시기 〈서재에 있는

성 제롬〉과 〈성 세례 요한〉 두 번째 판을 완성한 것으로 추정

1606년 교황 취임 1주년이었던 5월 28일 비아 델라 스크로파의 테니스장에서 라누치오 토마소니

를 살해함. 1606년 9월부터 1607년 7월까지 나폴리로 도피함. 이 시기 〈엠마오에서의 저

녁식사〉 두 번째 판과 〈마돈나와 아기 예수와 함께 있는 성 안나〉를 완성한 것으로 추정

1607년 나폴리에서 〈일곱 가지의 선행〉, 〈예수 그리스도의 태형〉, 〈로자리오의 마돈나〉 등을 그림.

7월 초에 나폴리를 떠나 이탈리아의 최남단 섬인 몰타로 이주함

1607~08년 〈성 제롬〉 두 번째 판 완성

1608년 몰타의 영주인 알로포 데 비냐코트의 환심을 사기 위해 〈알로프 데 비냐코트의 초상〉을

그림. 몰타에서 기사 작위를 수여받음. 〈목 잘린 세례 요한〉을 완성함. 몰타에서 동료 기사

와 싸움을 벌인 혐의로 앙젤로 성의 지하 감옥에 수감되었다가 인근 시칠리아 섬으로 도

주함. 시라쿠사에 도착해 〈성 루치아의 매장〉을 그림. 12월 6일 이전에 다시 메시나로 도

피해 〈나사로의 부활〉, 〈목자들의 경배〉 등을 그림

1608년 〈잠자는 큐피드〉 완성. 메디치 가문이 소장한 미켈란젤로의 〈잠자는 큐피드〉와 경쟁함

1609년 메시나의 한 초등학교에서 일어났던 교사와의 싸움으로 팔레르모로 이주한 후 〈성 로렌스와

성 프란체스코가 성모자를 경배함〉을 그림. 10월 말경에 다시 나폴리로 이주하여 콘스탄차

스포르자 콜론나의 저택인 리비에라디 키아이아에 머물며 활발한 작품활동에 몰두함. 오스

테리아 델 체리리오에서 4명의 정체불명의 사람들로부터 공격받아 얼굴에 큰 상처를 입음.

1610년 〈성 앤드류의 십자가〉, 〈성 우르술라의 순교〉, 〈골리앗의 머리를 들고 있는 다윗〉 등 최후

의 걸작을 남김, 7월 나폴리를 출발하여 로마로 향해 가던 중 열병으로 사망.

찾아보기

402

KI신서 6437

카라바조, 이중성의 살인미학

1판 1쇄 인쇄 2016년 3월 25일
1판 1쇄 발행 2016년 3월 31일

지은이 김상근
펴낸이 김영곤 **펴낸곳** (주)북이십일 21세기북스
인문기획팀장 정지은
책임편집 김찬성 **디자인** 김현주
제작팀장 이영민
출판사업본부장 안형태 **출판영업마케팅팀장** 이경희 **홍보팀장** 이혜연
출판영업마케팅팀 김홍선 정병철 이은혜 최성환 백세희

출판등록 2000년 5월 6일 제406-2003-061호
주소 (10881) 경기도 파주시 회동길 201(문발동)
대표전화 031-955-2100 **팩스** 031-955-2151 **이메일** book21@book21.co.kr
홈페이지 www.book21.com **블로그** b.book21.com
페이스북 facebook.com/21cbooks **트위터** @21cbook

ⓒ 김상근, 2016

ISBN 978-89-509-6384-2 03100